U0755275

陇上学人文存

LONGSHANG XUEREN WENCUN

陇上学人文存

安江林　卷

安江林 著　陈润羊 编选

甘肃人民出版社

甘肃·兰州

图书在版编目（CIP）数据

陇上学人文存. 安江林卷 / 李兴文总主编 ；安江林
著 ；陈润羊编选. -- 兰州 : 甘肃人民出版社，2024.
9. -- ISBN 978-7-226-06170-1

Ⅰ. C53

中国国家版本馆CIP数据核字第2024XT5669号

责任编辑：袁　尚

封面设计：王林强

陇上学人文存·安江林卷

LONGSHANG XUEREN WENCUN AN JIANGLIN JUAN

李兴文　总主编

董积生　景志锋　副总主编

安江林　著　陈润羊　编选

甘肃人民出版社出版发行

（730030　兰州市读者大道 568 号）

兰州新华印刷厂印刷

开本 890 毫米 × 1240 毫米　1/32　印张 11.375　插页 7　字数 300 千

2024 年 9 月第 1 版　　2024 年 9 月第 1 次印刷

印数：1~1000

ISBN 978-7-226-06170-1　定价：60.00 元

（图书若有破损、缺页可随时与印厂联系）

《陇上学人文存》第十一辑

编辑委员会

总　序

　　陇者甘肃，历史悠久，文化醇厚。陇上学人，或生于斯长于斯的本地学者，或外来而其学术成就多产于甘肃者。学人是学术活动的主体，就《陇上学人文存》（以下简称《文存》）的选编范围而言，我们这里所说的学术主要指人文社会科学研究。《文存》精选中华人民共和国成立以来，甘肃人文社会科学领域成就卓著的专家学者的代表性著作，每人辑为一卷，或标时代之识，或为学问之精，或开风气之先，或补学科之白，均编者以为足以存当代而传后世之作。《文存》力求以此丛集荟萃的方式，全面立体地展示新中国为甘肃学术文化发展提供的良好环境和陇上学人不负新时代期望而为我国人文社会科学事业做出的新贡献，也力求呈现陇上学人所接续的先秦以来颇具地域特色的学根文脉。

　　陇原乃中华文明发祥地之一，人文学脉悠远隆盛，纯朴百姓崇文达理，文化氛围日渐浓厚，学术土壤积久而沃，在科学文化特别是人文学术领域的探索可远溯至伏羲时代，大地湾文化遗存、举世无双的甘肃彩陶、陇东早期周文化对农耕文明的贡献、秦先祖扫六合以统一中国，奠定了甘肃在中国文化史上始源性和奠基性的重要地位；汉唐盛世，甘肃作为中西交通的要道，内承中华主体文化熏陶，外接经中亚而来的异域文明，风云际会，相摩相荡，得天独厚而人才辈出，学术思想繁荣发达，为中华文明做出了重要贡献。

　　近代以来，甘肃相对于逐渐开放的东南沿海而言成为偏远之地，反而少受战乱影响，学术得以继续繁荣。抗日战争期间作为大后方，接纳了不少内地著名学府和学者，使陇上学术空前活跃。新中国成立之后，人文社会科学领域的专家学者更是为国家民族的新生而欢欣鼓舞，全力投入到祖国新的学术事业之中，取得了一大批重要的研究成果，涌现出众多知名专家，在历史、文献、文学、民族、考古、美学、宗教等领域的研究均居全国前列，影响广泛而深远。新中国成立之后，人文社会科学几次对当代学术具有重大影响的争鸣，不仅都有甘肃学者的声音，而且在美学三大学派（客观派、主观派、关系派）、史学"五朵金花"（史学在新中国成立之后重点研究的历史分期、土地制度史、农民战争史等五个方面的重点问题）等领域，陇上学人成为十分引人注目的代表性人物。改革开放以来，甘肃学者更是如鱼得水，继承并发扬了关陇学人既注重学理求索又崇尚经世致用的优良传统，形成了甘肃学者新的风范。宋代西北学者张载有言："为天地立心，为生民立命，为往圣继绝学，为万世开太平"，此乃中华学人贯通古今、一脉相承的文化使命，其本质正是发源于陇原的《易》之生生不已的刚健精神，《文存》乃此一精神在现代陇上得到了大力弘扬与传承的最佳证明。

　　《文存》启动于中华人民共和国成立六十周年之际，在选择入编对象时，我们首先注重了两个代表性：一是代表性的学者，二是代表性的成果，欲以此构成一部个案式的甘肃当代学术史，亦以此传先贤学术命脉，为后进立治学标杆。此议为我甘肃省社会科学院首倡，随之得到政界主要领导、学界精英与社会各界广泛认同与政府大力支持，此宏愿因此而得以付诸实施。

　　为保证选编的权威性，编委会专门成立了由十几位省内人文社会科学领域著名学者组成的专家指导委员会，并通过召开专题会议研讨、发放推荐表格和学术机构、个人举荐等多种方式确定入选者。为使读者对作者的学术成就、治学特色和重要贡献有比较准确和全面的了解，在出版社选配业务精良的责任编辑的同时，编委会为每一卷配备了一位学术编辑，负责选编并撰写前言。由于我院已经完成《甘肃省志·社会科学志》（古代至 1990 年卷，1990 至 2000 年卷）的编辑出版工作，为《文存》的选编提供了坚实的基础和基本依据，加之同行专家对这一时期甘肃人文社会科学发展的研究，使《文存》能够比较充分地反映同期内甘肃人文社会科学的基本状况。

《文存》自 2009 年启动，截至 2023 年，用 15 年时间编辑出版 10 辑共 100 卷，圆满完成了《文存》启动时制定的宏伟计划。如此长卷宏图实为中华人民共和国成立七十周年以来甘肃人文社会科学全部成果的一个缩影，亦为此期间甘肃人文社会科学学术业绩的一次全面检阅，堪作后辈学者学习先贤之范本，是陇上学人献给祖国母亲的一份厚礼。百卷巨著蔚为大观，《文存》和它所承载的学术精神必可存于当代，传之后世，陇上学人和学术亦可因此而无愧于我们所处的伟大时代，并有所报于生养我们的淳厚故土。有鉴于此，我们赓续前贤雅范，接续选编《文存》第十一辑，将《文存》编选工作延续下去，将陇上学人精神传承下去。

因我们眼界和学术水平的局限，选编过程中必定会出现未曾意料的问题，我们衷心期望读者能够及时教正，以使《文存》的后续选编工作日臻完善。

是为序。

李兴文
2024 年 9 月 19 日

目 录

编选前言

　　安江林先生是甘肃省社会科学院研究员。1970 年 8 月毕业于兰州大学历史系,先后担任过兰州大学历史系办公室教学干事、兰州大学哲学系教师、《科学·经济·社会》杂志编辑,1981 年 3 月至 12 月曾在四川大学哲学系进修哲学专业。1985 年到甘肃省社会科学院经济研究所工作,先后担任《开发研究》杂志编辑、副研究员、研究员,经济研究所副所长、所长,经济所党支部书记、甘肃省社科院学术委员会委员等职务。2001 年 12 月被甘肃省甘南藏族自治州政府聘请为工业经济顾问,2003 年被兰州市安宁区聘请为经济发展智囊团成员,2007 年 10 月分别被甘肃省人民政府和甘肃省发展改革委员会聘请为甘肃省主体功能区规划编制专家咨询委员会委员和甘肃省第五届工程决策咨询专家委员会委员。2009 年在甘肃社会科学院退休。2017 年至 2019 年被兰州财经大学丝绸之路经济研究院聘请为特聘研究员。

　　安江林先生长期攻读马克思主义理论和历史学、哲学、经济学等学科,从事社会科学的教学和研究工作,是社会科学领域中做出多方面理论贡献的学者。在哲学领域,他提出并系统地论证了矛盾理论与系统结构理论相统一的辩证结构理论,成为马克思主义研究史上具有重要创新意义的成就。在经济学领域,他先后提出并论述了以综合创新为主的开发理论、多级经济循环圈理论、经济结构与经济成长理论、区域增长极体系理论、经济轴带网络理论、"带群结合"的区域协调发展理论、工业经济理论、企业发展和企业文化建设理论。在社会学等领域,他提出并论证了以矛盾学说为基础的社会结构理论。在这些重要领域,他都作出了有原创性价值和应用性价值的理论贡献。

一、马克思主义理论研究

(一)马克思主义哲学研究

安江林先生从学生时代起,认真阅读马列主义的主要著作,要求自己全面、深入地掌握马克思主义世界观和方法论,为从事社会实践活动和理论研究奠定科学的思想基础。从 20 世纪 70 年代后期开始,他重点研究辩证矛盾与系统结构相统一的唯物辩证法理论,发表了辩证矛盾与系统结构相互关系方面的一些初步成果。在随后的 30 多年中,他将研究的重点转移到经济学理论,同时收集中外哲学研究的相关资料,发掘、探讨马克思、恩格斯等伟大思想家在哲学、经济学、历史学、社会学等理论中有关矛盾与系统结构相统一的观点和方法,并以此指导对经济学理论和重大经济社会问题的研究,在经济学研究中验证、深化、完善矛盾与结构方面的哲学观点,并不断补充哲学研究必备的自然科学和社会科学知识,逐步形成了较为成熟的辩证结构的理论观点和具有坚实哲学思想基础的经济学、社会学理论观点,于 2023 年 11 月出版了他的哲学专著《矛盾与结构》。

《矛盾与结构》一书运用马克思从抽象到具体的科学思维方法和自然科学与社会科学相结合的多学科知识,总结、提升了他自己几十年持续不断的哲学研究成果,揭示了事物的内在矛盾表现为外在性的结构关系、外在结构关系内在化为不断丰富的本质内容这一客观规律,在辩证矛盾理论与系统结构理论实现统一的理论创新方向上取得了重要突破。该书从分析事物本质的矛盾构造规律开始,逐层展开对内在矛盾与外在矛盾、内部矛盾与外部矛盾、二元对立的矛盾演变为多元的系统结构关系,矛盾运动推动低级系统结构演变为高级有序的系统结构、自然系统演变为社会系统,以及社会系统的矛盾特征及其推动社会结构演变和人的全面发展等重大哲学问题的分析,形成了辩证结构理论的初步框架。《矛盾与结构》的研究范围涉及到马克思主义哲学、黑格尔哲学、经济学、社会学、政治学以及物理学、化学、生物学等许多学科的矛盾和系统结构问题,力求从物质演化和社会发展的历史事实中总结出辩证矛盾与系统结构相统一的规律。该书将哲学特有的抽象和严谨蕴含于科普式的通俗讲解之中,总结出许多富含智慧的哲学格言和渗透着具体科学知识的新思想,有助于开阔人们的哲学视野,体现了马克思主义哲学随时代更替而不断丰富、发展的巨大潜力。

(二)以马克思主义为指导的创新理论研究

坚实的哲学知识基础使安江林先生对马克思主义经济理论的研究从一开始就具有视野开阔、思路清晰、适应经济社会发展需要、不断提高理论研究的深度和增强理论指导实践的作用等重要特点。

20世纪80年代中期,安江林先生刚刚走进经济学研究的门槛时,就看到当时解决几乎所有的经济和社会问题的关键之处,是增强全社会的创新意识,提高国家的综合创新能力,将各方面的资源潜力转化为现实的经济发展过程。他创办和编辑《开发研究》杂志,将开发理论确定为经济学研究的阶段性重点,认为推动形成开发学这一新学科是一个前景非常远大的理论发展方向。先后发表了《开发思想的历史发展和现代开发理论研究》等许多论文,并在陆续出版的一批专著中,论述了资源开发、经济开发、区域开发、科技开发、经济带开发建设等重大理论观点,是国内较早研究马克思主义创新理论及其指导现代综合创新实践的理论成果。这些成果总结了人类开发活动的本质特点、历史经验和开发思想的发展概况,分析了当代开发活动的时代特征和发展趋势,提出了加强开发理论研究、创立开发学理论体系、探索开发活动的规律、以全面的社会创新活动推进经济建设和社会文明发展、以创新为主旋律规划区域经济发展蓝图的理论体系,成为国内创新理论的开拓之作。

(三)以马克思主义为指导的经济理论研究

在经济学研究中,安江林先生始终坚持以马克思主义理论为指导,同时广泛吸收借鉴国内外各种有科学价值的经济理论和研究方法,注重在经济学基础理论方面进行原创性研究,先后形成了具有唯物辩证法思想基础的经济结构理论、经济开发理论、区域经济理论、工业经济理论、企业发展理论等,在经济学研究中体现了原创性、前沿性与应用性三者紧密结合的理论特征。这种"三结合"的思想和知识优势,使他在经济学研究中有能力开创一系列新的领域,形成了大量的原创性理论研究成果,为深化和扩展应用研究提供了坚实的科学依据和知识基础。

安江林先生运用马克思《资本论》等著作中的矛盾—结构思想,揭示了现代市场经济系统的结构规律和国民经济综合发展的一些重要规律,提出了利用这些规律促进国家和地区经济健康发展的一系列对策,形成了具有科学性和应用性的经济结构理论。他的经济结构理论是自己创立并熟练地用以研究和把握所有经济社会问题的基础知识和基本方法,也是他在经济学理论研究中的代表性成就之一。在《经济结构与经济成长》一书中,他初步论述了经济结构规律和经济成长规律以及结构与成长相互关联的规律。在随后发表的著作中,他以更加成熟的理论观点表述了经济结构的形成和演化规律。这些反映结构规律的理论知识,使他总是能够以驾轻就熟的知识优势解决经济学研究中遇到的一系列难题,既善于把握宏观、微观经济的全局,又能够把握经济运行发展的具体环节及其相互关系,在全局与局部的相互关系中找到问题的关键、要害所在,得出科学的、有远见的、切合实际的结论。譬如在 20 世纪 80 年代末到 90 年代初期的一批著作中，他运用经济结构理论提出并论证了地区经济发展的多级产业优势理论，以及按照产业优势半径的大小组织好参与国际、国内、省内等不同范围经济循环的多级循环圈理论和相应的发展对策。[①]在研究"一带一路"建设等重大问题中，他运用马克思关于"生产的片面性与需要的全面性矛盾"等重要思想，揭示了一切经济形态所遵循的深化分工与扩展协作联合相互促进、相互转化的普遍规律，指出了现代条件下企业、行业、地区、国家、世界等不同经济系统只有建立和发展最广泛的协作联合，才能实现最快和最大范围的互利共赢发展成果。[②]由于长期坚持以马克思主义为指导研究重大经济问题，安江林先生逐步形成了有其特殊贡献的经济学知识体系。这种知识体系不仅有助于经济学基础理论的更新，而且在决策咨询方面展现了一系列新的思路和方法。

（四）发挥马克思主义在经济研究中的路标作用

安江林先生坚持马克思主义的思想原则，将经济社会发展的实际需要作为理论研究的路标，要求自己的研究工作始终不偏离这一基本方向。他研究经济问题不"钻冷门"，而是在国家和地区最需要解决的重大战略问题上选择研究重点和攻关项目，协调和组织多行业的专家，如期提供有重要理论价值和重要战略对策的成果。课题研究需要哪些方面的知识，即使这些知识对他来说十分陌生，他也要在规定的时间内学习、掌握并运用这些知识解决所面临的问题。他由此开

---

① 安江林：《甘肃经济的一级优势和一级循环圈》，《甘肃社会科学》，1990年第 2 期。

② 安江林：《经济运行发展的基本规律与"一带一路"战略》，《甘肃社会科学》，2017 年第 1 期。

拓出了一条独特的学术创新道路：跨越基础研究与应用研究、专业研究与综合研究的不同领域，创造并运用基础研究与应用研究相结合的方法，在专业门类极为复杂多样的交叉领域取得理论突破。他的研究成果涵盖了以下专业领域：经济结构、区域经济、综合创新、企业制度等基础理论；国家和地区的政策分析论证和经济社会发展战略；国家和地区经济运行分析与预测；企业改革和改制方案；重要的建设项目规划；装备制造业、常规能源和新能源产业、核工业、农牧业和农牧产品加工等重要部门、行业的发展规划和发展对策；生态环境治理与生态经济发展规划；外向经济与国际贸易发展的理论和对策；扶贫开发规划和对策；科技、教育、文化、老龄化、老干部工作、党建等社会发展问题的研究与对策等。在如此广泛的专业领域，他都取得了有重要理论价值和应用价值的成就。

二、具有重大创新意义的区域经济理论研究

安江林先生在经济学研究中成果最丰富的领域是区域经济理论。在《增长极体系与跨国经济带建设》一书中，他将辩证方法运用到分析区域非均衡发展与均衡发展的关系中，形成了区域经济学中兼具原创性和应用性价值的增长极体系理论，成为他继经济结构理论之后在经济学领域的又一重要贡献。

（一）区域非均衡增长理论的独到研究成果——增长极体系理论

安江林先生对区域非均衡增长规律的认识和界定有其独到之处，认为"非均衡发展规律是存在于客观世界和人的主观世界的一条普遍规律"，而经济的增长与发展，"既具有内在的非均衡倾向，同时又具有内在的均衡倾向，二者是一种既对立又统一的关系"。"区域在空间上的发展规律，体现为绝对的非平衡发展与相对的平衡发展相结合的发展过程或发展状态。可以将这种规律称之为非平衡发展规

律,其基本内容应当概括如下:区域经济总是通过以非平衡发展为主的阶段和非平衡发展的一定形式,实现经济总量的快速增长和经济结构的较快升级,最终达到相对发达和相对平衡的发展水平,然后又开始下一周期的非平衡—平衡发展;由不平衡到相对平衡再到新的不平衡的循环式周期转化,是区域经济发展的普遍模式";"利用'不平衡——平衡——新的不平衡'这种规律的积极作用规划和引导区域经济发展, 是包括中国在内的世界各国促进经济较快增长和实现区域之间协调发展的普遍经验, 当然也是中国今后实现区域协调发展的基本途径"[①]。

根据对区域非均衡增长规律的认识, 安江林先生对增长极概念给出了自己的定义,指出增长极"就是在一定的空间范围或经济关系范围内实现经济增长和经济发展所依赖的优越条件的最佳组合体,其核心的功能是聚集经济要素、实现自身快速发展并带动其他经济体发展"。他将增长极理论拓展为增长极体系理论,指出"较大区域的增长极往往具有多种多样的类型,基本的类型主要有企业式增长极、行业式增长极、产业集群式增长极、中心城市式增长极、城市群式增长极、经济带式增长极、区域经济网络式增长极、多种增长极相互关联的增长极体系, 其中每一类型的增长极又可以划分为许多更具体的类型。[②]""区域增长极体系就是区域内各级各类增长极依靠内在联系而构成的具有一定整体性结构特点的系统。"[③]

安江林先生运用自己提出和论证的增长极体系理论, 分析和总

[①]安江林著:《增长极体系与跨国经济带建设》, 中国财政经济出版社,2020年7月,第31—32页。

[②]同上,第60页。

[③]同上,第116页。

结了各类增长极在区域发展中的功能特点和建设这些增长极的具体途径，开辟了区域经济学研究的一个极为重要的新领域——多种多样的增长极及其构成的系统体。他一直强调建设西部地区增长极体系的重要性，论证了西部增长极体系应当包括长江经济带、陇海兰新经济带、包兰成昆经济带等主要经济带和主要城市群[1]。他在20世纪90年代中期提出建设包兰成昆经济带的战略构想[2]，与20多年后学术界提出的建设"西部陆海新通道"的战略构想如出一辙，这些战略构想对国家制定和实施西部开发的一系列重要战略决策起到了积极的影响作用。安江林先生对经济轴带理论有更深的认识，提出和论证了经济轴带是一种带状增长极、这种带状增长极纵横交织构成的网络能够带动区域的极化发展过渡到相对均衡发展等重要理论，为经济轴带理论增添了新的内容。他认为，"规划和建设经济带的核心任务，首先是建设通达功能较强的交通线即轴心线，以及其他配套的基础设施；其次是建设基础设施条件优越、城镇密集、节点城市功能健全的轴心区，促进轴心区由单线条的'城镇串'发展为两侧城镇不断增多、中心城镇规模不断扩大、中心城市辐射带动形成若干城市群的带状城镇密集区；再次是建设分支经济带和逐步扩展的辐射区，使之发展为由若干城市群衔接、融合的条带型城市群连绵区或城市群集群区，使经济带更多、更快、更广泛地聚集经济要素，提高聚集效益，增强产业载体功能、产业协作配套功能和促进经济合作等功能"[3]。可

---

①安江林：《新时期全国"三六大网格"布局格式的形成和西部包兰成昆经济增长带的建设》，王关义主编《跨世纪的战略抉择》，甘肃教育出版社，1996年3月，第220—230页。

②同上。

③安江林著：《增长极体系与跨国经济带建设》，中国财政经济出版社，2020年7月，第99页。

以肯定地说，"建设增长极体系是加快现代化发展的战略中枢环节，抓住这一环节即可形成高屋建瓴的决策优势，产生既快又稳的高质量发展效果"，而增长极体系理论在"十四五"及以后更长时期的经济发展中无疑有着广泛的应用前景。①

（二）西部开发理论研究

安江林先生运用增长极体系理论研究西部开发问题，提出了建设"四极、五带、六支柱、多种类型增长极网络体系"的理论和战略框架。②其中，"四极"是指在增长极体系中发挥核心和主导作用的四个大型城市群，即成渝城市群、关中城市群、黄河上游城市群、南贵昆城市群；"五带"指构成增长极体系基本框架的五个主轴经济带，即长江上游经济带、陇海兰新经济带、包兰成昆经济带、南贵昆经济带、包西渝黔桂经济带；"六支柱" 即支撑西部地区经济发展的六大类特色支柱产业——能源化工、矿产开采加工、农产品加工、装备制造、高新技术产业、旅游业；"多种类型增长极网络体系"是指增长极体系以技术密集和高科技大型企业和企业集团为基础，以大中型中心城市为主导，以纵向层次关系和横向并列关联关系以及纵横交织的各种经济技术联系为纽带，将骨干企业、产业集群、优势行业、中心城市、城市群、交通经济带等不同类型的增长极联结、组织成为网络式的区域经济高增长载体体系；这种载体体系由 4 个大型城市群、20 多个城市圈或小型城镇群、200—300 多个大中小城市、几千个中心镇、五条主轴经济带、十多条分支轴带和能源化工产业、矿产开采加工业、农产

---

①陈润羊：《"十四五"发展用得上的一种新的经济学理论——增长极体系理论》，《企业家日报》，2020 年 12 月 21 日。

②安江林：《新时期建设西部区域增长极的战略思考》，《中国经济时报》，2010 年 4 月 26 日。

品加工业、装备制造业、高新技术产业、旅游业六大特色支柱产业,以及各个城市、地区、行业所属的产业集群、骨干企业、企业集团等多种增长极形式,依一定的结构关系组成网络式系统整体;随着西部和全国经济社会的发展及区域内外部条件的重大变化,调整和优化系统的内部结构,发挥并不断完善增长极系统集聚经济要素,形成先进生产力和经济高增长机制、辐射经济技术优势、带动区域经济协调发展的整体功能。①

"四极、五带、六支柱、多种类型增长极网络体系"理论产生了重要影响,许多学术和政府网站都予以转载。在其他一系列著作中,安江林先生先后提出了促进西部城市的串珠式布局向轴带网络布局过渡、建设省域增长极体系、建设黄河上游城市群、陕甘宁地区一体化发展、建设西部南北通道等重要理论观点和对策建议。这些研究旨在形成西部地区日益发达的陆海空交通网络和西北西南经济合作区,促进沿海、沿边地区与西部内陆地区走向一体化发展。②

对甘肃省的省域发展进行系统研究是安江林先生西部开发理论研究的又一个重点。他承担了有关甘肃发展的许多重大研究项目,提出了建设省域多级中心城市、建设以陇海兰新线为主轴的省域交通经济带体系、发展城市主导产业、依托中心城市发展产业集群、资源型城市接续产业发展等理论观点和对策措施,为全省制定国民经济和社会发展规划提供了重要依据,成为省政府制定经济社会发展规

---

①安江林:《新时期建设西部区域增长极的战略思考》,《中国经济时报》,2010年4月26日。

②安江林:《我国西部地区南北大通道——"一带"与"一路"融合发展的桥梁》,《开发研究》,2019年第6期。

划的重要参考文件。①他主持完成的国务院西部开发办公室委托项目
《甘肃牛羊产业重点项目规划研究》，向国家和甘肃省政府提供了从
牛羊养殖的规模和布局、产业体系和产业链建设、重点项目的筛选和
开发，到具体项目的系列性产品的开发生产、产品效益分析、市场前
景预测、70多个项目的投资规模和财务分析等全产业链的建设方
案，被编入《西部大开发重大问题与重点项目研究》丛书甘肃卷，由国
务院西部开发办发至西部12省市(区)省级领导参阅。②

（三）"一带一路"轴带网络体系研究

安江林先生运用增长极体系理论分析和研究中国的多板块开发
战略、国家的经济带建设和海陆并重型开发战略等，其中最主要的重
点是提出了建设"一带一路"轴带网络体系的战略思路③。在这一战略
思路中，他提出全国和各级地区的增长极体系的基本模式是"三大支
柱、三级集聚、一体化网络"，建设这种增长极体系应当成为各级各类
区域实现高质量发展的一种重要战略途径。他将全国增长极体系的
基本框架概为"500强企业、400多个产业集群、五大类支柱行业、
20个中心城市、15个大型城市群、7条主轴经济带、8大经济网络区、
多层次区域增长极体系"④。在促进区域经济协调发展方面，他提出了

---

①安江林:《"十一五"期间甘肃中心城市发展与促进产业集群形成的对策研
究》,《甘肃省"十一五"规划重大课题研究报告》,甘肃人民出版社,2005年11月,
第262—350页。

②安江林:《甘肃省牛羊产业重点项目规划研究报告》,王金祥、姚中民主编《西
部大开发重大问题与重点项目研究·甘肃卷》,中国计划出版社,第134—333页。

③安江林著:《增长极体系与跨国经济带建设》,中国财政经济出版社,2020
年7月,第120—135、323—348、220—234页。

④安江林:《现代化区域增长极体系建设:高质量发展的重要战略途径》,《甘
肃社会科学》,2021年第4期。

经济轴带和城市群紧密相连、相辅相成,是区域经济由点状的和条带型的空间分布形式过渡到网络型均衡分布的重要机制的观点。他认为,通过建设全国的"三横四纵"的七条经济轴带及其重要的分支经济带,建设这些经济带相互交叉、融汇的"结节点"——"轴带枢纽型城市群",可以形成点、线、面结合的经济聚集形式。建立健全这种"带群结合"的区域经济协调机制,能够加快经济要素在更大范围的区域空间流动并实现优化配置,发展经济带沿线城市和城市群之间的"并联"式分工与合作,将远距离、大范围的不同区域连成整体,在经济联系、区域分工与合作、经济要素流动和配置、带动区域经济增长和均衡发展等方面,产生更高的效率和效益①。

三、独具特色的工业经济理论研究

安江林先生在工业经济领域所进行的研究具有这样几方面的特点:一,以较为深厚而广博的基础知识,全面、准确地把握研究对象的背景条件、战略全局和关键环节,使研究成果具有很强的前瞻性、创新性和应用性;二,针对国家和地区工业发展的重大问题和迫切需要选择研究重点,提供战略性与专业性紧密结合的研究成果;三,深入到研究项目所涉及的专业性科学技术领域,在科技与经济紧密结合或相互交叉的领域获得创新性成果。

(一)区域工业体系成长理论研究

20世纪90年代中期,安江林先生承担了甘肃省庆阳地区行署和甘肃省科学技术厅立项的研究课题"甘肃省庆阳地区工业成长与区域发展"。当时甘肃省是全国工业经济相对落后的省份,而庆阳地区

---

① 安江林:《建立健全"带群结合"的协调发展机制》,国务院发展研究中心《经济要参》,2022年第3期。

则是甘肃省工业经济落后的地区。研究在这样的地区条件下如何较快实现工业快速成长和地区经济协调发展,其难度可想而知。安江林先生在其所完成的该项目研究报告和《工业成长与区域发展》一书中,揭示了地区工业体系由小到大、由不发达状态到相对发达状态的普遍性成长规律及其在地区特殊条件下的作用方式,提出了促进全地区工业体系成长壮大的基本思路是:一,提高工业的运行水平,促进工业部门在整体上实现良性循环,增强内涵和外延扩大再生产的能力;二,选择和培育好工业的生长点,增强工业的生长能力和扩张能力,提高工业项目建设的成功率和效益水平;三,合理布点工业建设项目,形成增长极与辐射圈之间相互促进的机制,推进工业布局的展开;四,完善工业成长的宏观机制,提高工业的整体素质,加快工业成长的进程[1]。《工业成长与区域发展》一书及其系列性成果成为当时庆阳地区地委和行署指导经济发展的重要决策参考,分别获得庆阳地区科技进步一等奖和甘肃省科技进步三等奖。

(二)工业结构调整研究

用经济结构的理论知识理解和研究工业经济问题,注重从结构方面找到工业发展的战略性、关键性、要害性的问题并有效地破解之,是安江林先生研究工业经济的重要成果领域。

21世纪初期,在全国改革开放步伐加快、甘肃工业和整体经济与全国平均水平差距迅速拉大、"入世"后面临新的发展环境和激烈的外部竞争压力、甘肃省以工业为主导的经济发展思路迟迟难以理清的情况下,如何从战略全局与关键环节、具体环节的紧密结合上提出工业发展带动全省整体发展的思路,是甘肃省政府决策机构和全省经济理论界面临的严峻挑战。面对体制转轨时期工业结构调整

---

[1]安江林:《工业成长与区域发展》,甘肃人民出版社,1996年9月,第161页。

的思路如同一团乱麻的局面，安江林先生的一大批研究成果从"乱麻"中理出了清晰的思路，在学术界和政府决策中产生了深刻而广泛的影响。

安江林先生指出，甘肃工业结构调整的思路千头万绪，但必须有一个先导的环节来引导，这个先导环节就是实施名牌战略，即组建一支能够生产全国名牌、国际名牌产品且实力雄厚、规模巨大的企业集团或企业集团群，形成"名牌突破，整体跟进，综合配套，素质致胜"的发展模式，配套建设名牌主导型的工业行业，以名牌战略引导和推动工业各行业之间结构关系的合理化。①以名牌战略引导工业结构调整和工业发展的思路，不仅适用于甘肃省，也适用于全国。②

安江林先生于 2003 年提出"甘肃工业结构调整的基本思路，应当是充分发挥科技、教育方面的相对优势和体制改革方面的潜力，加快国有企业的改制和改组，大力推进非公有制经济发展，重新组织和建立具有技术密集和制度创新特点的工业优势，以高新技术和先进适用技术改造、提升传统产业，培育技术密集度高、规模效益良好、产品竞争力强、增长速度快的石油化工、有色和黑色冶金、建筑建材、机械电子、医药、农产品加工等支柱行业群和新材料、生物医药等高新技术产业群，培育发展一批具有较强竞争力的大型企业集团，建设以各种工业园区为主的新型工业聚集区，在 10—15 年左右的时间内，基本实现工业结构高度化和工业强省的目标"③。此后 20 多年的发展

①安江林：《名牌战略——甘肃工业结构调整和工业发展总体思路的先导》，《标准化报道》，1998 年第 1 期。

②安江林：《名牌战略——工业发展总体思路的先导》，《中华兴国战略》，人民中国出版社、香港坤舆出版社联合出版，1998 年 7 月，第 198—200 页。

③安江林：《甘肃工业结构调整的战略重点与支柱产业培育》，《发展》，2003 年第 11 期。

过程证明，安江林先生提出的甘肃工业结构调整和支柱产业培育这一基本思路和相应的对策建议，一直是全省经济发展所遵循的主旋律。虽然学术界曾一度出现过弱化工业发展、使第三产业成为甘肃经济主导力量的主张，但很快就被证明是脱离实际的想法。至"十三五""十四五"期间，主导全省经济发展的核心力量，仍然是工业结构的调整、升级和工业支柱产业的培育、壮大。

（三）工业与科技相互交叉的重大问题研究

安江林先生在工业发展方面又一个独具特色的研究成就，是他善于深入到工业行业和工业建设项目所涉及的科学技术专业领域，在工业经济与科学技术相互交叉、渗透的结合点上获得独创性的新发现、新知识，取得一个个创新性的成果。这种不断向科学技术领域探寻工业发展新知识的研究特点和研究成果，体现了一个脚踏实地而又善于独辟蹊径的理论家所具有的科学性、创造性的思想和品质。

能源工业是安江林先生在工业经济研究中的重点领域之一。他在21世纪初期就认为，中国实现新型工业化的重要制约因素之一是能源结构不合理。发达国家和发展中国家走出能源危机的共同道路是推动传统能源体系转变为清洁能源体系，并带动传统的工业主导型经济转变为低碳型、生态型经济。中国必须以能源转型带动新一轮经济快速增长，开创中国能源革命和低碳经济发展的新道路、新局面、新时代[1]。

安江林先生提出并论证了国家能源结构调整的战略方向、战略途径、战略重点，在2030年至2050年期间，以能源革命带动新的产业革命兴起，初步实现低碳经济和洁净能源的战略目标。在2050年

---

[1]安江林：《中国能源体系转型的紧迫性及其基本道路》，《环球市场信息导报》，2012年第1期。

前后,中国和全世界有可能看到能源生产清洁化的曙光①。

　　适应企业、行业和政府的迫切需要,安江林先生对核工业进行了较长时期的专门研究,提出了许多深刻而富有远见的理论观点和对策建议。2016年,他在深入、广泛了解国内外核工业技术进步的经验和前景的基础上,对我国核能开发的主要阶段、相应的主导技术及其带动其他清洁能源产业发展的基本进程作出了预见和判断,认为如果能在2020年以前、2021—2030年、2031—2050年这三个阶段陆续实现能源技术进步和能源产业发展的阶段性目标,2050年以后就可以大规模开发利用核聚变能,将廉价而清洁的核裂变能、核聚变能和太阳能用于生产更为廉价的新能源,如从海水中分离氘和氚,分解水制氢,开发月球的氦–3资源等,进入以大规模开发利用氢能为主要标志的能源时代②。他强调要高度重视核技术专家有关第四代核电技术带来重大发展机遇的见解,指出"第四代核能系统中的熔盐堆是开发利用钍资源的核电技术,研发这一领域的技术对我国未来核能开发利用有着重大的战略意义。"③。几年后,国家在甘肃民勤县建设了全国第一座开发利用钍资源的第四代核电试验工程——熔盐堆核电站并取得成功。时过20多年之后来看,安江林先生根据基本的国情、省情特点和科学技术进步的趋势所作出的分析判断及其提出的建议,具有难能可贵的前瞻性。

　　安江林先生对装备制造业的一系列研究成果,包括总体战略、技

　　①安江林:《中国能源体系转型的紧迫性及其基本道路》,《环球市场信息导报》,2012年第1期。

　　②安江林:《我国核能开发利用的基本阶段、重点领域和安全保障》,国务院发展研究中心《经济要参》,2016年第32期。

　　③安江林:《我国核能开发利用的基本阶段、重点领域和安全保障》,国务院发展研究中心《经济要参》,2016年第32期。

术路线和具体的行业、企业、技术种类、产品系列等发展思路和对策，形成了科学、全面的理论知识和详尽的对策意见。他撰写的研究报告《振兴甘肃装备制造业对策研究》，由甘肃省委宣传部主要领导批示呈全省副省级及以上领导参阅。在《甘肃装备制造业的技术升级途径》等论文中，他提出甘肃装备制造业发展的总体目标是用15年左右的时间、分三个阶段建立起高技术化和高度信息化的装备制造工业体系，基本实现装备制造业的高技术化和高度信息化目标，装备制造业成为全省工业的主导行业之一①。甘肃振兴装备制造业的战略关键在于选择好装备工业技术进步的途径，实现装备制造业由传统技术占主导地位向高技术化和高度信息化升级、发展的目标。"重点支持发展装备制造业中具有自主知识产权的系统成套技术、自动化控制技术、关键性和共性制造技术、基础性技术、原创性技术和与工程化有关的设计技术的研究开发，鼓励开发和推广应用数控技术、工业机器人技术、柔性制造系统、自动检测及信号识别技术、工程设备工况监测与控制技术等，加强电子信息技术与装备制造技术的相互融合，鼓励装备制造企业用先进信息技术提升设计、研发、生产、采购、营销、服务和管理水平，建设先进的计算机辅助设计系统和齐备的测试、中试手段，引进计算机辅助设计的硬件和软件，加强对技术人员进行 CAD 等基础培训工作，实现研发、设计、生产、经营管理的数字化、智能化、自动化、网络化。"②时过十七八年之后的今天来看，这些理论观点和对策建议，体现了对装备工业技术进步趋势判断的科学性和战略预见性。

①安江林：《甘肃省装备制造业发展形势分析与对策》，《2007—2008 年甘肃省经济社会发展分析与预测》，甘肃人民出版社，2008 年 1 月，第 187 页。
②安江林：《甘肃装备制造业的技术升级途径》，《开发研究》，2007 年第 6 期。

四、企业改革和发展理论研究

安江林先生在微观经济领域的研究重点是企业改革和发展理论。他善于从宏观经济和微观经济相互作用关系的角度来看待以企业为主的微观经济组织的地位和作用，能够对微观组织的改革和发展作出科学而全面的分析判断，在企业战略、企业改革和经营管理、企业文化等领域提出有充分理论依据的对策建议。

（一）企业的区域增长极功能研究

安江林先生根据企业发展的基础理论和增长极体系理论等理论观点，强调企业所具有的支撑宏观经济发展的"造血细胞"功能，以及骨干企业在行业和区域发展中的增长极功能，在企业发展与宏观经济发展的相互促进和协调关系等方面，提出了一系列有重要理论价值的新观点。他认为"不断发展、完善的公司制企业，本质上具有整合经济和社会资源、聚集经济和科技实力、组织社会化生产经营、形成创新能力、通过市场竞争实现优胜劣汰，通过以非平衡发展为主的形式提高社会生产力水平的多种功能。尤其是具有创新优势的企业，乃是各种增长极的真正'极核'和增长源泉。聚集经济要素——形成创新能力——创新带动企业发展——企业发展辐射带动区域或行业发展，这是企业能够成为区域或行业增长极的真正'极核'和真正主体的基本规律和机制，也是社会化大生产条件下生产力加速发展的重要规律和机制。"①他认为企业之所以能够在区域经济发展中发挥增长极的作用，其普遍性的规律就在于企业能够高效率聚集经济要素，具有以创新为其本质力量同时包括追求利润、市场竞争、法人地

————————

①安江林：《企业如何才能成为区域经济的增长极》，《环球市场信息导报》，2010年第6期。

位等在内的特殊发展动力，以及具有追求大企业优势的生存和发展需要。企业能够有效地聚集创新要素，实现创新与发展的相互转化，形成"创新——发展——再创新"的良性循环。其中大型企业因其具有一系列特殊的优势，最有条件成为区域和行业的增长极。[①]

安江林先生进一步深入研究了如何更多地创建新企业和已有企业如何进行再创业等创新创业的问题。他总结了中外企业创新创业的经验，梳理出创新型企业总是能够发展成为社会文明的摇篮的轨迹，指出这种轨迹是近代以来创业活动推动经济发展和社会进步的一种普遍规律。"推动创新创业，开发企业家的创新创业潜力，就能形成吸引全社会创新要素向创业企业聚集的'磁极'，把社会各领域分散分布的创新要素聚合为成千上万创新企业的集成创新，不仅为社会的全面、深化创新提供了强大推动力，而且使社会创新通过密集的企业集成创新发生质的变化和提高，使社会创新、全民创新最终转变为物质财富有效增殖的创新。"出于对创新创业的普遍规律的认识，他提出在高新技术和高端制造领域大力推动创业活动，积极创办技术密集型和高科技型新企业，加快科技成果转化，带动战略性新兴产业更快发展，以及在新产品、细分行业和新需求领域创办新企业，引导产业分工、社会分工的不断深化，促进新兴行业及其领头企业更快发展等一系列思路和建议。[②]

（二）企业体制改革研究

20世纪末到21世纪初，安江林先生承担了企业改革方面的许

---

①安江林：《企业如何才能成为区域经济的增长极》，《环球市场信息导报》，2010年第6期。

②安江林：《企业如何才能成为区域经济的增长极》，《环球市场信息导报》，2010年第6期。

多课题研究任务，为企业的体制转型提供了规范化的方案和具体的咨询意见。强调必须"规范企业集团的组建和管理，对加入集团的企业进行股份制改造，把传统的企业改造为真正的法人企业即现代公司制企业，形成母公司对子公司进行价值形态的产权管理、子公司拥有法人财产权并依法从事独立的生产经营同时又接受母公司的产权管理等一整套规范性体制，为深化企业集团的制度创新、提高企业集团的资产经营管理水平、增强企业集团的竞争力提供保证。"①建立健全以股权管理为中心的集团管理体制，主要是建立健全核心企业对集团其他企业、参股企业对被参股企业实施控制式管理的机制，以及建立健全集团公司的资产经营方式等一系列制度原则和实施办法。建立国有企业集团必须建立规范的国有资产营运体系，"用以资产纽带为主的组织结构关系，把核心企业与集团的紧密层、半紧密层成员企业组合、整编、维系成一体化经营的法人企业集体"②，以保证政府有关部门和企业能够实行规范化的集团改制和转型。

在研究国有企业改制的同时，安江林先生对甘肃发展非公有制经济的综合条件和主要问题进行了长时期的调研和分析，提出发展甘肃非公有制经济的战略目标、战略阶段、主要政策，其中基本的战略思路和主要对策是：在已有基础上继续大力改善制约非公有制经济发展的环境条件，持续提高综合环境质量；帮助非公经济组织改善经营机制，提高综合素质；适应各类产业、行业的具体条件，优先发展壮大非公有制经济的优势行业，促进区域产业构成模式更加适应未

①安江林：《股份制企业集团的体制规范和资产经营管理》，《开发研究》，2005年第1期。

②安江林：《国有企业集团化改组必须建立规范的国有资产营运体系》，《发展》，1998年第3期。

来市场需求变化趋势;推进垄断行业改革,发展国有经济与非国有制经济的联合、协作;适应各类地区的具体条件,提高城市化水平,发挥城市的载体功能,促进产业集群的形成和升级等。①

(三)企业文化研究

安江林先生对中外著名企业的文化特征进行了广泛研究,对兰州石化公司、甘肃农垦集团等企业的文化建设作了专门调研,对企业文化建设提出许多有创见的理论观点和对策建议。可以列举以下几方面的观点和对策来说明他在企业文化建设领域的研究深度和对策依据。

1. 优秀企业在文化上能够成为社会进步成就的辐射源

优秀的、高素质的企业能够成为社会进步成就的聚集点和社会文明的辐射源。这些企业能够用更为进步的价值观看待盈利、财富、经济实力等,吸收、消化、转化、创新全社会的物质文明和精神文明成果,成为经济发展和社会进步的带头组织。"它不仅向社会提供优质、廉价的产品和服务,提供不断增加的税收和其他形式的物质贡献,而且提供高素质的人才、先进的科学技术、独特的文化艺术创造、丰富的思想理论和优良的职业道德,成为经济发展和社会进步的重要物质财富源泉和精神财富源泉"②。

2. 企业文化建设要高度重视企业管理思想的创新

安江林先生在调研中总结了兰州石化公司等企业在文化建设方

①安江林:《甘肃省非公有制经济发展战略研究》,亚洲开发银行技术援助项目"甘肃发展战略研究"专家咨询组编著《甘肃省发展战略研究》分报告五,科学出版社2009年11月,第153—178页。
②安江林:《企业如何才能成为区域经济的增长极》,《环球市场信息导报》,2010年第6期。

面的经验，强调企业必须重视从古今中外的管理思想中广泛汲取营养，将丰富的管理思想与企业经营管理的实践相结合，建设包括物质文化、行为文化、制度文化、精神文化等在内的特色企业文化，形成并逐步完善"尊重人的价值，实现人的愿望，满足人的要求，促进人的发展，把企业的发展建立在人的全面发展的基础上"的人本管理模式。以管理思想创新推动管理实践创新，确立企业员工在企业管理中的核心位置和企业发展中的主体地位，使企业的组织结构、制度体系、运行方式、经营管理模式等越来越符合人性要求，使这种企业成为员工全面发展的学校。[①]

3. 企业在价值观上要正确处理利己与利他的关系

安江林先生在为企业提供文化建设咨询中，强调企业建设的灵魂工程是使企业管理者和广大员工深刻理解人的本质，科学地认识自己与他人、企业与社会、利己与利他的辩证关系，正确处理企业内外部的各种利益关系，逐步确立企业和员工在追求自身利益中坚持利他性利己、利他高于利己的价值取向原则。企业既要肯定合理合法的"利己"行为，激发员工和企业整体追求自身合法利益的活力，又要崇尚"利他"的行为原则，将利他原则置于利己原则之上。利他是利己的前提。个人、企业要满足自身需求，首先必须以诚信为本，寻求和建立与其他个人、与其他单位之间的自愿交换、自愿合作关系，依靠这种关系实现与交换方、合作方的互惠互利，实现自身需求与社会供给的相互适应，双方依靠利他的信誉来保证彼此交换与相互满足需要的顺畅实现。要使利他成为企业及其每个员工自觉保持并不断提升

---

①安江林：《文化是企业发展的动力——兰州石化公司通过文化建设促进企业发展的经验》，《2007年甘肃省文化产业发展报告》，甘肃人民出版社，2008年4月，第256—258页。

的精神境界,使为他人、为国家、为全社会而工作成为更高水平的价值追求①。

4. 企业文化建设要重视民主管理的制度建设和思想建设

企业文化建设要重视民主管理的制度建设和思想建设,把员工的自主、自尊意识和民主意识当作头等重要的资源和财富加以发掘,充分调动和发挥企业职工的积极性和聪明才智,使职工依照国家法律和有关制度行使管理权力,广泛参与企业的民主决策、民主管理和民主监督,及时化解、调解企业内部矛盾,协调和稳定劳动关系,做到集思广益,群策群力,增强企业的科学决策能力和市场竞争力。②

五、其他领域的研究

安江林先生认为社会科学研究的宗旨是以扎实可靠的综合性知识造福社会,要求自己在尽可能广泛的学科领域发挥探索真理、创新知识、扶持正气、消除弊端的作用。他如饥似渴地学习和掌握社会科学、自然科学等许多学科的知识,将这些知识加工、升华为服务社会的系统性理论体系,使自己成为一位博学多识、见解深远的学者。他不仅在哲学、经济学领域做出突出的成就,而且在其他学科领域也有重要的理论贡献。

在社会学领域,他提出并论证了有深刻哲学基础的社会结构理论、社会发展的合力理论、人的全面发展理论等③。他专门研究了甘肃

---

①安江林:《文化是企业发展的动力——兰州石化公司通过文化建设促进企业发展的经验》,《2007年甘肃省文化产业发展报告》,甘肃人民出版社,2008年4月,第258—261页。

②同上,第261页。

③安江林著:《矛盾与结构》,知识产权出版社,2023年11月,第9、10、12章。

的扶贫开发、生态建设、地震对经济社会发展的影响,研究了全国"未富先老"的社会挑战等问题,提出相应的理论和对策①。在社会科学的知识创新方面,他提出社会科学的学术带头人应当具备的素质特点,以及适应社会科学发展规律的要求,实施社会科学知识重新工程、建立优势学科群的理论②,建议政府大力扶持发展高起点的咨询产业③。

安江林先生在他的许多著作中,深入到自然科学的许多学科领域研究经济学、社会学和哲学问题,力求从自然科学知识中提炼出丰富的哲学知识,弥补经济学、社会学等社会科学理论和方法的不足。

六、治学原则和学术风格

安江林先生始终坚持探索真理、服务社会、弘扬学术正气的治学原则,自觉肩负社会科学研究者探索真理、捍卫真理、将真理之学转化为致用之学的职责;坚持服务社会发展大局的学术方向,确立研究工作以解决经济和社会发展的现实问题为主旨和以应用研究为主、根据应用研究需要进行原创性基础研究的学术道路,不断提高理论研究服务社会发展的广度和深度,在大跨度、多学科的专业领域里作出一系列有独创性价值的贡献,被称为是"探索科学真理与服务经济建设实际相结合的"经济学家。④

安江林先生的理论成就是在从事大量的社会活动、社会调查和

①安江林:《应对"未富先老"挑战的三个重点》,国务院发展研究中心《经济要参》,2018 年第 42 期。

②安江林:《现代社会科学发展的特点和西部省区社会科学知识创新的战略思路》,《甘肃社会科学》,2002 年第 5 期。

③安江林:《大力扶持发展高起点的咨询产业》,《发展》,1999 年第 3 期。

④杨才勇:《安江林:一位长期结合西部实际探索经济带理论的经济学家》,《企业家日报》,2015 年 5 月 31 日。

决策咨询服务中,将理论知识与社会实践紧密相结合的产物。他积极参加政府和本单位组织的农村工作队和社会调查、扶贫、帮扶基层政府工作,参与省内重大工程项目的调研、咨询和评审,深入到乡村、农户和企业的车间、班组,以及工程现场、施工过程中,坚持做好实际调查,获取真实、可靠的第一手资料,保证理论研究、咨询服务和培训工作不断提高质量。在领导甘肃省社会科学院经济研究所工作和指导学术活动中,以及在担任国家和甘肃省社科规划办项目成果评审专家期间,通过学术报告、个别指导、具体示范、项目评审等形式,积极主动地担当传播知识、培养新人的责任,毫无保留地向年轻研究人员介绍工作经验,帮助甘肃省社会科学院、兰州财经大学的智库组织和学术团体提高学术水平,对改进这些科研单位和科研人员的研究工作提出大量有益的意见和建议。

安江林先生坚持"厚积薄发、淡泊名利"的治学精神[1],不搞学术上的短期行为,也不走经院式的学术道路,脚踏实地地从事知识积累和理论探索,追求研究成果的真理性、原创性价值与应用价值的统一。他直面学术生涯中充满艰辛、坎坷的现实,远离争名逐利的行为,要求自己做一个创造真知、生产高质量思想产品的学者。

借此编选安江林先生文集的机会,我想说几句感言性的话。我于10余年前与安江林先生相识。当时我因进行甘肃省核产业方面的一项研究,查询了解到甘肃省社科院有一位叫安江林的研究员曾经写过有关论文,我便与他取得联系。见面后,先生对我的工作给予了指点。此后,我们之间的学术交往逐渐密切。2010年,我主持国家社会科

---

[1] 王燕:《厚积薄发淡泊名利——记甘肃省社会科学院安江林研究员》,《科技成果管理与研究》,2010年第7期。

学基金项目遇到一些疑难问题,不断向先生寻求帮助,并邀请他参与了该项目的研究工作,我们于 2017 年合作出版了《西部地区新农村建设中环境经济协同发展模式研究》(经济科学出版社)一书。这期间,我拜读了先生赠送我的一些论著。同年,我牵线促成了先生受聘于刚成立的智库机构——兰州财经大学丝绸之路经济研究院。先生在受聘期间,牵头撰写的数篇咨政报告得到了甘肃省委、省政府主要负责人的肯定性批示并被采纳应用;发表和出版了"一带一路"建设的一批论著,有力地支持了兰州财经大学的科研转化和社会服务工作,得到了学校同仁的高度认可和普遍赞誉。2023 年 7 月,我去拜访先生,参观了他放置在各个房间的大量读书,听先生谈及他正在校对即将出版的哲学著作《矛盾与结构》。看到先生在退休十几年后仍然执着于重大理论问题的探究,不由得感叹他何以有如此的学术热情。敬佩之余,回想我从先生那里受到的影响,使我对知识工作者的使命感有了深刻理解。我亲眼看到同时自己也体会到,探索真知是一位真正的学者融于血液中的责任和不能中断的思考,是持久不衰的社会责任心转化而成的可贵性格和生活方式。我由此学到了我认为是十分宝贵的东西。2023 年 12 月,当先生委托我编选他的文集时,我担心自己学识浅陋,准确评介先生深耕数十年的诸多学术领域恐难胜任。但作为陇原学人,同时也受教于先生多年,出于对先生的深挚感情,于公于私我也只能勉力而为之了。好在所选先生的论著,都经过他本人的同意和审定,且编选过程随时可以向先生请教,这也使我对编选工作有了信心。我与先生虽交往多年,但对先生的论著没有系统地研读,评介不足和不当之处在所难免,恳请方家和读者批评指正,也请先生谅解。

陈润羊

2024 年 3 月 19 日于兰州财经大学

第一部分
马克思主义理论研究

开发思想的历史发展和现代开发理论研究

　　科学技术革命使人类进入了一个大开发的时代。从土地、矿藏、海洋、气候、生物、基因、原子、基本粒子、宇宙空间等自然领域,到经济、科学技术、政治、教育、人口、文学、艺术、管理、人际关系、生活消费、个人的兴趣爱好、心理活动、思维方式等社会领域和思维领域,一切人类足迹和观察力、思考力所能到达的地方,都变成了开发的对象,都作为社会财富的来源并入了或将要并入社会再生产的总过程。人们在全球、国家、地区、企事业单位以至个人等不同的社会结构层次上和不同的社会生活领域中,都力求以开发活动来解决自己面临的问题和困难。特别是发展中国家和各国国内的不发达地区,相对落后的部门、行业和处于竞争中的企业,更是把振兴和后来居上的希望寄托于经济、社会开发目标的实现上。近几十年来人类在科学技术、经济、社会、智力等领域的开发活动所创造的无数令人惊叹不已的奇迹及其更加广阔的前景,以成倍增长的利益和新的文明水平吸引着人们,增强了人们从事开拓、创造、变革的积极性和热情,也迅速地改变着人们的社会关系、生活方式和思想观念,加深了人们对未来的关注和思考。

　　与开发实践奇迹般的发展相比,当代开发理论的研究却远远地落在后边。在许多领域,开发理论还是空白。这对于像我国这样一个发展中国家来说,无疑是必须尽快解决的紧迫问题。为了扩展人们在开发方面的理论视野,必须深入研究人类开发活动的特点,总结人类开发思想发展的历史,分析现代开发理论研究的现状趋势,为形成博采众长而又适应我国国情的开发理论体系提供依据。本文试图就这几方面的内容勾画出一个粗略的轮廓,以期引起人们注意这些问题。

开发活动和开发思想

什么是开发?"开发"原本是反映人们在物质生产领域中的开拓、创新活动的一个概念。人们超出原有的生产规模和生产范围,开辟新的生产领域,加工、改造新的劳动对象,创造新的、更多的使用价值和价值,这就是开发概念的本来含义。

随着实践的发展,人们对开发概念多方面地引申和运用,使其含义变得越来越宽泛。特别是自 20 世纪 70 年代以来,扩大生产、增进福利、减轻贫困、发展教育、进行社会改革等实践在世界范围的推进,使反映以扩大利用自然资源为特征的传统的开发概念发生了根本性变化。生产开发扩展为全面社会开发,"开发"概念变成了反映人类开拓、创造、发明、革新、革命、改革、建设、前进、发展等各种创新活动的共同本质的综合性概念。概念的这种升华反映了科学技术革命时代,人们的实践和认识活动越来越广泛地由常规型、重复型变为开拓型、创新型的现实过程及其对新理论的需要,可以说,它是伴随着人们的思维方式变革而出现的一种"概念革命"。

现在,人们已经普遍地在这样三个层次上使用开发概念:一是生产层次,如自然资源开发、人工资源开发、劳动力开发、能源开发等;二是包括生产力和生产关系在内的整个经济层次,如资金开发、市场开发、企业开发、产业开发、综合经济开发等;三是社会层次,如人力开发、智力开发、科技开发、文化开发、地区开发、综合社会资源开发等。如果给这种越来越宽泛的概念下一个人们普遍能够接受的定义,那么可以说,开发就是人们把各种资源、条件、潜在因素转化为具有特定效用的物品、精神或现实过程、现实关系的创新活动。按照这样的定义，我们可以从人类的全部社会活动中划分出开发型活动和非开发型活动，从人类的思想史中找到一条开发思想发展演变的历史线索。这对于丰富和发展现代开发理论，指导人们的开发实践，有着十分重要的意义。

人类的开发活动具有以下几方面的主要特点：

一、开发活动是一种创新活动。创新性是开发活动的首要的、最本质的特点。具体体现为这样几方面的内容：1. 确立、追求和实现新的目的。非开发活动是重复实现旧的目的，没有新的追求。而开发活动则以不满足于现状，确立、追求和实现新的目的为其首要标志。新目的的确立，是开发主体在认识客观规律、充分估计自己的主观能力和实践过程中的各种条件及其变化的基础上，对满足自己新的需要的价值物的预先设计。一些宏大的目的确立后，还须再把它分解成具体的目标或指标，制定成可行的计划，使抽象的目的变为具有操作性的具体的实践过程。2. 提高实践和认识能力。包括：个人知识、技能的积累及其结构的合理化；个人联合为社会群体的规模的扩大，结构的合理，管理的改善，各方面素质的提高；以工具为主的机械技术体系的改进和完善；物力、财力的积累等等。3. 确定新的开发对象。非开发活动是重复地作用于原有对象，而开发活动则以作用于新的对象、产生新的效果为特征。4. 实现综合发展。通过建立新的联系，调整对象系统、主体系统、目标系统和整个开发系统的结构，实现系统的协调发展，创造出综合性的新效益。

二、开发活动是一种资源转化活动。开发总是对一定资源的开发。资源即资财的来源，是能为人的某种需要的满足提供原料或来源的一切条件的总和。资源的特点在于它相对于现实的使用价值来说，是一种潜在的东西，只有经过人的劳动加工，才能转化为直接发挥效用以满足人的需要的东西。非开发活动是以与以前相同的方式、水平、规模重复地加工或转化同样的资源，而开发活动则以创新的方式、提高了的水平和扩大了的规模实现资源转化，把潜在形态的各种条件变成数量和品种增多、质量和效益提高的现实的物质财富、精神财富和服务活动。

三、需要的发展是开发活动的动力源。人的需要是人对外部一定对象的依赖或欠缺。人的需要的实质内容是人与外界环境之间的矛盾关系。人既依赖环境，又不满足于环境。人作用于环境的结果，创造出自己的需要和需要之物，但又在此基础上产生出新的需要。新的需要驱使人从事新的创造或开发，由此使人与环境的矛盾不断解决又不断产生，人的需要也就呈现出无限增长和发展的趋势。新的需要的不断产生，是以新的矛盾来推动人确立新的目的、增长新的能力、开发新的资源、实现新的发展的客观的"本质力量"，[1]是人超出常规从事各种开发活动的力量源泉。

四、开发活动是一种社会历史的活动。开发活动和非开发活动都具有实践和认识的共同特征——社会历史性。开发活动是以人与人结成一定的社会关系，以一定的社会整体为基本条件的创新活动，其性质、规模、水平、组织结构特点、实际效果或效益等，都受以生产力为基础的各种社会历史条件的制约，体现着一定社会发展阶段的历史进步性与局限性的统一。

开发活动的客观事实及其规律反映到人的头脑中，便形成开发意识。开发意识包括开发心理和开发思想两大组成部分。前者主要是人们从事开发的主观要求、动机、热情、决心、意志等不系统、不定型的意识内容，后者是以观点、理论体系的形式反映开发活动规律的理

---

[1]《马克思恩格斯全集》第 42 卷，人民出版社，1979 年 9 月，第 37、132 页。

性意识内容。开发意识对开发实践的重要作用甚至支配作用,主要体现为开发思想的理性指导作用。

古代的开发思想

在原始社会,用以支配自己的开发活动的,是感性的、非逻辑化的初级开发意识。进入阶级社会后,在很长一段历史时期内,由于生产力的低下和社会发展节奏的缓慢,人们的开发实践是以偶然的、未充分发展的形态出现的。人们还不善于把实践和认识中的创新活动与重复性、例行性活动作本质区别。反映人的某些创新活动特点的思想带有自发的、朴素的特点,并且只是以偶然的、萌芽的、片断的、模糊的形态包含在哲学、经济学、教育学、自然科学、政治学说等思想观点之中。

古代一切进步的哲学思想,如唯物主义、辩证法、进步的历史观等,是开发思想的最概括的形式及其世界观基础。而生产开发、经济发展、教育、科学文化、培养和使用人才,从事各种革新、革命、改革等思想和观点,是开发思想的各种具体形式。在古代,这些不同形式的开发思想都有其萌芽形态和发展变化过程。

譬如,古希腊哲学家亚里士多德在《形而上学》一书中企图将认识与实践联系起来,以人的认识反映事物的结构来说明劳动创造人工自然物的机制。我国西周时期出现的"高岸为谷,深谷为陵"的辩证法思想,是从世界观上论证人们从事开拓、创新活动的必然性、合理性的萌芽。春秋战国时期,管仲认为"地博而国贫者,野不辟也;民众而兵弱者,民无取也"。①论证了对自然资源和人力资源开发不足必然造成国力削弱的后果,并且提出了"禁末产"(即限制奢侈品生产)而

---

①李山译注:《管子》,中华书局,2016年1月,第23页——编者注。

辟田野,赏罚有信而使民有所取和"务五谷""养桑麻,育六畜"的经济开发思想。[1]荀况在智力开发上十分重视学习,认为人依靠后天学习得来的知识可以做到"善假于物",即发掘利用自然力来实现人的目的,并可以做到后来者居上。[2]他为当时新兴封建地主阶级的一系列开拓、创造、革新事业提供了丰富而系统的理论工具。先秦诸子丰富多样的开发思想在我国封建社会中产生了深远的影响,在以后历代进步思想家那里得到继承和发展。

欧洲文艺复兴运动强调人的自由,提倡人权,认为人是现世生活的创造者和享受者,人具有无限的认识能力和创造能力;要求人们努力从事改造自然、创造财富的劳动,反对中世纪抹煞人性、否定此生的来世观念和禁欲主义。这是以新兴资产阶级为主体的、按照资产阶级的利益和要求进行的对人的潜力、人的被埋没了的精神和价值的发现和发掘。其代表人物在人力开发和观念变革方面提出了一系列杰出的思想观点。

人类在奴隶社会和封建社会中所形成的开发思想,虽然不可避免地带有其历史和阶级的局限性,但毕竟是植根于社会运动的物质必然性之中的,是人类宝贵的精神财富。同其他思想一样,古代的开发思想是近代和现代开发思想之母。

近代的开发思想

从 17 世纪到 19 世纪中叶,是资本主义制度确立并向上发展的时期。这一时期,资产阶级在经济、政治、科学技术、思想文化等各个领域的开发活动得到蓬勃发展。在生产力特别是机器大工业飞快发

---

① 李山译注:《管子》,中华书局,2016 年 1 月,第 7、24、29 页——编者注。
② 安小兰译注:《荀子》,中华书局,2016 年 1 月,第 4 页——编者注。

展的基础上,适应资产阶级反封建斗争和发展生产的需要,社会科学和自然科学领域取得了一系列重大成就,以能量守恒定律、细胞学说、生物进化论为代表的自然科学上的重大发现,以及社会科学领域的研究成果为人类开发思想的大发展搜集、积累和创造了极其丰富的资料,形成了科学的开发思想的萌芽阶段。群星璀璨的资产阶级理论先驱们的开拓作用,成为马克思主义开发思想产生的重要的历史条件。

黑格尔在其辩证认识论中提出了"理性的机巧"这一著名思想,认为理性的作用在于驾驭、利用、把握自然物以达到自己的目的。[1]黑格尔的辩证法为高度发挥人改造外部世界和自身世界的主动性提供了深刻的理论依据——一切都包含着矛盾,都是有内在活力和无限发展、转化潜力的,因而也都是可以按其矛盾本性加以发掘、改变并为人所利用的。

古典政治经济学奠定了劳动价值理论的基础,并在一定程度上研究了剩余价值,"认识了剩余价值的真正起源",[2]为新兴资产阶级找到了财富的源泉,找到了扩大生产、加强剥削这一增长财富的根本手段,从而奠定了资产阶级从事经济开发的思想基础。

自然科学的一系列杰出成就,使人们取得了关于宏观世界物质运动规律的系统化知识,建立了各门自然科学的理论体系,并且以实证的方式获得了自然界各种物质形态相互转化、永恒运动的资料,自然物转化为社会财富的无限潜力便为人们所认识。科学作为人类强有力的开发手段,获得了独立的发展,发挥着指导技术进步、开发自

---

①黑格尔著、贺麟译:《小逻辑》,商务印书馆,1980年7月,第394页。

②马克思:《剩余价值学说史》第1卷,人民出版社,1975年12月,第55—56页。

然资源、推进社会文明的日益巨大的革命作用。

马克思和恩格斯批判地总结了人类一切优秀的文化成果，特别是上升时期资产阶级思想理论先驱们的成就，总结了自然科学的新成就和无产阶级阶级斗争的历史经验，创立了崭新的革命思想体系——马克思主义，在哲学、经济学、科学社会主义和其他许多方面，创造了近代开发思想的最高成就。马克思主义的开发思想具有以下几个主要特点：

一、马克思主义开发思想的首要特征是它的彻底的革命性，其核心内容是反映无产阶级革命斗争的性质、条件和一般目的的理论——科学社会主义。作为以创新为本质特点的活动，广义的开发应当包括社会革命和社会改革。社会革命是产生新的社会制度，从根本上挖掘被旧制度埋没、压抑的社会潜力的群众创新事业，因而是一种特殊的、根本性的社会开发活动。革命虽然采取"政治形式"，但它"归根到底是围绕经济解放进行的"。①可以说，革命是在特殊的历史条件下，以政治手段进行根本性的经济开发的事业。而当政治革命任务完成之后，人们的社会开发便又进到一般历史条件下的经济开发、经济建设为主的阶段。只要政治存在的社会条件尚未消失，它就总是实现经济和社会开发任务的重要形式和手段之一。

二、科学地揭示了资产阶级开发活动的本质特点，为社会主义开发事业提供了宝贵的历史经验。马克思和恩格斯指出了资本主义生产方式上升时期所具有的开拓性、创造性、革命性发展趋势：资本主义生产方式使市场不断扩大，需求不断增加，从生产工具、生产关系到全部社会关系以及人们的思想意识，都"不断地革命化"。②资本"以

①《马克思恩格斯选集》第4卷，人民出版社，1975年1月，第247页。
②《马克思恩格斯选集》第1卷，人民出版社，1975年1月，第252、254页。

提高和发展生产力为基础来生产剩余价值"，"把现有的消费推广到更大的范围"，使劳动的"质的差别范围不断扩大"，形成"不同的新的生产部门"；资本"创造出一个普遍利用自然属性和人的属性的体系"，它"既要克服民族界限和民族偏见，又要克服把自然神化的现象，克服流传下来的、在一定界限内闭关自守地满足于现有需要和重复旧生活方式的状况。资本破坏这一切并使之不断革命化，摧毁一切阻碍发展生产力、扩大需求、使生产多样化、利用和交换自然力量和精神力量的限制"。[1]马克思指出，"资本的趋势是赋予生产以科学的性质"。[2]"现代工业的技术基础是革命的"，它"使工人的职能和劳动过程的社会结合不断地随着生产的技术基础发生变革"，"不断地使社会内部的分工发生革命。"[3]正是这种富于革命性的生产力，决定了近代以来与之相适应的社会关系和人们的行为不能不具有开拓、创造、革命的性质。马克思肯定了资产阶级开发活动的历史地位，指出资产阶级在历史上曾经起过非常革命的作用。同时，他也揭露了资产阶级开发活动的剥削性、掠夺性、压迫性的阶级特征，指出这种开发活动的归宿只能是被社会主义开发所代替。

　　三、马克思的开发思想采取了广义革命论的形式。马克思和恩格斯在领导无产阶级革命斗争的实践中和科学理论的创造过程中接触到并揭示了人类创新活动的本质作用及其在资本主义条件下的表现特点，把握住了一切创新活动的最典型、最高级的形式——革命性变革。马克思指出，中国的火药、指南针、印刷术的发明，对瓦解封建制

---

①《马克思恩格斯全集》第 46 卷上，人民出版社，1979 年 7 月，第 391、392、393 页。

②《马克思恩格斯全集》第 46 卷下，人民出版社，1979 年 7 月，第 211 页。

③马克思：《资本论》第 1 卷，人民出版社，1975 年 6 月，第 533—534 页。

度、发展社会生产力和科学文化起到了重要的革命作用,哥白尼和刻卜勒在天文学上的发现是"最革命的发现","机器劳动是一种"革命因素",随着一旦已经发生的、表现为工艺革命的生产力革命,还实现着生产关系的革命"。①马克思把科学发现、技术发明、生产发展和社会关系、思想观念的重大的、根本性的变革看作是革命性变革,并且揭示了它们之间内在的必然联系和由量变到质变的转化规律。历史上一切重要的开拓、创新、变革活动都受到他的重视并给予了科学的总结,并把这些概括为广义革命的思想。在马克思的时代,"开发"概念还只具有狭义的含义,马克思主义创始人也是从狭义的角度来使用这个概念的。而他们所使用的"革命"概念,却具有现代"开发"概念的广义创新性含义。由于他们所领导的无产阶级革命实践的全面、彻底、深刻的开拓,创新性特点,以及他们在理论研究上所持的严谨的科学态度并发挥了巨大的科学创造力,使得他们的理论体系能够以理性的形式再现人类开发活动的客观逻辑,成为一种崭新的、彻底的、系统而科学的革命性开发理论。这一理论,对100余年来的社会变革和经济、科学技术、思想文化发展产生了重要的指导、促进作用和深远的历史影响。今天,人们用"科学技术革命""产业革命""绿色革命""文化革命""教育革命""思维方式革命""信息革命"等广义革命概念反映各种重大开发活动的特征,正是马克思主义开发思想的强大生命力及其科学指导作用的体现。

现代开发理论及其研究的特点

20世纪以来,科学技术领域先后出现了两次革命性变革。特别是第二次世界大战后出现并延续至今的这场科学技术革命,使人类的

①《马克思恩格斯全集》第47卷,人民出版社,1979年10月,第472、473页。

科学知识的增长和更新速度越来越快。以科学技术的研究、应用为主的创造型劳动在社会劳动中的地位急剧上升。开发性最强的科学、技术、管理、教育领域,成为现代文明社会生存和发展的主要支柱。科学技术所造成的巨大生产力引起了整个经济、社会生活的广泛而深刻的变革,开拓、创新、变革成为人们社会生活的基本需要和社会活动的主要特征。

开发实践向自然界和社会领域的广度和深度的进展,推动了开发理论研究的发展。现代开发理论及其研究具有以下几个重要特点:

一、开发理论受不同的社会条件的决定和不同的世界观的影响,表现为流派极为繁多的五光十色的思想火光,但研究的焦点越来越集中到"创新"这一本质内容上。

现代开发理论按其社会、阶级属性来划分,有以马克思主义为指导的社会主义开发理论,有资产阶级的开发理论,也有无阶级性的科学技术、自然资源等开发理论。开发研究是在不同的思想体系之内、受不同的思想流派的影响,并以各不相同的概念体系、表述方式获得发展的。

马克思主义的开发思想在它的继承者们领导的革命和建设事业中得到了全面的发展,形成了反映社会主义革命和社会主义建设的创新规律的各种开发和发展理论,如经济建设理论,生产力和地区经济发展理论,科技、教育、文化发展理论,改革理论,人才理论,创造理论等。但是,由于种种原因,很长时期以来,人们并没有注重从开发、创新这一横断的或跨领域的角度研究和总结社会主义的丰富实践并自觉地进行这方面的专门理论创造,因而社会主义开发理论和开发观点只是作为一种思想的精华和资料、片段,以未分化的形式包含在无产阶级革命理论、党的建设理论、马克思主义哲学和社会科学等传统理论体系之中,通过这些传统的理论形式发挥着对社会主义创新活动的指导作用。今天,新的科学技术革命向我们提出了严峻挑战,要求我们以科学的开发理论来提高人们进行社会主义创造性劳动的能力和水平。为此,一方面要发掘、总结已有的开发理论的成就,另一方面,要通过既分门别类又组织多学科协作、联合的研究,进一步丰富和发展社会主义开发理论,创建专门而系统的社会主义开发学,推动社会主义开发实践的发展。

现代资产阶级学者对经济、社会开发问题的研究,涉及到在不同社会制度下起作用的一般创新规律,提供了不少值得我们重视、借鉴和采撷的思想资料。

现代西方经济学中包含着一些科学的开发思想成分。其中,以美籍奥地利经济学家熊彼特的"创新"理论和发展经济学最具代表性。熊彼特认为,资本主义经济本身存在着破坏旧的均衡又产生新的均衡的力量,这种力量就是所谓的"创新"活动,正是"创新"引起了经济的发展。熊彼特的"创新"概念与现在普遍使用的"经济开发""企业开发"概念基本上是同义的,"是指经济上引入某种'新'东西"。亦即从产品、工艺、市场、原料来源、管理、社会环境各方面发掘潜力,促使经济增长,实现"谋取额外的利益"之目的。[1]

发展经济学有人也称为开发经济学,是现代资产阶级关于发展中国家经济发展问题的理论。它对发展中国家经济落后的原因的探寻和分析,在一定程度上说明了由于各种资源开发不足、开发结构不合理造成经济落后的道理。发展经济学在其演变过程中,从单纯寻找经济原因,提出经济对策,到揭示社会原因,提出结构改革、社会改革和建立国际经济新秩序,对世界性、国际地区性经济开发理论都作出

---

[1]胡代光、厉以宁编著:《当代资产阶级经济学主要流派》,商务印书馆,1982年6月,第254、262页。

了有益的贡献。

当代资产阶级思想家在社会学、管理学、教育学、科学学、未来学等理论领域中,也提出了各具特色的开发思想和观点。同经济开发研究一样,这些领域的开发研究也集中在"创新""变革"等问题上,形成了以创新为共同特点的开发研究热潮。

二、开发理论研究呈现出既分化发展又不断走向综合化的趋向。

现代开发理论受科学技术和社会实践分化发展的决定和影响,分支越来越多、越来越细。譬如,经济开发分为生产开发、农业开发、农村开发、城市开发、企业开发、产业开发、资金开发、市场开发、地区开发等门类。其中如生产开发,又分为资源开发、劳动力开发、技术开发、产品开发等,而这几类开发又可按专业门类再细分。开发理论研究细密的分化发展,以日益发达的"根系"深入到众多学科的专业和实践中去,吸收了广泛的内容,同时也为人们提供了进行创造、革新的专门指导,成为咨询和决策的有力工具。

开发理论本身又具有联结和跨越不同学科、不同专业领域的综合性质。人们为了把某一些专业领域的产品(物质的或精神的)、条件作为资源加以开发,转化为另一些领域的消费品,就需要反映众多领域的一般开发规律的理论作指导。而人们从事众多的分支专业开发研究,也总是会总结出反映一般开发规律的结论来。分支研究越细,各分支之间衔接、渗透程度就越高,它所导致的研究的综合性也越强。特别是像地区开发、企业开发,智力开发、创造力开发这些研究,有的一开始就是跨学科的综合研究,有的则是过细的分支研究导致向相邻学科过渡或要求组织相关的多学科综合研究。《第三次浪潮》的作者托夫勒认为,现代科技革命必然导致一切经济、政治、文化、心理等全面社会变革;《大趋势》的作者约翰·奈斯比特提出了"社会创新"的概念,认为像美国的州这样的地区社会,其开发或创新总是包括科技、经济、政治、法律、思想、生活等众多领域的综合变革；日本有些研究者认为，开发的普遍含义是"从潜在的或基本的因素中创造出某种具体东西"；①发展经济学 30 多年的研究，产生出进行社会综合改革的开发思想。世界性的开发研究越来越重视结构问题，认为只有综合性的结构变革（如产业结构、经济结构、社会结构），才能产生最大的开发成效。

开发研究在分化发展的基础上不断走向高度综合化的趋势，对我们提供了有益的启示。我们振兴经济、实现现代化、进行地区开发，不仅要注重专业的、单项的开发，更要注重组织综合的、多层次、多系列、多项的互补协调开发，重视开发的综合效益。通过批判地吸收各种开发研究的成果，形成适合我国国情的综合开发理论。

三、开发理论研究的进展是不平衡的，既有处于领先地位的领域和专业，也有相对薄弱和空白的领域和专业。

从总的状况来看，开发研究处于领先地位的主要有经济、科技、教育等领域。在经济领域中，生产开发、自然资源开发、企业开发、地区开发的研究进展较快，科技开发研究的重点集中于应用技术方面，这是科技与经济、社会几个领域的交叉点，是把科学技术知识转化为实际效益和经济实力的关键环节，因而各国政府和企业特别关心这方面的研究，投入巨额资金和雄厚的科技力量予以支持。对开发的某些本质性问题的突破也首先是在这些重点领域初露端倪。在教育领域中，智力开发、人才开发研究处于领先地位。在智力开发中，创造力开发受到高度重视，研究进展也较快。

开发研究相对薄弱的环节主要有哲学、法律、道德、文学艺术等

---

①〔日〕只野文哉、岛史朗著，于秀琴、周有才译，陆振海校：《研究和开发》，国防工业出版社，1985 年 3 月，第 8 页。

领域。哲学思维是人类理论思维的最高层次,当代如此广泛的开发实践和开发研究不能没有哲学的指导。而要发挥哲学对开发的有效指导作用,就必须产生出"开发哲学"这一分支理论来。一方面,要使广泛的专业开发理论知识不断向更加抽象、概括的水平凝聚,提炼出开发思想的精华,使之上升到哲学的高度,以把握开发活动的深层规律;另一方面,要加深马克思主义哲学中与开发理论相邻近、相衔接部分的研究,发展马克思主义的开发哲学思想。政治和法律体制、人们的政治觉悟、政治热情、民主权利、人身安全保障、道德水平、艺术创作潜力、审美观念等,都是巨大的社会资源,都能经过相应的开发活动转化为社会环境质量、社会和人的素质的提高,进而转化为社会财富的增长。反之,浪费这些资源,则会造成社会的不安定和其他社会恶果。加强对这些领域开发理论的研究,探寻其创新、改革、发掘和发挥潜力的规律,是创立统一的开发理论体系不可缺少的部分。

开发研究的以上特点表明,这一理论正处于"前科学"的时期。它的特点是诸学蜂起,百家争鸣,尚未形成统一的科学规范。但是,开发思想的历史线索和现代开发理论研究发展的趋向,预示着人类的认识正在从已有的各种思想资料中,从科学技术和社会实践的巨大分工体系中,抽象、概括出一种新的庞大的知识体系——反映人类各种创新活动规律的理论,它对于推进现代社会文明的发展有着不可估量的意义。

（原载《兰州大学学报（社会科学版）》1989 年第 3 期,中国人民大学报刊复印资料《科技管理与成就》1989 年第 9 期全文转载）

马克思的社会结构理论

　　马克思在他的哲学、经济学等著作中,揭示了社会系统的结构特征和结构变化规律,形成了内容丰富的辩证社会结构理论,对19世纪中后期以来世界社会结构理论的研究和发展起到了深刻的影响作用。

　　与生命体的结构相类似,社会系统的结构是一种活体结构。这种活体结构的重要特点之一,是结构关系和承担结构关系的主要组成要素是不断地生产和再生产出来的活性关系和活性物质。社会系统的活性结构特征是由它的内在矛盾本性决定的。社会系统的内在本质是文化属性与自然属性的对立统一,社会只有依靠不断地创造物质的和精神的文化产品,才能既依赖自然又相对地独立于自然而获得生存和发展。而社会创造文化的主要形式就是进行社会生产,通过生产活动不断制造出具有文化属性的物质资料,生产和再生产出具有社会属性的人口、劳动力以及人与人的社会关系。马克思关于社会基本矛盾的理论指出,生产活动使人与自然的关系和人与人的关系形成既相互依赖又相互对立的矛盾体,进而使人与人的物质利益关系和人与人的社会意识关系形成既相互依赖又相互对立的矛盾体。这两种矛盾相互联系、相互制约、相互转化,推动生产发展、社会财富增多、人口增加、社会分工越来越发达和社会关系越来越复杂,使社会系统的结构关系处于不断的更新和变化之中。

一、马克思的社会基本矛盾理论

马克思将社会系统的结构特征概括为经济基础和上层建筑这两个分系统的内部结构以及两个分系统相互之间的对立统一关系。"生产关系的总和构成社会的经济结构，即有法律的和政治的上层建筑竖立其上并有一定的社会意识形式与之相适应的现实基础。物质生活的生产方式制约着整个社会生活、政治生活和精神生活的过程。不是人们的意识决定人们的存在，相反，是人们的社会存在决定人们的意识。社会的物质生产力发展到一定阶段，便同它们一直在其中活动的现存生产关系或财产关系（这只是生产关系的法律用语）发生矛盾。于是这些关系便由生产力的发展形式变成生产力的桎梏。那时社会革命的时代就到来了。随着经济基础的变更，全部庞大的上层建筑也或慢或快地发生变革。"①

马克思的上述观点以及他在其他地方阐述的有关社会结构的思想观点大致包括以下主要内容：社会的经济基础也就是生产关系的总和亦即社会的经济结构；生产关系的基础是社会的物质生产力，物质生产力是人作用于自然以获得物质生活资料的能力；生产关系与生产力的对立统一体是社会的生产方式，生产方式也就是人的社会存在方式或人的物质生活方式，是上层建筑能够竖立其上的物质基础；生产方式作为人的社会存在方式，既包括人与人的物质利益关系即生产关系，也包括人与自然的关系即生产力，所以生产方式与生产关系或经济结构相比，是内容更为广泛、作用力也更为坚实的经济基础；社会的上层建筑包括政治、法律、科学、艺术、道德、哲学、宗教等

①马克思：《〈政治经济学批判〉序言》，《马克思恩格斯选集》第 2 卷，人民出版社，1975 年 1 月，第 82—83 页。

社会意识形式,是适应经济结构的需要而逐渐形成并不断丰富、变化的精神性社会生活领域,亦即社会系统的意识形态领域或上层建筑领域;上层建筑与经济基础之间、生产关系与生产力之间是对立统一的矛盾关系,而且这两种矛盾关系彼此紧密关联、互为发展和转化的条件;当生产关系不能适应生产力发展的需要时,便会发生变革生产关系的社会革命;社会革命改变了经济基础,旧的上层建筑因不能适应新的经济基础的需要而解体,代之以新的上层建筑。

马克思将社会的基本结构概括为生产力与生产关系、经济基础与上层建筑的矛盾,有时也将这两种相互联系的矛盾概括为社会存在与社会意识的矛盾关系,其中社会存在也就是生产力与生产关系的统一体,即社会生产方式,是社会意识赖以产生和发展的物质基础;社会意识是社会存在的反映,对社会存在发挥反作用。强调了社会结构的本质是对立统一的矛盾关系而不是什么和谐关系、均衡关系,正是这种矛盾关系决定了社会系统以它特有的方式运行和发展。马克思关于社会结构的这一理论,也被称为社会的基本矛盾理论。

社会存在包括生产力与生产关系这两个基础性的物质领域及其相互之间的对立统一关系。"人们为了能够'创造历史',必须能够生活。但是为了生活,首先就需要衣、食、住以及其他东西。因此第一个历史活动就是生产满足这些需要的资料,即生产物质生活本身"①。"人们在生产中不仅仅同自然界发生关系。它们如果不以一定方式结合起来共同活动和互相交换其活动,便不能进行生产。为了进行生产,人们便发生一定的联系和关系;只有在这些社会联系和社会关系

---

① 马克思、恩格斯:《德意志意识形态》,《马克思恩格斯全集》第 3 卷,人民出版社,1960 年 12 月,第 31 页。

的范围内,才会有他们对自然界的关系,才会有生产。"①所以,"一切生产都是个人在一定社会形式中并借这种社会形式而进行的对自然的占有"②。马克思所说的决定社会意识的社会存在,包括以下两个方面:第一位的存在就是人们能够立足于自然界的存在, 即人们通过"对自然的占有"来获取自己所需要的物质生活资料,这是人能够以人的方式生活下去的最基本的条件;第二位的存在是人们能够结成一定的物质利益关系也就是生产关系的存在, 这种物质利益关系相对于物质生产,乃是一种"社会形式",但却是不可缺少的形式,是以物质资料为中介将个人、阶级、阶层结合成社会系统整体才能占有自然的形式。所以说,马克思所说的社会存在,其实就是生产力与生产关系的统一体,亦即社会的生产方式。

社会意识所包括的政治、法律、科学、艺术、道德、哲学、宗教等不同的意识形式之间,既相互区别、相互对立,又相互统一、相互依赖,形成社会意识的整体性系统结构。马克思认为,政治是社会意识的特殊形式和社会上层建筑的特殊领域,指出政治是按照一定的政治思想建立的人与人之间的强制性利益关系, 其本质是一种社会意识关系,而不是像生产关系那样的物质性社会关系。也就是说,政治的本质属性是社会意识而不是物质利益, 是社会意识这一分系统的构成部分。但政治这种意识形式具有特殊的物质外壳,即具有按照一定的政治思想组织起来的军队、警察、法制机构、公共管理机构等物质性机构,是集中地反映和维护一定的经济利益关系的社会意识形式。政

---

①马克思:《雇佣劳动与资本》,《马克思恩格斯选集》第 1 卷, 人民出版社,1972 年 5 月,第 362 页。

②马克思:《〈政治经济学批判〉序言》,《马克思恩格斯选集》第 2 卷,人民出版社,1972 年 5 月,第 90 页。

治与法律、科学、艺术、道德、哲学、宗教等意识形式之间是一种既对立又统一的矛盾关系。一方面政治与其他意识形式在本质属性上都是社会性的精神，是一定的社会存在即一定的生产力与生产关系在人的精神上的反映；另一方面二者在其他属性上又是相互对立的，政治是强制性的、集中地反映经济利益关系并有坚硬的物质外壳加以维护的社会意识形式，在上层建筑领域具有主导性的作用，而其他的社会意识形式则不具有这些属性，但却具有它们各自的特殊意识属性。

二、马克思的分工—交换理论

马克思关于社会基本矛盾的结构理论，在它的经济学著作中形成了更加丰富也更加具体化的内容，其中就包括有关分工与交换的理论。分工与交换，是将社会系统的各种要素联结成系统整体的本质性纽带。

1. 分工产生和发展的必然性

马克思指出，社会领域的分工最初是从氏族内部的"纯生理的基础上"产生的一种自然的分工，是在一定的自然条件差别的制约下①，由于天赋(例如体力)、需要、偶然性等等而自发地或"自然地产生的"分工。随后，分工成为人与自然、一些人与另一些人、享受者与劳动者、个人利益与公共利益、社会存在与社会意识以及不同的社会意识之间的矛盾的表现形式，"分工包含着所有这些矛盾"，体现着社会关系的不平等性。"随着分工的发展也产生了个人利益或单个家庭的利益与所有互相交往的人们的共同利益之间的矛盾"。这种共同的利

①马克思:《资本论》第 1 卷，人民出版社，1975 年 6 月，第 389—392 页。

益,就是彼此分工的个人之间的相互依存关系①。在资本主义社会,分工发展为企业内部的个别分工、行业之间的特殊分工、部门之间的一般分工、空间上的地域分工。分工进一步从经济领域扩展至社会一切领域,"到处为专业化、专门化的发展,为人的细分奠定基础"②。马克思既指出了分工形成和发展的自然必然性和社会历史必然性,同时也指出了分工的本质是社会的内在矛盾。社会需要和人口的增长产生、推动了分工,分工推动了阶级的分化和社会生产的专业化、专门化发展,推动了"人的细分"和人的片面化、人性的畸形化变化。

在资本主义企业内部的分工中,人的细分和人的片面化变化,成为产生资本主义生产优势的条件。一种产品的生产"逐渐地分成了各种特殊的操作,其中每一种操作都形成为一个工人的专门职能,全部操作由这些局部工人联合体来完成。""这种偶然的分工一再重复,显示出它特有的优越性,并渐渐地固定为系统的分工",从而形成了一个"以人为器官的生产机构"。特殊的工人或工人小组成为局部工人,工场的全部工人成为总体工人。前者成为后者的一个器官,后者的片面性甚至缺陷就成了他的优点③。

2. 分工必然产生协作和交换

马克思揭示了分工必然与它的对立物——协作相伴随的规律。"单个劳动者的力量的机械总和,与许多人手同时共同完成同一不可分割的操作(例如举重、转绞车、清除道路上的障碍物等)所发挥的社会力量有本质的差别。"通过协作不仅提高了个人生产力,而且是创

①马克思、恩格斯:《德意志意识形态》,《马克思恩格斯全集》第 3 卷,人民出版社,1960 年 12 月,第 35—37 页。

②马克思:《资本论》第 1 卷,人民出版社,1975 年 6 月,第 389—392 页。

③马克思:《资本论》第 1 卷,人民出版社,1975 年 6 月,第 374—375、387 页。

造了一种生产力,即集体力①。协作的实质是活动的交换,"不论是生产本身中人的活动的交换,还是人的产品的交换,其意义都相当于类活动和类精神",也就是相当于人的本质性活动和体现人的本质的精神,是把每个人"同别人结合起来的本质的联系"②。分工产生的不同的企业、行业、部门、地区等,必须形成商品交换或非商品交换的纽带,才能实现共同利益。分工越是深化,分工者就越是趋于专业化、片面化,交换也就越趋于发达,由此推动社会系统的结构关系越来越复杂。

马克思在分析商品生产过程时指出:"社会分工使商品所有者的劳动成为单方面的,又使他的需要成为多方面的。"③社会分工造成单方面的劳动与多方面的需要之间的矛盾不只是商品生产中的特殊矛盾,而是一切社会生产中普遍存在的矛盾。马克思揭示了从原始社会的自然分工中产生商品交换的规律和越来越发达的分工产生越来越发达的交换的规律,指出这是"各种社会经济形态所共有的"规律④。这种规律决定了任何一个社会的任何生产主体,其生产能力相对于他们的消费需求都无一例外地具有"片面性"的特征。每一个生产主体只能生产出他们的能力所企及的产品,因为他们的生产能力,总是受他们各自生理的、社会的、专业技术的、地域综合条件的等多方面的规定和制约,不可避免地具有其特殊性、专业性、地域性或局限性。生产的"片面性"的本质是专业性,不断提高生产的专业性是提高劳动生产效率和生产社会化水平,进而提高经济效益和社会效益,并以

①马克思:《资本论》第1卷,人民出版社,1975年6月,第362页。

②马克思:《詹姆斯·穆勒〈政治经济学原理〉一书摘要》,《马克思恩格斯全集》第42卷,人民出版社,1979年9月,第24—25页。

③马克思:《资本论》第1卷,人民出版社,1975年6月,第124页。

④同上,第389—397页。

此为基础不断改善社会成员生存条件的基本途径。与生产的片面性、单一性特征相对立，作为既是生产主体同时又是消费主体的个人或社会组织，其现实的消费需求却是相对全面的，即他们必须获得吃、穿、住、行、用、享受、发展等多种多样的消费品，才能生产和再生产其生产能力并获得一定发展。而要使每一个个人或社会组织都能获得相对全面的消费品，所有的生产主体就必须从事既有分工又相互合作、相互交换其劳动或产品的社会性生产。因此，生产的片面性与消费全面性矛盾就成为推动人类走向日益广泛的分工—协作和交换、联合的基本力量。从个人之间的协作、合作、联合，到社会组织之间的协作、合作、联合，从技术性、生产性、经营性的协作和联合，到综合程度越来越高的经济性、社会性、思想文化性的协作和联合，人们在不同规模和不同的社会系统层次上建立有偿的或无偿的、包含商品交换的或不包含商品交换的协作、合作、联合，都是用以弥补生产的片面性缺陷、提高生产能力和社会生产力水平的手段，同时也是体现和提高、丰富人作为"社会动物"的本性的一种途径。而协作，实质上是人的活动的直接交换，商品交换则是以产品为中介、以等价为原则的间接协作。协作和交换，都是将分工者维系成总体生产力和社会系统整体的纽带。

　　人类社会解决生产的片面性与消费的相对全面性矛盾的基本途径，就是发展分工和交换。"分工是自然形成的生产机体，它的纤维在商品生产者的背后交织在一起，而且继续交织下去。"①"普遍的需求和供给互相产生的压力，促使毫不相干的人发生联系。"②。分工使社

　　①马克思：《资本论》第 1 卷，人民出版社，1975 年 6 月，第 125 页。
　　②马克思：《政治经济学批判》（1857—1858 年草稿），《马克思恩格斯全集》第 46 卷上，人民出版社，1979 年 7 月，第 104 页。

会成员和社会组织的生产能力向专业化、专门化、特殊化方向发展，形成多样化、多元化的生产主体和产品，而交换则使各自独立的、专业化的生产者之间相互让渡其产品，"使不同的生产领域发生关系，并把它们变成社会总生产的多少相互依赖的部门"①。分工发展和深化了生产的片面性，而交换则将各种各样的片面性生产结合成相对全面的生产体系。分工形成相互分离的主体，交换则将分离开的主体联系成互通有无的网络。适应分工的每一步发展，交换也发生相应的变化和发展，由氏族、家庭、微观组织内部的直接的活动交换，发展为微观组织之间、行业之间、地区之间、国家之间、世界各大洲之间越来越广泛的商品交换。与商品交换同时发展的，还有各种不对等的、非商品性的交换。深化的分工和广泛的交换，成为社会系统的基础性结构关系。

三、马克思关于社会内在矛盾外在化为社会结构关系的理论

马克思在论述资本的整体结构时曾指出，资本在整体的运动过程中产生了它的各种具体形式及其相互作用，"资本在自己的现实运动中就是以这种具体形式相互对立的，对这些具体形式来说，资本在直接生产过程中采取的形态和在流通过程中采取的形态，只是表现为特殊的要素。"②马克思的《资本论》等重要著作中，包含着对系统性事物特别是对社会系统的结构规律的深刻说明。《资本论》所研究的对象——资本，其深刻的本质就是生产的社会性与生产资料的私人占有形式的矛盾。这种本质矛盾体现在具体的生产过程中，就是资本家阶级通过占有资本和资本转化成的生产资料而占有工人的剩余劳

①马克思：《资本论》第1卷，人民出版社，1975年6月，第390页。
②马克思：《资本论》第3卷，人民出版社，1975年6月，第29—30页。

动这一普遍的生产关系，以及资本家阶级内部不同的阶层、集团、个人分割剩余劳动这一利益关系。马克思把这一本质矛盾及其外化为全社会的生产关系、利益关系的因果链、因果网，看作一个具有整体性时空结构的巨大系统。马克思的一系列论述表明，这个系统及其整体结构中的各级各类的要素，如价值、剩余价值、产业资本、商业资本、货币资本、生产资本、商品资本、利润、平均利润、商业利润、企业主利润、利息、地租等等，都是资本在运动中转化成的具体形式，也就是资本主义生产关系和利益关系由最普遍的、深层的本质内容到具体化、个别化的转化形式。资本的内在结构是资本所具有的各种普遍属性之间的对立统一关系，资本的外化形式则是资本在以商品交换为主的运动中转化成的社会结构关系。这些社会结构关系也就是资本运动的具体形式，亦即资本主义社会系统的各种组成要素相互作用形成的利益关系。这种利益关系或结构关系在资本运动的初级阶段是较为简单的，而在资本的继续运动中则分化为不同层次和不同系列的复杂关系，这种复杂的关系也就是资本主义国家的内部矛盾和外部矛盾关系的总和。

　　马克思分析资本的内在本质外化为这种"对立统一关系总和"的思路是：资本是资本主义社会的灵魂承载之物，它包含着这个社会的内在本质矛盾，这个内在本质矛盾就是生产的社会性与生产资料的私人占有形式的矛盾。资本因为其包含着这样的矛盾，或者说因为它是这一矛盾的集中体现，它就成为如黑格尔所说的那种"不安定"之物，必须通过矛盾所驱动的不停的运动，使这种内在的矛盾外化为各种具体的形式和不同形式之间的外在的矛盾斗争。但是马克思在分析说明资本在运动中外化为各种具体形式及其矛盾斗争时，运用了黑格尔特有的辩证思维方法，对资本主义社会系统的矛盾和结构进行了有特殊创见的揭示。

马克思把资本主义社会看作一个有机的系统，指出这个社会的财富表现为"庞大的商品堆积"，"单个的商品表现为这种财富的元素形式"①。单个商品是"元素"，那由一定数量的元素和财富所有者、劳动者结合成的企业就是资本主义社会系统的"细胞"或基本组成要素。资本主义企业是从事社会化生产的组织，具有社会化生产的内在属性，它通过市场交换，由全社会的商品生产者为其提供原料、设施、服务，又将自己的产品销售到全社会，本质上是一种社会性的生产组织。资本主义企业同时又具有私人占有生产资料的属性，是一种生产资料和产品归私人占有的生产组织，它通过组织私有制的生产经营，将工人创造的全部剩余价值转化为私人资本的不断增殖。资本主义企业的这种内在矛盾本性也就是资本的内在矛盾本性，这种本性物化在它所生产的商品中，形成商品的内在矛盾。所以商品作为组成资本主义社会系统的"元素"，本质上是资本主义利益关系的物化形式，内含着资本主义社会的本质矛盾。马克思分析了资本主义企业生产的商品的两种矛盾着的内在属性，即价值和使用价值，指出商品的价值是由成本价值和剩余价值这两部分构成的。前者是资本家购买生产资料和劳动力所付的成本即投入资本的转移价值，后者是工人新创造的而为资本家无偿占有的价值。

资本主义企业的内在本性、资本的内在本性和资本主义企业所生产的商品的内在矛盾，实际上都是一回事，就是这些作为资本主义社会系统的细胞、要素、元素的微观单元，其本质都是生产的社会性与生产资料私人占有形式的内在矛盾。或者说，它们都包含着生产的社会性与生产资料私人占有形式的内在矛盾。

资本主义企业内在矛盾实现外在化运动的第一步，就是资本家

①马克思：《资本论》第1卷，人民出版社，1975年6月，第47页。

投入一定量的资本购买生产资料和劳动力，使生产资料与劳动力结合，生产出商品，形成生产资料统治劳动力、劳动力依附生产资料的外在性矛盾关系，实际上就是资本家以资本所有权来支配工人为其出卖劳动力的不平等的交换关系。这种外在的交换关系或矛盾关系，同时也是资本主义企业这一微观系统的基本结构关系。

资本主义企业内在矛盾外在化的第二步，是企业产品的销售。资本家将一部分销售收入用来偿付生产资料的消耗和工人的工资，将剩余价值转化成的那部分销售收入作为新增的资本并入他的总资本之中，使自己的资本实现增殖。资本主义企业的投入产出每循环一次，工人只能得到养家糊口的劳动力价值的转化物——工资，而资本家除过补偿了他付出的成本外，还得到了全部的剩余价值转化物——利润。于是，资本主义企业的内在矛盾即社会化生产属性与私人占有生产资料的属性的矛盾就显现出来了，变成了外在性的矛盾：资本家通过一次次的资本增殖越来越富有，工人除过能够生产和再生产自己的劳动力之外一无所有；资本家只占有价值形式的商品却并不消费这些商品的使用价值，工人需要消费更多的使用价值却没有足够的价值物——钱来购买这些使用价值，由此造成无法销售的商品越堆越多，而这些销不出去的商品的价值在资本家的钱袋里也越积越多；社会分化为贫富两大对抗的阶级，产生了日益尖锐的阶级斗争。由此形成了资本主义社会系统的又一类外在性结构关系，即生产者与消费者、富人与穷人的矛盾关系。

资本主义企业内在矛盾外在化的第三步，就是不同行业的资本家形成分割剩余价值的利益关系。商业资本家因为其承担工业品销售的职能而分得一定数额的工业剩余价值，银行资本家因为其提供贷款的职能而分得一定数额的工商业剩余价值，土地所有者因为提供土地使用权而分得一定数额的农业剩余价值。各个行业的资本家都为追求超额利润而展开激烈的竞争,竞争的结果,除过少数资本家能够偶然地获得超额利润之外,各行业的资本家所能得到的利润额,基本上都是投入等量资本只能获得等量的利润,由此形成了各行业之间利润率的平均化。原本只是包含在商品价值中的剩余价值,就这样在商品的销售和剩余价值的分割过程中转化成了利润,并通过利润率的平均化过程,使不同行业和同一行业的各个资本家之间分割剩余价值的竞争趋于均衡。分割剩余价值的利益关系在技术分工和产业分化的推动下,促进了新生行业和专业化地区的产生,产生了相应的行业间利益矛盾和地区间利益矛盾,这些矛盾构成了越来越复杂的产业结构和地区结构关系。所有这些利益关系都体现为资本主义社会特有的"永远的不安定和变动"即永远动荡的社会结构关系①。

当然,资本主义企业内在矛盾外在化还有其第四步,这就是不同的国家之间通过国际贸易关系,形成分割剩余价值并进一步分割世界市场的利益关系。国家间的这种利益分割关系与国内各行业、企业之间的利润率平均化的关系,在本质上是大同小异的。这种关系同时也是国家之间形成国际社会系统的基础性结构关系。这种结构关系"使未开化的和半开化的国家从属于文明的国家,使农民的民族从属于资产阶级的民族,使东方从属于西方"②。

资本主义企业本质的这种外在化的矛盾和结构关系,在资本的不间断的运动过程中,反过来又内在化为企业的属性,使资本主义企业的内在矛盾趋于尖锐化。企业之间以外在性的竞争和利益争夺,推动它们各自一方面提高社会化生产水平,从事更大规模的生产,建立

---

①马克思、恩格斯:《共产党宣言》,《马克思恩格斯选集》第 1 卷,人民出版社,1975 年 1 月,第 254 页。

②同上,第 255 页。

更广泛的商业联系和技术协作，另一方面提高私人占有财富的规模和水平，更大规模地占有和积累资本，追求垄断优势和垄断地位。在企业和资本实现其内在本质外在化的运动中，资本转化为它的各种具体形式,如商品价值、剩余价值、固定资本、流动资本、人力资本、产业资本、商业资本、货币资本、生产资本、商品资本、工资、利润、平均利润、商业利润、企业主利润、利息、地租、人格化的资本家和无产化的工人,越来越多的部门、行业、专业化地区等,转化为这些具体形式之间的外在性矛盾关系,即社会的各种要素、组成部分以及各个结构层次的具体矛盾关系和各种表面现象，分化为这一社会的各具形式的个体事物,如作为物品的商品、作为商品等价物的货币,作为个人的卖者和买者、资本家和工人、不同行业的工人和不同个人特征的资本家等,以及这些个体事物之间外在的商品性和非商品性交换关系。

从表面上看起来,资本主义社会中各种要素多如牛毛,这些要素相互之间的结构关系无比复杂，但这些其实都是由一个共同的本质蕴含之物——资本转化来的具体形式,都有资本打上的内在烙印。资本就是这个社会系统的灵魂,是这个社会系统的内在结构关系,而社会系统的各种要素、各个组成部分及其相互之间的一条又一条、一层又一层的结构关系,则是这个社会系统的细胞与细胞、元素与元素之间的外在性结构关系。马克思以矛盾方法和结构方法、发生学方法和解剖学方法相统一的辩证思想方法，从资本主义社会的这些表面现象中,从这些似乎是相互隔离的、各自独立的、谈不上有什么矛盾的个体事物中，揭示了它们的统一的基础和内在的联系——资本及其包含的内在矛盾、内在结构关系,从它们包含的内在矛盾中揭示了它们产生、发展、分化的历史必然性和空间关联性,从而以科学理论的形态再现了资本主义社会的整体结构及其基本矛盾的运动。马克思的分析表明,资本从表面现象看是各种各样的商品或一堆堆的金钱,

但从本质上看,不是物而是一种社会结构关系,是资本主义社会分化为越来越多的企业、行业、专业化的地区,分化为对立的阶级、民族和国家,以及这些分化物之间的矛盾关系和整体联系。

马克思在辩证的社会结构理论方面开创的研究领域、研究方法和作出的伟大贡献,深刻地影响了世界的发展进程和世界性的思想革新运动,使马克思主义的世界观、方法论及其在各个领域的科学理论观点更加广泛地深入到人文社会科学的几乎各个领域,成为推动人类社会和人类思想发展的宝贵财富。一切以追求真理为其基本的社会责任的人文社会科学家,无不从马克思的学说中获得启发和教益。

四、马克思对现代西方社会结构理论的影响

在现代西方社会结构理论研究中,许多著名学者汲取了马克思的辩证的社会结构思想,不同程度地正视并分析了社会结构与社会矛盾的关系,作出了有价值的贡献。

德国著名社会学家马克斯·韦伯认为社会关系中包含着斗争,斗争是社会关系的一种类型。"斗争在如下意义上应该称之为一种社会关系,即行为以不顾合作者或合作者们的反对,而企图去实现自己的意志为取向";"和平的"斗争应该叫作"竞争",互相对抗的生存竞争应该称之为"选择";只有在真正发生竞争的地方,我们才想说是"斗争"[①]。韦伯注意到社会关系中包含着斗争,将社会关系中客观存在的不同性质的矛盾理解为所谓的"斗争""竞争""选择"等,这种思想多少包含了一些辩证法的内容。

---

① 〔德〕马克斯·韦伯著、林荣远译:《经济与社会》(上卷),商务印书馆,1997年12月,第68—69页。

英国社会学家安东尼·吉登斯在其"结构化理论"中提出了"谨慎使用"社会矛盾这一术语对于社会理论研究"是不可或缺的"观点。他认为"生存性矛盾"是"人的生存的一项基本属性","在人类境况的核心,可以说存在两种相反力量的对抗:生活一方面依赖于自然界,另一方面又不从属于自然界,而且与自然界相抵触。"而"结构性矛盾则是人类社会的构成性特征","结构性原则是在矛盾之中展开运作的"[1]。吉登斯认为"早期国家"的形成是一个充满结构性矛盾的过程,"以国家为基础的社会的形成引发了次生矛盾","次生矛盾是伴随现代民族国家的形成而出现的",现代全球新秩序中的次生矛盾集中体现于资本的国际化与民族国家的内部巩固的关系[2]。"矛盾是个结构性概念",矛盾体现了各个社会系统的结构性构成中主要的"断裂带",牵涉到不同集团或人群、阶级之间的利益分割[3]。很明显,谨慎使用矛盾概念的吉登斯,在一定程度上已经讲到了辩证社会结构理论的一些重要观点。

20世纪60年代在美国兴起的社会交换理论,受益于马克思的辩证结构思想,在全球范围得到较为广泛的传播和认可。这一理论的代表人物主要有G.霍曼斯、彼得·布劳、塔尔科特·帕森斯和罗伯特·默顿等。该理论认为人类的社会活动可以归结为广义的交换活动,这种普遍性的交换活动构成人与人的社会关系,形成社会结构的动态特征。其中,彼得·布劳在其《社会生活中的交换与权力》等著作中,阐述了一系列富含科学价值的思想观点,这些观点可列举出以下几方面:

---

[1]〔英〕安东尼·吉登斯著,李康、李猛译:《社会的构成——结构化理论纲要》,中国人民大学出版社,2016年5月,第182页。

[2]同上,第184—186页。

[3]同上,第187页。

（1）社会交换是个体之间、群体之间、对抗力量之间、社区成员之间、权力拥有者与接受权力作用者之间的各种社会关系的基础。社会的微观结构是由进行互动的个人组成的，微观结构中人与人的交往是直接的交换。宏观结构是由互相联系的群体构成的，宏观结构中人与人的交往大量的是间接的。宏观结构的基本机制是以社会规范为中介，以正式的程序与强制性的手段维持交换秩序。

（2）社会交换既有对等的、两相情愿的，也有非对等的、强迫性的。不对等交换产生了社会的权力差异与分层现象。拥有权力者与被使用权力的人民之间往往存在冲突性的交换关系。权力的剥削性与压迫性使用，会激起社会非难并在极端情况下引起强烈的敌视情绪和对权力的反抗。领导者能够增强对下级的容忍心，可使下级对权力的服从更加稳定①。

（3）社会交换构成社会结构关系是一个辩证的矛盾运动过程。交换过程包含着一系列的矛盾，其中最主要的矛盾是交换双方的共同利益与各自的特殊利益的矛盾②。社会力量总是相互矛盾的，由一种社会力量引起的条件可能激起另一种社会力量在相反方向上的出现。既得的利益与权力、传统的价值、已经建立的组织及制度等属于稳定社会结构的力量，是抵抗社会变化的力量；而社会革新和重组的力量则是对稳定结构的力量的反抗力量。每一种社会行动都由某种适当的反行动加以平衡，社会结构就是不同力量形成的平衡关系，但是每种形成平衡的力量都在其他层次上引起不平衡。在社会结构的许多层面上，会反复地出现打破平衡和恢复平衡的力量。

---

① 〔美〕彼得·M.布劳著、李国武译：《社会生活中的交换与权力》，商务印书馆，2008年11月，第227—228页、311—312页。
② 同上，第12章。

(4)不同群体和阶层的人们的社会关系具体地表现在他们的社会互动和沟通过程中。人们都按照理性追求特定的目标,但目标的选择和实现必须受到社会结构的限制。

20世纪后期兴起的理性选择理论,譬如美国社会学家詹姆斯·S.科尔曼的理论中,包含着对霍曼斯和布劳的社会交换观点的肯定,认为"在日常生活中,处处可见社会交换",这种交换就是行动者为了最大限度地实现个人利益,"使用自己掌握的资源换取使他能够获利的资源"。科尔曼同时也指出,非经济类型的交换可能产生非自愿的、强迫性的交换,使"威胁和允诺都被看作交换"[①]。

西方社会交换理论包含着许多科学的、值得借鉴的观点,同时也存在一定的局限性。如布劳认为人类行为是以交换为指导的,这种结论既有反映社会结构规律的合理性,也有令人费解的地方。正确的观点应当是:交换是社会结构规律的具体化形态,它并不能指导什么,相反,它只是人的内在社会属性的外在化形式,是由人的需要"指导"或推动的。

五、马克思对社会系统本质的论述

社会系统的本质是自然属性和文化属性的对立统一。社会系统既具有与一切自然物相同的物质属性,具有对自然环境的依赖性,又具有创造文化的社会属性,具有与自然物和自然环境相对立的独立性。这两种内在属性及其对立统一关系构成人类社会系统的完整本质。社会系统的这一内在本质,体现为社会的基本矛盾,即生产力与生产关系的矛盾和经济基础与上层建筑的矛盾。在社会基本矛盾关

---

① 〔美〕詹姆斯·S.科尔曼著、邓方译:《社会理论的基础》(上),社会科学文献出版社,1999年10月,第45—47页。

系中,生产力之所以是最终的决定性因素,即生产力不仅相对于生产关系而且相对于上层建筑,都具有决定性的作用,其中最主要的原因就是生产力中包含着自然属性,包含着社会对自然的高度依赖性和社会与自然物之间不可分割的融合性,包含着人本身既是社会动物又是自然生物这样的两重性。

在很长的历史时期中,人类对自己的"类"特征即社会的系统特征缺乏全面、深刻的科学认识。"自然界起初是作为一种完全异己的、有无限威力的和不可制服的力量与人们对立的,人们同它的关系完全像动物同它的关系一样,人们就像牲畜一样服从它的权力",由此产生了人对自然界的纯粹动物式的意识——自然宗教①,将自然界、某些自然物看作以绝对权威统治人的神。随着人类社会实践的发展,人们获得的自然科学知识不断增多,人挣脱自然力的束缚、获得对自然的自由也越来越多,人们对自然盲目崇拜的意识也越来越淡化。尤其是在近代以来的工业化过程中,人类获得了快速增长的对自然的改造能力,形成了以大规模破坏自然环境为代价的生产方式。与此相对应,人类在意识领域也出现了许多"人定胜天"的思想,日益严重地忽视了社会对自然的依赖性和社会系统所具有的内在自然属性。于是,在对社会本质的认识中,就只重视和强调社会的非自然的内在属性,而不重视甚至否认社会的完整本质中包含着内在的自然属性。传统工业化的经济产生出传统式的忽视自然属性的社会本质理论,似乎社会的本质不是内在的矛盾着的两种属性,而只是单一的社会属性。

传统工业化经济在环境问题日益严重的灾难性变化面前不得不

---

①马克思、恩格斯:《德意志意识形态》,《马克思恩格斯全集》第3卷,人民出版社,1960年12月,第35页。

另辟蹊径,其中最具希望的实践和理论之一,就是由传统工业化经济转变为生态型的可持续经济,由片面强调增殖物质财富的社会发展模式转变为增殖物质财富、精神财富、社会关系财富和环境财富并重的新型社会发展模式。与这种转变相适应,社会意识领域中出现了某种革命性的变化,强调自然环境、自然界对人类命运的重要性的思想文化像潮水一样涌现出来。其中,也夹杂了某种以"敬畏自然"为特色的学说,大有回归自然宗教的味道。其实,"敬畏自然"与破坏自然同样都是违背科学、背离自然规律的。正确的做法应当是深刻、全面、科学地认识自然、认识社会、认识社会与自然的内在联系,探寻出一种社会与自然基本保持良性相互作用的模式。

社会的前身是一种纯粹的自然系统,即高级猿类的种群系统。由猿类种群过渡到社会系统,其实就是自然的种群系统增加了一层文化属性。所以社会系统既是具有文化属性的自然系统,同时也是一种具有自然属性的文化系统。人类创造文化所需要的物质、能量、环境条件,包括生物学意义上的人自身的生命等,只能来源于自然界。人类的社会文明程度越高,就越是需要从自然界获得越多的物质、能量和越广阔的自然环境。所以,自然界并不理睬人是否敬畏它,人如果一味地敬畏自然只能泯灭科学,使人重新成为自然的奴隶。人类为了生存、为了战胜自然灾害、为了达到更高级的文明水平,还是要以不断地扩大利用自然资源为主的途径来解决自身面临的财富匮乏和力不从心的种种问题,以驾驭更大的自然力来消除自然界带给人类的各种灾难,以增加对自然界的知识来获得对自然的越来越大的自由。但同时,人类又要不断地提高节约自然资源、改善自然环境的能力,以驾驭更大的自然力、利用更多的自然规律来消除人类带给自然界的不良后果,获得对自然的更大更高级的自由,丰富社会的文化属性和自然属性。

社会系统除了具有内在的自然属性外，还具有自身特有的内在属性，这就是它的文化属性。文化属性其实也就是社会属性，是物质文化属性与精神文化属性的对立统一体。社会的物质文化属性主要体现为社会生产方式，其中最主要的是体现为社会生产关系，而社会的精神文化属性主要体现为社会意识。文化是人类特有的生存方式，人类就是因为具有文化创造的能力而将自己与纯粹的自然物区别开来。凡是人类创造的、为自然界所没有的一切物质的和精神的、实体的和关系的、思维的和实践的产物、活动等，都是文化或文化创造活动。所以，文化属性或者社会属性，是人类社会特有的本质属性。其中，建立、发展和拥有社会关系的属性，特别是建立、发展和拥有社会生产关系的属性，是所有文化属性或社会属性中的核心属性。其他的社会属性，都是这一属性的衍生物或转化物。

六、马克思关于社会结构关系规定社会成员本质的理论

马克思在《关于费尔巴哈的提纲》中说："人的本质并不是单个人所固有的抽象物。在其现实性上，它是一切社会关系的总和。"[①]马克思在《德意志意识形态》一书中指出，"社会结构和国家经常是从一定个人的生活过程中产生的"，但"这些个人是从事活动的，进行物质生产的，因而是在一定的物质的、不受他们任意支配的界限、前提和条件下能动地表现自己的。"[②]马克思在这里以及在他的其他著作中表述了这样一些阐述人的本质的重要思想：

---

①马克思：《关于费尔巴哈的提纲》，《马克思恩格斯选集》第 1 卷，人民出版社，1975 年 1 月，第 18 页。

②马克思、恩格斯：《德意志意识形态》，《马克思恩格斯全集》第 3 卷，人民出版社，1960 年 12 月，第 29 页。

人的本质是社会关系的总和，主要是指人的社会属性即人区别于其他物质形式的特殊属性是在经济的、政治的、社会意识的多种多样的社会关系的支配和规定下形成的。其中，无数个人从事物质生产活动所结成的社会关系是一种不受个人任意支配的物质关系，也是形成个人本质的最主要的社会关系。此外，形成人的本质的，还有包括政治关系在内的意识性社会关系。物质关系对人的本质形成起着决定性作用，人的本质形成的第一位的原因是物质生产关系而不是空洞、抽象的意识。

人的本质是社会关系的总和并不是说社会关系的总和等于人的本质，而是指各种各样的社会关系作用于人，内在化或人格化为人的本质属性。每一个人为了生活就必须从事物质生产活动，他从事生产活动就必然与其他的人产生直接、间接的相互作用和相互影响。这种相互作用和相互影响的关系包括：占有生产资料或是不占有生产资料、受生产资料占有者支配或是以占有生产资料而支配别人；决定或接受一定的产品分配方式，包括平均分配、按照需要分配、按照劳动多少分配或是按照占有生产资料的多少分配；在生产活动中是相互平等的关系还是一些人强制另一些人服从的关系；在政治上和思想上是人人相互平等的、自由的关系，或者是一些人借助特权甚至暴力对另一些人进行强制性管制，并以此维护公共的或者某些特权者的经济利益；一些人并不直接参加生产活动，甚至远离生产活动，但他们占有生产资料、占有资本或掌握政治权力，并以此支配其他人为其生产财富，所以仍属于物质生产关系的承担者之一。无数个人所从事的生产活动相互交织、汇合成社会系统的整体关系，这种整体关系就是社会的结构，也就是社会关系的总和，也就是塑造人的本质的社会结构之网。

人的本质的实现就是人发挥出他的种属能力，这种种属能力就是人类成员普遍具有、普遍都能发挥的能力,是人与人结成社会整体所发挥的能力。人只有作为人类这个"类"的不可分离的个体来展现他的内在属性和能力,把自己与人类的其他成员看作是不可分割的整体,以自己的劳动和生存为其他成员提供有利的生存、发展条件,同时依赖其他成员的劳动来提高自己的劳动和生存水平,他才是具有人的真正本质的人类成员。否则,他就是本质被削弱或扭曲了的人类成员。人类所有成员只有实现最大限度的平等、联合、协作,才能真正体现人是作为"类"的存在物的本质。

社会的结构以整体的、物质的力量,扬弃了个人能动地表现自己愿望和目的的单个活动,成为不受个人任意支配的决定性条件,赋予每个人以一定的本质属性。所以,人类是结成一种社会系统的整体,以"类"的存在物的形式从自然界索取生活资料的,人在自己所从事的生产活动中获得的本质是人类共同具有的内在属性。社会关系的总和同时也就意味着人类总是以社会整体的力量与自然界相互作用,形成人类与自然界相互关系的总和。如果没有与自然界相互关系的总和,人与人的社会关系及其总和就毫无意义,也无法存在。

社会系统的结构关系从整体方面对每一个社会成员产生规定和改造作用,使组成社会系统的个体成员、社会组织及其相互之间的各种矛盾关系,不同程度地失去其原来在相对独立状态时的某些性质,具有了在社会系统结构关系的规定、影响下形成的某些新的性质。这种在社会系统结构关系的规定、影响下形成的新的性质,就是构成社会成员和社会组织本质的主要内在属性或重要内在属性,也就是社会成员和社会组织从社会系统结构关系中获得的质的规定性。

但是应当清楚,社会系统的本质与社会成员的本质既有密切的联系,又有很大的区别。社会系统的本质,是社会系统在与各种自然系统的相互作用中和自身的发展过程中获得的系统整体的本质。而作为社会成员的人的本质,则是在人与人的社会交往关系中,由社会系统的整体结构关系赋予的内在属性。社会系统的本质是文化属性与自然属性的对立统一体,而人的本质虽然也包含着文化属性与自然属性的内容,但是人的本质的主要成分则是社会关系的总和,是以社会生产关系为主、社会意识关系为辅的全部社会关系内在化而形成的人的属性。

(本文由作者节选自其哲学理论专著《矛盾与结构》一书第 9 章第 2、3 节)

第二部分
宏观经济理论研究

国民经济发展的六种规律性机制

在社会化大生产条件下，国家和地区国民经济系统整体的增长和发展，具有类似于生命体的新陈代谢和生长、发育、成长、壮大的一些重要机制。对这种机制或特点，中外经济学、哲学、社会学以及自然科学等学科的一些专家、学者都曾予以高度重视，其中不少人对此作了重要的探讨。对经济处于落后状态的国家和地区来说，研究经济增长和发展的这种类生命性的机制是十分重要的。它有助于我们在经济管理、经济体制改革和实现经济发展目标中既避免"拔苗助长"式的急于求成或盲目蛮干，又能借鉴当代生物学、生理学、生物工程技术、组织学、系统论、控制论等学科研究的一些成果、态度和方法，更加自觉地认识和利用经济系统运行、增长、发展的规律和机制的作用，实事求是地提高经济发展的速度、效益和协调水平。

国民经济系统主要通过动力机制、运行机制、增长机制、生长机制、发育机制、综合发展机制及其相互之间的密切联系，实现其整体的成长或发展。其中，动力机制、运行机制和增长机制是为经济系统的成长和发展创造基础条件的机制，因而可以称之为经济成长的基础性机制。而生长和发育机制，则是系统实现局部性，阶段性质变的机制，是成长和发展目标得以实现的主导性机制。综合发展机制是系统整体协调程度和进步水平最高的成长机制。上述这些机制，在企业、事业单位、行业、部门、地区、国家等不同层次的经济系统的成长过程中，是紧密联系、互为条件、相互交叉和相互转化而起作用的，体现为具有各层次特点的成长规律。

一、动力机制

国民经济系统作为有机的整体能够永不停息地运动、变化、成长，是因为它具有源源不断地获得内部和外部的推动力的机制。这种推动力，主要是作为经济利益主体的人，为谋取一定的经济利益而从事的能动的、有益的经济活动。经济系统的动力机制，就是经济系统自身不断产生、增强、提高人的这种经济活动能力的因果关系。

（一）动力的源泉

人们从事能动的经济活动的力量源泉，是人们物质生活和精神生活的需要。国家或地区经济要获得持续、稳定、协调的发展，必须科学地认识人民群众的近期、中期、长期内生活和生产的各个方面所面临的各种需求及其合理的结构，认识省内外、国内外生产、生活消费和社会发展的需求变化趋势，据此制定既能最大限度地满足社会需求、又能通过人民群众的努力奋斗得以实现的经济发展规划，使国家、地区、部门、企事业单位和劳动者个人等不同层次的利益主体，都能为实现自己正当、合理的利益要求而从事积极的、创造性的社会劳动。

一般来说，一定时期内人们面临的客观需要或由此产生的主观要求，总是大大地超过该时期社会、集体和个人满足这种需要或要求的能力，这正是人的客观需要作为经济发展的动力源泉发挥其作用的重要机制之一。需要大于满足需要的能力，它就以强大的压力或驱动力推动社会、集体、个人尽最大可能增强这种能力，由此就使人们为摆脱困境和增进利益而产生出奋发向上的积极进取精神。

人的需要又是不断发展、变化的。原来的需要得到满足，又会产生出新的、更多样、更高级的需要。随着满足需要的手段的不断增强和发展,社会、集体、个人的需要也不断更新,进到更多样化、更高级的水平。这种变化所产生的推动人们为摆脱困境、改变落后状况的奋发进取精神的源泉作用,也就更广阔、更深厚、更强大、更多样化和高级化,经济系统运转的"能源"也就不会短缺。

(二)动力的转化

经济成长的推动力具有各种不同的形式。经济动力是通过它的一种形式转化为另一种形式这样不间断的变化过程,发挥推动经济发展的作用的。组织管理经济和进行体制改革,都必须自觉地做好经济动力的转化工作。

首先,要自觉地促进客观动力向主观动力的转化,形成各利益主体努力为之奋斗的健康、正当、合理的主观需求。主要是对社会和个人客观上的需要之物以及这些需要之物的构成和变化进行科学而全面的认识,形成获得需要之物的良好的愿望或动机、可行的目的或计划、实事求是的科学态度、坚强的意志和高涨的激情等。不仅要把人们从主观上激励起来,而且要把人们的主观要求引向健康、合理、正当、进步、高尚的轨道和水平,使人们的主观要求不断向合理化、高级化、科学化发展和变化。

其次,要自觉地促进主观动力向主观与客观相结合的物质动力转化,形成以科学知识为指导的、不断增强的实际经济活动。第一,主观要求必须与客观实际相符合,把观念上的需求变成富有成效的实践活动;第二,讲究科学的方法,不断提高经济活动的科学水平和效率、效益水平;第三,改革不合理的体制,提高对经济的组织管理水平,把可行的、符合客观实际的需要、目标、计划等变为广大群众和干部团结一致、合理分工、密切协作的行动;第四,提高以科学知识为指导的开拓性、创造性活动的比重和水平,鼓励人们通过提高创造、革新的能力来克服困难,提高效益。

再次,要自觉地促进其他各种形式的动力转化,形成动力不断产生、不断增大和协调地发挥作用的良性循环。主要有这样一些转化形式:把个人、基层单位、各个分系统的分散的、包含着某些不利于整体目标实现的因素的动力合成为最大化的整体动力,把整体目标层层分解,形成责、权、利对等而明确的个人目标和下层单位的目标,使总体任务落到实处,并如期完成;组织不同利益主体之间互相协作、联合、竞争、竞赛,形成单位之间、个人之间互相推动、彼此激励的动力传导网络,使"联网"运行的动力可随时进行调控,或随时集中到最需要解决问题的地方,把小动力增大,把消极的动力转化成积极的动力,把以谋私为主的动力转化成为公的动力,把从事常规活动的动力转化成从事开拓、创造活动的动力,使动力产生最佳的劳动效果;通过合理分配和引导消费,使多劳者多得,贡献大者得到应得的报酬和奖励,懒、劣者受到教育、鞭策,使各利益主体的合理需求得到满足,鼓励、提倡个人、集体、部门、地区、国家等利益主体确立新的、更高水平的需求目标,增强、扩大动力的源泉,使为新目标而奋斗的动力不断产生、不断增强并协调地发挥作用。

二、运行机制

(一)国民经济运行的良性循环

国民经济运行是国民经济系统有组织地进行社会再生产,周而复始地生产和再生产物质财富、精神财富以及经济和社会系统构造关系的循环运动过程。国民经济运行是否正常,以及正常化的程度,体现为三种基本类型:一是良性循环,二是停滞性循环,三是恶性循环。其中,良性循环的主要标志是:第一,经济运行每完成一个或若干个循环周期,生产效率和经济效益有明显提高,生产规模明显扩大,并且为以后的循环周期内扩大再生产和提高居民生活水平提供了较以前更多更好的物质条件;第二,分配合理,流通渠道畅通,居民消费水平稳步提高,经济秩序有明显改善;第三,没有为经济运行造成现实的或潜伏着的严重阻碍,或产生经济危机的条件。经济良性循环的实质性内容,是经济系统整体有组织、大幅度和持续地实现了物质财富及其价值的增值和合理的分配与使用。

经济的良性循环所产生的实际效果,就是周而复始地增殖物质财富、合理地分配物质财富、灵活而有秩序地交换物质财富,以内涵或外延的形式扩大地再生产着物质产品、精神产品和不断改善的经济结构关系,因而,它为经济的持续增长和健康成长不断创造、积累着物质条件和其他有利条件。

(二)提高国民经济良性循环水平的途径

改革阻碍和扰乱经济运行的体制弊端。分类、分批实现国有大中型企业生产经营机制的转变,配套进行其他企业的改革和技术改造,使企业在平等的市场竞争中最大限度地发挥各自的优势,配套进行计划、财政、金融、投资、科技、教育以及政治领域的改革,全面而又稳妥地为经济运行排除体制上的障碍。

组织和发展多级经济循环圈,扩大经济循环的空间范围。对各级各类产业和企业所具有的现实优势和潜在优势,按照由强到弱、由大到小的差别,依次划分为参与国际竞争的一级优势、在全国市场上有较强竞争力的二级优势、占领全省市场或仅在省内某些地、县、乡等小片地区有竞争力的三级、四级等多级优势。在多圈层的空间范围内打出优势产品和劳务,增值资金,输入或引进短缺的商品、技术、设备、人才、信息、资金等要素。使区域内各种产品、服务、技术、资源等所具有的大小不同的优势都能在它们所能占领的最大范围的市场上得到发挥,从而使各企业、单位、行业、地区,依靠发挥自己的优势,有能力充分地吸收、利用外部各种有利因素,形成各自的良性循环。不断建立和发展多种多样的经济、技术交往关系,使经济循环的空间范围不断扩大,循环的渠道网络越来越致密。

排除运行障碍,提高运行效率。对国民经济运行中内外部各种不利因素所造成的障碍,如生产、运输、流通中的各种障碍,分配中的各种漏洞,消费或使用中的各种浪费等,应及时排除,保证生产、分配、流通、消费诸环节相互适应、紧密衔接。必须对国民经济运行状况进行经常的、准确的、全面的监测和分析,提高对经济运行状况的预见能力和有效的调控能力。

改变落后地区、劣势产业和低效益企业的非良性循环状态,提高经济良性循环的整体水平。通过有组织地进行优势资源开发、扶贫开发、智力扶贫、科技成果推广、富县工程等,分批实现财政补贴县的良性循环。通过集中会诊、政策扶持、资金和技术支援、深化改革、加强整顿以及兼并、联合、以大带小、以优带劣等方式和途径,改变处于困境中的低效益企业和亏损企业的状况,分批实现良性循环。在绝大多数企业实现良性循环的基础上,提高全行业的良性循环水平。积极创造条件,把人口、就业、生产条件、劳动力素质、干部工作作风和工作能力等方面的包袱、困难转化为促进经济良性循环的有利因素。

三、增长机制

经济增长是在经济正常运行的基础上所实现的社会物质财富和劳务总量的增加。要使经济增长保持合理的速度和持续性、稳定性,必须以提高物质财富的增殖率也就是物质生产的经济效益为基础。只有建立在效益不断提高的基础上的经济增长,才能为国民经济的健康成长提供日益雄厚的物质条件。

经济增长与经济发展,既密切相联系,又有着本质的不同。经济发展意味着经济系统整体和综合社会条件的全面、协调的质变或进步,而经济增长只是为这种质变或进步提供增多了的物质财富。只有把国民经济系统的各种产品和劳务的增长组织成一个供、需紧密衔接和彼此相互适应、相互促进的过程,并且通过合理的分配、交换、消费,使不断增加的物质财富按比例地转化为劳动条件的改善、生产规模的扩大、劳动者生活水平和综合素质的提高,以及科学技术、教育、文化、生态环境等各项社会事业的发展,经济增长才转化为它的高级形态——经济发展。所以,经济发展是对经济增长的扬弃。经济发展以经济增长为基础,但又排除了伴随经济增长所产生的诸如重大比例关系失调、生产经营上的短期行为、不合理分配、生态环境恶化、浪费性消费等消极的或有害的效果,保留并按比例地组合、转化了经济增长的积极的、有利的效果,使物质财富和劳务的数量增加,产生出经济结构的合理变化和经济、社会全面进步这样的质变性效果。在获得发展的基础上,经济增长因经济、社会综合条件的全面改善而具有新的技术水平、更高的效益、更合理的速度和新的协调关系或比例关系,成为高水平的增长。发展以扬弃的形式包含着增长,增长却不一定带来发展。只有按照发展的要求自觉地促进、组织和控制增长,增长才能产生最佳的效果并实现预期的发展目标。

(二)限制或消除经济增长的消极性作用

配套进行产业结构、产业组织、产品结构的调整和经济体制改革、宏观调控,限制重复建设和盲目生产,压缩过剩的生产和服务能力,促进生产要素向优势产业和企业转移。

依法对严重污染和破坏生态环境的项目和工艺进行改造。努力减少以至最终消除经济增长对生态环境造成的破坏,分片、分批、分期实现生态型经济增长。

四、生长机制

国民经济系统的成长和发展，不仅意味着物质财富和精神财富的增加和丰富，而且意味着社会财富的生产手段更加先进，社会对财富的分配和使用更加合理，人们之间的物质利益关系和其他社会关系更加进步，国民经济系统的自我调控能力显著增强，经济和各项社会事业获得全面、协调的发展。为了避免经济有运行无增长、有增长无发展的缺陷或增长、发展过于迟缓的状态，必须在改革、完善经济成长的基础性机制的同时，改革、完善经济成长的主导性机制——生长机制和发育机制，健全经济成长、发展的整体协调机制。

国民经济系统成长和发展的主要特征，是通过类似于生命体或生态系统的生长和发育过程体现的。只有当经济系统在物质财富和劳务的数量不断增加的基础上，引起系统内部新的子系统的不断产生、系统内部各级各类子系统之间的功能耦合网不断扩大和不断复杂化，系统由一种内稳态进到更高一级的内稳态，系统的结构和功能性质发生了重大的进步性变化，并为进一步的、更高水平的增长奠定了新的基础和创造了更优越的条件时，才标志着经济系统实现了某种程度的成长或发展。在经过三五年或更长一些时期，人们所看到的整个企业或部门、地区、国家的经济"上了一个台阶"，其实就是经济获得了显著的生长和发育，或者由原来的成长阶段进入了一个新的、更高的成长阶段。

经济系统的生长，就是系统内部新的要素或新的子系统的产生。决定或支配经济系统不断产生新的要素或新的子系统的系统整体的结构与功能之间相互依存、相互转化、相互制约的规律和因果关系网，也就是该经济系统具有的生长机制。促进这种机制不断完善并充分发挥积极作用，是经济系统健康成长的重要的有时甚至是决定性的条件。

(一)重复性增长和变异性增长

经济生长以经济增长为基础。只有物质财富和劳务持续不断地增加并得到合理的分配和使用,新的经济要素、经济组织、经济关系、经济分系统才能不断地、有秩序地产生、扩大和完善。而这些新的东西之所以能在经济系统内部萌发和生长,所依赖的一种重要的机制就是重复性增长与变异性增长的持续进行及其相互联系、相互转化的关系。

重复性增长就是持续地增加相同的产品及其价值。这种增长使使用价值和价值的积累达到一定数量,就为新产品的开发、新技术的发明或引进、新的经济子系统的产生提供了物质条件,并在其他一系列开拓、创新条件具备的情况下,引起经济系统的生长。变异性增长是通过开发、引进或生产出新的产品而使产品的使用价值总量和价值总量得到增加。这种增长通过建立开发和生产新产品的生产线、车间、分厂、分公司,或建立新的企业、行业、生产基地、专门机构、专业市场等,使经济系统得以生长。这两种增长都不可能孤立地进行,当重复性增长接近或达到社会需求的饱和状态时,生产经营者就寻求满足新的社会需求的生产经营目标,有目的地对产品或劳务进行不同程度的改进或创新,从而使重复增长产生出它的对立物——变异性增长。变异性增长为了获得最佳规模效益、最大收益和满足不断增长的社会需求,就必须使新产品在空间上以扩大的形式重复生产,在时间上连续不断地重复生产。产品或劳务的改进、创新或变异必然引起劳动力、生产设备、配套条件等一系列的改进、创新或变异,形成连锁反应式的专业分化,直至形成越来越多的新行业、新部门和新的专业化生产地区。于是,在原来的经济系统内,专门生产某一种或某一类新产品或专门提供某种新的服务、专门行使某种新的管理职能的各种子系统便萌发、生长起来。新的企业、新的行业、新的专业生产地区或新的经济关系得以萌芽、生长的"胚胎"或"种子"，就是那些能够满足新的消费需求和新的生产需求的科学技术研究成果和新的产品、新的服务。显然，这样的"胚胎"或"种子"研究，开发得越多、越快，经济生长的潜力就越大，生长的速度就越快。

(二)基本建设

新的科研成果、新的产品、新的服务、新的管理和协调职能要最大限度地满足人们的生活消费需要或生产发展的需要，就必须建设新的生产线、车间、企业、事业单位和新的设施，建立新的行业、部门、生产基地、管理或协调机构。建设或建立这些新的要素或子系统，主要是通过国家、部门、地区、企业、事业单位等有计划的基本建设活动进行的。社会需求的扩大、变化和发展总是与国民经济系统的基本建设的能力处于对立统一的矛盾关系中。基本建设作为经济增长的主要形式，必须按以下约束条件有计划、有秩序地进行：一是适应人民生活水平不断提高和生产能力合理扩大的需要；二是适应生产力布局和国民经济结构合理化的需要；三是适应国民经济健康成长的需要；四是适应投资能力和资源条件；五是如期达产达标，发挥效益；六是有利于生态环境的改善。基本建设总规模不足、比例不当或速度过慢，直接影响经济发展和经济增长；基本建设铺得摊子太大，超越了一定时期内物力、财力、人力的供给能力，就会形成经济过热，引发通货膨胀和国民经济重大比例关系严重失调。把基本建设控制在合理的规模和合理的比例关系范围之内，是国民经济系统健康生长的基本保证条件。

(三)生长点的选择

经济的健康生长，必须选好生长点。生长点选择不当，生长出来的"细胞""器官"等子系统往往缺乏生命力，难以发育成长，有的甚至生而复灭或成为经济运行的障碍或包袱。国家或地区对经济的生长点普遍选择不当,必然引起经济结构的不合理变化,使经济发展受到阻碍。

选择适当的经济生长点,必须坚持以下原则和方法:在社会需求与地区内有利的开发、建设条件的结合处选择生长点;在时空条件的最佳组合处选择生长点;选择竞争力强、发展前景广阔的大中型企业或其他经济单位作为生长点,促其扩大规模、深化分工、增强优势,带动一大批企事业单位成长;选择起点高的科研成果、新产品、建设项目或企业、行业等为生长点,促其实现超越式或速生式生长,率先赶超国内外先进水平;选择聚集效益好的中心城市、产业集中区为生长点,促其集中生长大批新的企业、行业,并向四周扩散生产和服务能力。

(四)生长的调节与控制

有机体的生长是在完善的调控机制作用下,按照增强整体生存能力的需要,有秩序地扩大其规模和完善其结构与功能的自组织过程。国民经济系统的生长也必须有健全的调控机制,保证生长的有序性和合理性,为系统的良好发育和协调发展创造条件。国民经济生长的调控必须坚持以下原则和方法:形成和完善科学的决策程序,使经济增长在科学决策的控制下有组织地进行,防止、制止盲目建设、重复建设、超越实际条件乱上项目的倾向;合理地配置资源,为新建项目提供各种必需的物资、资金、人力、服务活动;新建项目必须如期投产或交付使用,并达到设计要求,其对外功能的发挥和对外经济、技术、社会联系的建立和发展,必须有利于国民经济整体结构的合理化;发挥市场调节与宏观调控相结合的作用,扶优限劣,保证重点建设,提高基本建设的综合效益。

五、发育机制

经济系统的发育是指该系统在按比例增殖物质财富和精神财富，并有秩序地生长新的子系统或新的要素的基础上，其内部组织结构和对外功能发生重大变化，从而使系统演化或成长到高一级阶段的必然性过程。国民经济系统的发育，是在内部大多数的或起主导作用的企事业单位、行业、部门、地区和市场体系等分系统获得一定发育的基础上所必然引起的整体性重大进步或发展。如果说经济系统的运行、增长、生长一般都具有不间断性的量变特点的话，那么经济系统的发育则是以这种量变所积累的积极成果为基础所实现的具有阶段性、局部性或不同程度的整体性质变特点的过程。国民经济增长和发展的一些战略目标，如工农业生产产量、国民生产总值、人均国民收入、劳动者受教育的水平、生产的科学技术水平、居民的生活水平、吸引和利用外资的能力或规模等要达到某些数值标准，不能单靠系统的量变性增长或生长机制来实现，更重要的是国民经济系统内部的大多数微观和宏观分系统以及国民经济系统整体要达到一定的发育水平，亦即使系统具备某种新质的条件。譬如，国家或地区的主导产业、骨干企业、科学技术、教育、市场体系等发育水平低，工农业生产就难以快速增长，居民生活水平也难以大幅度提高，经济在整体上就迟迟不能跨入高级阶段。

提高经济发育的健康水平的途径主要包括以下几方面：提高社会分工水平，深化企业内部和企业之间的专业分工和全社会的专业分工，提高经济系统的组织水平，建立高效率、高效益的专业化经济体系；进行结构调整，完善经济系统的整体功能；利用经济发育的不平衡规律，促进优势强、带动作用大、战略意义重要或过于落后的经济子系统获得优先、超前发育，发挥其有利于其他子系统和整体系统发育的作用,同时提高经济整体发育的有序性。

六、综合发展机制

发展是一切事物由简单到复杂、由低级到高级的前进、上升的运动和变化过程。我国的国家和地区国民经济系统发展的基本原则和目标,是最大限度地增进全体人民群众的利益,实现社会的全面进步和社会文明水平的不断提高。经济发展的这一基本模式或本质特点主要体现在以下几个方面:经济发展以从广度与深度相结合上强化对自然资源和经济、社会资源的开发为直接的推动力和深厚的源泉,而不以损害其他国家、其他民族和国内各经济主体的正当利益为条件;经济发展是经济系统的量变和质变、阶段性变化和连续性变化的辩证统一,是在经济系统各种构成要素、各个方面或侧面、各主要的组成部分或子系统、各种重要的经济关系及其物化形态等获得一定程度的增长、生长、发育的基础上,必然引起的经济系统整体的某种综合性、进步性质变过程及其结果,而不是经济系统所发生的片面的、畸形的或单纯量变的波动或变化;经济发展受以基本经济规律、价值规律、经济系统结构规律、按劳分配规律为主的客观规律体系的支配,在有效调控和以市场调节为基础的多种调节机制的作用下,努力提高持续性、稳定性、协调性程度,尽可能地加快经济发展的速度;经济发展与社会的发展、进步紧密相联系,二者互为条件,形成融为一体的经济、社会综合发展过程。

(本文由作者节选自其经济学理论专著《经济结构与经济成长》一书第 15、16 章)

现代市场经济系统的结构规律

现代市场经济是以综合创新为基础动力的经济关系体系，经济结构的复杂性达到了空前的水平，并且还在向更高的复杂结构演变。在地区、国家等经济系统中，多种多样的经济主体、经济要素之间形成一系列多维、多向、多层次的关联关系，这些关系构成系统的整体结构关系，其中的每一种关联关系，实质上都是对立统一的矛盾关系。由多重矛盾关系交织成整体的结构关系，体现了系统内外不同的经济主体、经济要素之间的多重本质性联系。这些本质性联系，就是经济系统形成和保持基本结构关系的动态稳定性规律。

一、微观层次与宏观层次的内在关系

层次结构是物质结构的普遍规律。一切物质系统都具有多层次的结构特征，并且在结构和功能性质上低层次系统与高层次系统之间存在着互为因果的关联关系，社会经济系统也不例外。但是经济系统的微观层次与宏观层次之间的关联关系，是以各级经济主体的主动性谋利行为为基础的互为因果的对立统一关系。微观系统的结构特征和功能性质，是以个人所具有的社会属性、知识结构、行为特点、劳动能力、综合素质为基础而形成、保持和变化的，微观系统在本质上是个人经济活动的直接性或初级性集成，是创造物质财富和精神财富的源泉。宏观系统的结构特征和功能性质，是以个人以及企事业单位、个体经济单位的结构特征、功能性质、行为特点、综合素质等为基础而形成和变化的，宏观系统在本质上是对微观系统的经济活动的逐级扬弃和分层集成，是汇合和放大微观系统功能的组织形式。微观、宏观之间在本质上既相互对立又相互统一。表现在结构和功能上，微观系统的发展、变化对宏观系统的发展、变化发挥着基础性的保障、推动和制约作用，宏观系统对微观单位的发展、变化发挥着主导性的有时是决定性的推动和制约作用。二者总是互为因果，彼此相互推动、相互制约、相互调节，在循环式的互动过程中实现共同发展。微观单位所发生的普遍性困难往往汇合成宏观经济的困难。微观单位的普遍性发展和进步，也必然引起宏观系统的相应发展和进步。宏观经济系统的结构缺陷，如区域、行业发展失调或运行管理不当，或政策、法律、制度的某些缺失等，也会使微观单位普遍陷入困难。宏观系统为了适应外部条件的变化和实现系统整体的发展目标，以宏观整体的结构关系所组织、集中起来的经济投入能力和在政策、文化方面采取的措施等，不断地作用于个人和微观单位，改变其原有的某些结构特征和性质，促使其形成适应宏观整体需要的某些新的结构特征和功能性质，为个人和微观单位的发展、变化和行为的规范化创造不断改善的宏观环境条件。

微观与宏观之间既相互对立又相互统一的矛盾关系，实质上是每一个微观单位与宏观整体之间的矛盾关系。这种矛盾关系之所以能够产生推动双方共同发展的效果，其奥秘之一是宏观环境对每一个微观单位能够带来特殊的外部性效应。对每一个微观单位来说，宏观环境的正向作用主要体现为环境内众多的微观单位以千丝万缕的联系作用于它，给它带来单靠它自身难以生产出来的外部性好处，使它不用增加投资就能够较大幅度地增加产出。每一个微观单位单靠它自身生产出来的财富，再加上宏观环境带给它的外部性好处，就超出了孤立状态下单个微观单位的生产经营能力。如果再加上政府实行的宏观政策的正向作用，每一个微观单位的生产经营能力又会有重要增长。这样，就使得系统内所有微观单位的运行发展所形成的宏观效果远远大于孤立状态下各个微观单位运行发展效果的相加之和。宏观系统给每一个微观单位带来如此多的外部性效益，同时它也获得大于所有微观单位运行发展效果之和的好处，就形成微观与宏观正向的相辅相成的发展效果。当然，微观与宏观之间不只是产生正向的相互作用，它们之间也产生负向的相互作用。但是在系统的正常状态下，微观与宏观之间每一方不利于对方发展的行为都会受到出于共同利益目的的有效的反制作用，因而正向的相互作用总是大于负向的相互作用。微观与宏观之间只有处理好其对立统一的矛盾关系，使正向的相互作用效果尽可能地大于负向的相互作用效果，双方均可获得最佳的运行发展效果。中国改革开放几十年连续高速发展，其主要的奥秘也在于微观与宏观之间对立统一关系所产生的双赢效果。如建设各种开发区、产业园区、试验区、城市群、经济带等，多数都获得了成功，其优越性就来自于微观与宏观之间对立统一关系产生的双赢效果。中国的国家体量大，微观单位数量多、增加快，其微观与宏观的双赢效果与其他国家相比就具有加倍的效应。

为了使微观、宏观之间的循环式互动运行发展能够健康、持续进行，国民经济系统的上、下层次之间就必须建立合理的利益分配关系、管理权力的分配关系、统摄与从属的关系以及灵敏、准确的信息反馈联系，并且要用政策、法律等规范化的形式把这种合理的层次关系相对地固定下来。

随着微观和宏观经济的成长、发展，微观与宏观之间的关系也随之发生变化。微观与宏观相互之间不断向对方提出改革、发展的新要求，有时产生较为突出的不相适应甚至相互对立、冲突等问题。这就需要按照层次之间相互适应、相互促进的要求，改革和完善有关的结构关系和制度、政策、法律,以便更加充分地发挥从微观到宏观各层次的积极性和潜力,提高各层次的组织结构水平和综合效益,增强层次之间的协调性。改革和完善经济系统各层次之间的结构关系,其实质是提高国民经济系统的整体组织水平,把各个微观单位的功能有秩序地组合成在性质上发生了重大变化、在总量上大于各微观单位功能之和的宏观经济系统的功能和实力,为国民经济发展提供层次间的合力推动机制。

二、空间上有组织的整体关联关系

经济系统发展的综合水平总是体现为经济结构的日益复杂化并不断提高整体功能水平,而经济结构的复杂化和整体功能水平提高的直接推动力,主要来自社会需求的日益多样化及其引起的社会分工的不断深化。人们的生活消费需求和生产消费需求的种类不断增多,开发和生产满足这些不断增多的需求种类的产品和服务,就需要越来越多的企事业单位、行业或部门系统以及专业化生产的地区来承担。这就在空间上形成不断深化分工的趋势,产生越来越多的并列存在的微观经济单位和行业、部门、专业化地区等经济系统。

宏观经济系统中并列存在的企事业单位和行业、部门、地区等,都是具有多种属性的多面体系统,它们中的每一个都在寻求与自己既有共同利益又有互补性专业功能的诸多合作者。每一经济主体通过积极、主动地建立和发展与其他经济主体之间的商品贸易、协作联合、要素流动、信息交流等横向交往关系,形成不同经济主体之间相互促进、相互影响、相互制约的关系,这些关系汇合成国家和世界经济系统在水平方向上或空间维度上日益复杂的组织结构网络。分工越发达,这些关系的种类就越多、越紧密,网络密度就越高,平等的竞争就越充分,利益分配就越趋于合理。这种网络,把地区、国家以至全

球等不同空间范围的各种经济要素和个人、企业、单位、行业、组织机构等，都编织到各层级的整体系统之中，使其按照社会的需要从事专业化生产，在一定的竞争压力下和追求不断增进的利益中发现并改革自身的不合理结构和制度，提高自身的素质，主动建立和发展对自身有利的经济、技术联系。这样，在宏观经济系统的外部联系和内部要素、内部结构关系中，就不断地产生着推动系统的空间组织结构水平提高的力量。不断发掘并协调这种力量的作用，可以加快经济空间组织结构演化的速度，提高空间组织结构的效益功能。

经济系统各个利益主体之间的横向关联和横向互动关系，实质上是一种横向的对立统一关系。每一种关系的双方都在寻求在共同利益中实现自身利益最大化的途径，并为此推动对方发生有利于自己一方的变化。但是，双方在这样的互动中最终实现的都不是每一方的单独意愿，而是克服了每一方的缺陷并使每一方的利益目标均被"打了折扣"的互利目标，产生出较为合理的共同利益和寻求共同利益的合理手段。这种由矛盾关系织成的空间关联网络，形成经济系统的横向的多元合力推动机制。为了使这种横向的多元合力推动机制更加健全、健康、进步，需要市场竞争与行政手段、文化措施的良好配合。

三、时序结构与空间结构的对立统一关系

微观和宏观经济系统的运行，是由生产、分配、交换、消费诸环节首尾相接构成再生产的循环过程。其中，众多微观单位的再生产循环运行以商品交换为主要纽带，彼此交织、渗透、融合，构成行业、地区、国家、世界经济系统整体的再生产循环。而在国家或地区等宏观领域，社会再生产四个基本环节的职能分别由各种从事专业化生产的个人、企事业单位、行业、部门、地区和作为生活消费者的居民等不同的经济主体承担。这些主体彼此之间按照一定的分工协作关系和利

益关系发挥各自的专门职能，保证宏观经济系统整体运行的每一个环节得以实现并过渡到下一个环节。由此使经济系统在时序方向上或时间维度上的结构关系，与该系统在空间方向上或空间维度上的并存性结构关系之间，形成互为前提、互为因果、相互调节、相互控制的对立统一关系。二者互为前提、互为因果的关系体现为时序上诸环节依次过渡的循环运动和由这种循环运动连接成的历史过程，是维系空间结构并促进空间结构进化、发展的纽带，而空间上并存的企业、单位、机构、行业、部门、地区等经济主体及其在横向上的技术和利益关联关系，则是时序结构留在空间上的"轨迹"，是时间顺序空间化的形式。二者相互调节、相互控制的关系是其相互"斗争"的特殊表现形式，这种"斗争"体现为空间结构的松散、断裂或缺陷，必然造成时序上的运行或发展的障碍，时序上的衔接不畅甚或停滞、断裂，必然使空间上并存的部分单位陷入困境；时序上不间断的运行性、阶段性联系，推动空间上并存的各企业之间、企业与事业单位之间、不同行业或部门之间，不同地区之间、不同的国家之间深化分工协作，建立广泛而密切的经济技术交往关系，提高一体化互利合作水平；空间上的经济交往趋于广泛、密切和横向结构趋于合理，则推动时序上诸环节或诸阶段之间实现紧密衔接和顺利过渡。时、空两个维度的结构关系既相互依存又相互"斗争"，产生相互推动的合力，是经济系统实现良性运行和协调发展的主要规律。

由此不难理解，调整空间结构关系和上层系统与下层系统之间的垂直结构关系，就是为了使时序方向上的各个阶段能够不间断地相互衔接，依次过渡，产生经济运行发展的最大成效。根据社会再生产运行是否畅通、是否呈良性循环的状况，则可发现经济系统空间结构是否合理，发现空间上哪些单位、分系统具有优势或存在缺陷，从而使管理决策机构针对所发现的结构缺陷或即将出现的结构失衡问题,及时调整产业系统的内外结构以及经济系统的分配结构、流通结构、消费结构,调整与这四大环节的结构密切相关的劳动力结构、投资结构、地区结构、价格结构等,使社会再生产四大环节的结构保持动态的相互适应和依次过渡。

四、多维的整体关联规律

社会经济系统是在长期的社会演变过程中形成的具有特殊整体关联特征的系统关系,其结构与生命体的整体结构有许多类似之处,是一种遵循多维性整体关联规律的结构形式。

经济系统在垂直方向上形成多层次的结构,在水平方向上形成并列关联的网状结构,在时序方向上形成连续性和阶段性的纵向结构。这三个维度的结构关系互为前提、互为因果并相互转化,形成整体关联的三维结构网络。三维结构中的每一个基本环节或者每一个分系统,也各有其三维或多维结构。与经济系统的三维结构相交叉的,还有诸如资源结构、人口结构、就业结构、所有制结构、价格结构、市场结构等。把这些结构及其时序变化并入经济系统之中,则系统的结构就远远超出三维关系,成为多维性的整体结构关系。多维整体结构中众多的要素、层次、环节、侧面、分系统的结构,都是在经济运行、发展的长期历史过程中,按照系统整体功能的要求,通过不断吸收并改造外部要素,经过不断的分化、组合、生长、蜕化过程,有组织地形成既相互区别又紧密关联的一定层次的整体关系。它们之间既有直接性的相互作用关系,也有以中介物为条件的间接性关联关系;既有现实性的关联关系,也有尚未形成但却有可能形成或必然要形成的潜在性关联关系。这些众多的然而又彼此密切相关的要素、层次、环节、侧面、分系统等,其各自的结构只有在彼此相互适应的关联关系中结成更大的有机系统,社会再生产才能顺利进行。其中的任何一种结构或结构性关联关系出现严重缺陷，都会以直接和间接的关联反应或连锁反应引起其他部分以至经济系统整体的结构变化。

　　多维性整体关联规律在宏观经济运行发展中体现得较为充分。宏观经济实现增长首先需要投资得到增长，进而引起货币供给增长，银行适应这种增长要求增加贷款，相应地降低贷款利率，刺激投资者增加投资。投资增长会促进就业、工资和 GDP 的相应增长，同时也会带来物价上涨，提高通货膨胀率，这有利于企业提高利润水平，但对居民消费则会产生负面影响，社会消费水平因此会相对或绝对下降。物价上涨和消费水平下降一方面能够刺激进口增长，因为从国外进口价格相对便宜的消费品和生产资料较有利可图，另一方面对经济增长和企业投资产生直接的抑制作用。而进口增长的持续进行则会刺激汇率的提高，使本国货币升值，一方面不利于出口增长和出口产业及相关产业的发展，并对就业增长产生负面影响，对国内物价上涨产生抑制作用；另一方面会引起金融市场上购买本国货币的数量增加，国外投资进入国内的数量相应增加，推动国内利率的提高。利率的提高不利于投资增长和 GDP 增长，但对价格上涨和居民消费增长有抑制作用。为了刺激出口增长，就要降低出口产业的成本，其中就包括降低出口产业的税率和贷款利率，实行刺激出口的一些措施。出口增长带动出口产业及相关产业的发展，对就业增长产生正面影响，有利于 GDP 增长，同时引起汇率下降，对进口增长产生抑制作用，进而降低金融市场上本国货币的供应量，抑制国外投资的进入。为了矫正宏观经济运行中的各种不平衡状态，政府运用财政、货币方面的政策加以干预，如实行财政扩张政策可以扩大社会总需求量，刺激投资、就业、GDP 增长，推动价格上涨，而实行货币收缩政策则可以降低投资、就业、GDP 增长。这些政策的效果在经过一段时期后，最终还是回归到经济运行相对均衡、经济结构关系相对稳定、经济增长幅度符合增长能力的客观状态。

经济系统中与上述情况相类似的多维关联关系，把系统中的每一个个体的或群体的人和每一个企业、事业单位、行业、部门、地区等都编织到整体性的经济网络中，使之分别处于网络的一定的结点上。经济系统的有机整体性结构对处于每一结点的每一个要素、层次、环节、侧面、分系统和每一种关联关系等，都发挥着客观的"规定"作用，赋予它们有机整体性的系统质。它们获得这种系统质，就意味着它们的存在和发展不具有完全性的自己规定自己的"自由"质或个体质，只能在适应经济系统的有机整体性结构的前提下，拥有相对的、有限的自由，只能以系统整体的"零部件"的身份发展自己。整体关联规律对系统各种组成部分的"规定"作用，使系统的每一个"零部件"和"零部件"之间的关联关系都必须是合格的，"零部件"们必须按系统整体结构的要求，改变自己原来的某种性质、特点和内部结构关系，形成并发展适应系统整体要求的某些性质、特点和内部结构关系，在被整体关系网所规定的范围和程度上从事经济活动，否则就面临着解体、重组、被改造或被淘汰的命运。国家、地区、部门甚至企业等不同等级的经济系统的管理者，就是根据系统整体结构保持动态稳定和基本合理的要求，对系统的各个层次、各种要素、各个环节、各个侧面、各个分系统的结构及其彼此适应的状况进行经常的调查、分析和监测，对引起整体结构失衡和造成整体运行阻塞的因素及时发现并予以排除。

整体关联规律与经济主体的活力之间存在着相互依存、相互制约、相互转化的对立统一关系。一方面，整体关联规律并没有泯灭经济主体的活力，相反，在整体关联规律的"规定"之下，微观经济系统成为最具发展活力的构造单元。整体关联规律的"规定"作用既包括限制作用，也包括刺激、助推作用，主要是以多维关联的形式保持经济系统整体结构的相对稳定和系统运行的正常进行，为微观经济系统生存、发展提供良好的宏观环境,并且以多种宏观条件刺激、助推微观系统增强运行、发展活力,使之成为宏观系统发展的基础推动力。整体关联规律的作用也同样刺激、助推各级宏观系统增强发展活力,并将这种活力集成为系统整体的活力。同时,各级经济主体可以利用多维关联网络关系作为输入、输出的渠道,增强自身的开放性,充分吸收、利用系统整体和系统外部的各种有利因素来发展、壮大自己,有规律地改变自己在系统中的地位和作用。企业、事业单位和行业、部门、地区等各级分系统普遍地发展和壮大,又会引起经济大系统整体素质的提高和综合实力的增强。另一方面,各级分系统的发展活力也不断反作用于经济系统的整体结构,对过时的、不合理的关联关系形成冲击、否定作用,增强系统整体结构的动态性、演化性活力,推动整体关联规律的作用形式不断发生变化。

五、多维反馈联系形成的自组织规律

经济系统的主要构成要素是具有主动性谋利行为的人,由人构成的各级分系统则是具有主动谋利行为的社会性经济组织。不同的个人之间、不同的经济组织之间在物质利益上,存在着既相互区别又相互依赖、既要不断增进又要求达到一定程度的公平合理的矛盾关系。因此,在经济系统的不同层次之间,不同的要素、环节、侧面、关系和不同的分系统之间相互依存、相互制约、互为因果的关联关系中,既包括客观的相互作用、相互调节、相互控制他方的关系,也包括人的主观的相互作用、相互调节、相互控制他方的关系,这样就形成相互之间的作用与反作用、控制与反控制的反馈性联系。多种多样的反馈联系中,既有相互促进的正反馈联系,也有相互干扰、破坏的负反馈联系。各种反馈联系彼此影响、作用、交织、转化,形成牵一发而动全局的联动式反馈网。每一种反馈联系的此一端的变化引起另一端

的变化,另一端的变化又引起此一端的进一步变化。每一种反馈联系的互为因果的相互作用,又牵动其他各种反馈联系和系统各部分发生变化。经济发展水平越高,这种反馈联系网就越致密,反馈通道就越复杂。尤其是现代信息技术革命带来的互联网、物联网、机器人等智能化技术手段的普遍运用,使经济社会系统的反馈联系机制发生了质的变化和升级,经济系统的反馈联系正在进入智能化的高级阶段。

普遍性的、密如蛛网的反馈联系主要是以人的主动的活动为基础形成的,但它们彼此交叉、渗透和相互作用而形成的整体性多维反馈网,又具有扬弃个人或下层系统的目的性、主观性的客观必然性和客观规律性。

经济系统的这种整体联动性反馈网,是它具有类似于生命体的自组织机能和特殊的生命力机能的一种重要规律。通过这种反馈网的联动作用,系统每一个部分或侧面,每一种要素或每一种关系发生变化,都会产生整体性连锁反应,要求整体的各层次之间、各环节之间、各侧面和各种关系之间作出相应的反馈:要么将这种变化矫正过来,要么在变化了的条件下达到新的相互适应。凡不能与整体相适应的关系或分系统,或迟或早地将得到调整。某些重要机构受到损坏,也将按照系统整体正常运行的要求得到修复。反馈网一方面使人们的主观随意的经济行为受到限制,另一方面又使人们依照客观规律谋取正当利益的主观能动作用得到越来越充分的发挥。系统的结构因此更加具有活性,同时也更加具有秩序性。这就是社会经济系统类似于生命系统的一种最重要的"内自动稳定"机制:"任何变动趋势都将使一个或数个对抗这种变动的因素的作用有所加强"[1]。其特点就

---

①〔美〕W.B.坎农著,范岳年、魏有仁译:《躯体的智慧》,商务印书馆,1982年11月,第191页。

是通过内部多维反馈联系互为因果和相互调节、相互控制的联动作用,保持系统内部的基本条件、基本关系的相对稳定或动态平衡,以适应外部环境的变化,求得生存和发展。

经济系统的自组织规律使承担着社会所需要的种类极其繁多的分工职能的个人、企业、单位、部门、地区等利益主体,在远离自己生存必需品的供应来源的情况下,能够及时获得生活和生产的必需品,使全社会所有的分工职能承担者以反馈联系网为纽带,组织成维持各个承担者的生存条件和全社会的生存条件的利益共同体。当共同体内外部各种破坏这些生存条件的因素出现时,反馈联系网就能及时组织起对抗、消除这些破坏性因素的力量,使经济和社会的各级系统及其成员保持并增强生存和发展能力。

虽然社会的发展在这方面已经取得了重要的进步,但至今还远未形成高水平的自组织性机制,因而不得不经受反馈调节不健全、自组织能力薄弱所带来的种种危机和苦难。因此,人们必须对系统结构的这种反馈网的连锁反应有足够的认识,以不破坏系统的"内稳态"为前提,对可能引起的其他各种变化进行预测,并采取配套措施进行全面的控制和调节,以保持经济的正常运行和健康发展。

六、整体结构对局部结构的扬弃规律

在经济系统的结构中,系统整体结构对系统内各级各类子系统的结构和各个侧面、各个部分的局部结构关系不断进行"扬弃",是系统维持动态结构和具有正常功能的基本规律。

经济系统内各级各类子系统和系统的各个侧面、各个组成部分,出于其生存、发展的需要,主动地建立、发展与其他子系统、其他组成部分之间的结构关系,使系统结构关系趋于复杂化、多样化、致密化。而系统整体则按照整体结构合理性的要求,对子系统相互之间形成的局部结构关系进行选择、改造和制约,消除其与整体合理性要求相冲突的因素和特征,保留、增强其与整体合理性相一致、相适应的特征,淘汰那些与系统整体利益不相容的局部结构关系,由此形成经济系统内部两种结构关系的对立统一:局部结构关系不断延伸发展、局部功能趋于增强与整体结构扬弃局部结构、整体结构和整体功能趋于完善的互动过程,在互动中实现系统结构的动态合理化。这种互动机制,是经济系统结构在内生因素驱动下趋于合理和系统的发展功能得以增强、完善的主导性机制,也是一切影响和调整、变革经济结构的主观行为的客观依据。一切经济系统,就是按照这种规律性机制的要求,使系统内各类经济主体、实体、分系统等相互形成的局部性经济关系和联系,既要具有局部的、暂时的合理性,更要具有整体的、长远的合理性。任何局部结构和局部关系必须接受整体结构的选择、改造和制约,在局部与整体的动态协调中实现结构演进,发挥最佳功能。

科学的经济结构思想理论,就是依据整体结构对局部结构扬弃的规律,强调经济系统的整体关系、整体功能、整体协调的重要性,注重结构的整体平衡;在实施结构调整和各种结构干预措施时,坚持整体合理与局部合理相统一、重点突破与整体协调相统一的原则,使经济结构变化处于合理化的范围。

扬弃是事物遵循客观规律实现正常发展的普遍性机制。在经济和社会领域,扬弃是蒸发"水分"、去除泡沫,形成坚实素质和综合实力的重要发展机制。没有整体对局部、后一发展阶段对以前发展阶段、相互作用的一方对其他各方的扬弃,就不会有符合客观规律的健康发展。促进经济发展的主观努力,只有把经济结构的客观性扬弃机制转变为高水平的政策创新、政策完善、政策实施,转变为改革制度、制定和实施发展规划的过程,转变为经济主体的理性发展行为,才能尽最大限度减少盲目发展、盲目调整造成的损失,产生一举多得的功效。

经济结构是社会有机体的活体结构,调整经济结构不能像修理机器那样,拆下一些零件后再换上另一些零件,而是像人通过吃饭、服药、运动来治疗和抵抗疾病一样,对吃下去的东西进行消化、选择、吸收、排泄,通过吸收积极的、有效的因素来改变不合理的结构关系,通过各种经济关系之间的相互依存和相互制约来形成和"加固"合理的结构,注重依靠经济系统的内生力量和规律性机制推动经济结构的合理变化。

（本文由作者节选自其哲学理论专著《矛盾与结构》一书第11章第2节）

丝绸之路经济带

——中国的开放式能源生命线

在能源资源进入全球化配置的时代，保证中国未来发展的能源体系，只能是一种开放式的跨国体系。其中，丝绸之路经济带就是中国所要建设并全力维护的跨国能源生产—运输体系，是保证国家能源安全和经济社会可持续发展的"命脉带"。

一、丝绸之路经济带(国外区段)是中国进口石油、天然气和核能资源的主要供应基地

丝绸之路经济带国外区段的主轴带所经过的阿拉木图、比什凯克、希姆肯特、塔什干、杜尚别、撒马尔罕、阿什哈巴德、德黑兰、巴格达、大马士革等地带及其在两侧的辐射区域，是以波斯湾—里海为核心的中亚—西亚能源资源富集区，其中被誉为"世界油库"的波斯湾地区，原油探明储量占世界总储量的54%。从这一核心地区向西南延伸可与东非、北非、西非的主要产油国相通，向北与俄罗斯的伏尔加—乌拉尔油气区和西西北利亚油气区相连接，形成横跨亚欧非三大洲的"北非—中东—中亚—俄罗斯油气带"，被称为"全球油气资源核心地带"，蕴藏了全球70%以上的石油和80%以上的天然气。世界十大石油资源国中，就有9个在丝绸之路经济带或其辐射范围内，即：沙特阿拉伯、伊朗、科威特、伊拉克、阿联酋、俄罗斯、利比亚、哈萨克斯坦和西非的尼日利亚。2012—2013年十大对华原油供应国中，有

8个在丝绸之路经济带或其辐射范围内,这就是:沙特阿拉伯、阿曼、俄罗斯、伊拉克、伊朗、哈萨克斯坦、阿拉伯联合酋长国、科威特(资料来源:中华人民共和国海关总署、《国际石油经济》杂志)。

中国原油进口主要来自中东、非洲、拉美,其中,中东、中亚、北非、俄罗斯等丝绸之路沿线国家在进口来源国总数中占将近2/3,在进口原油总量中占70%以上,沙特、伊朗、伊拉克、科威特等海湾国家占进口总量的近一半,这种格局在今后较长时期是难以改变的(见下表)。

1995—2012年中国原油进口来源国及丝绸之路国家所占比例

单位:万吨

进口来源	1995年	2000年	2005年	2010年	2011年	2012年	2012年份额(%)
中东地区	776.40	3764.99	5999.19	11275.63	13004.04	13498.42	49.8
沙特阿拉伯※	33.86	573.02	2217.89	4463.00	5027.24	5390.06	19.9
伊朗※	93.12	700.05	1427.28	2131.95	2775.66	2200.96	8.1
阿曼※	365.32	1566.08	1083.46	1586.83	1815.42	1957.38	7.2
伊拉克※	—	318.32	117.04	1123.83	1377.36	1568.47	5.8
科威特※	—	43.34	164.57	983.39	954.34	1049.19	3.9
阿联酋※	36.78	43.05	256.77	528.51	673.52	874.37	3.2
也门※	247.32	361.24	697.85	402.11	309.80	358.45	1.3
卡塔尔※	—	159.89	34.32	56.02	70.70	99.55	0.4
非洲	183.93	1694.86	3847.05	7085.27	6014.83	6469.91	23.9

续表

进口来源	1995 年	2000 年	2005 年	2010 年	2011 年	2012 年	2012 年份额（%）
利比亚※	20.77	13.00	225.92	737.33	259.21	730.70	2.7
刚果	2.56	145.44	553.48	504.83	563.06	536.55	2
阿尔及利亚※	13.04	—	81.64	175.40	217.23	257.19	0.9
苏丹※	0.00	331.36	662.08	1259.87	1299.05	250.59	0.9
赤道几内亚	—	91.59	383.89	82.27	176.28	200.13	0.7
尼日利亚※	39.00	118.66	131.02	129.10	106.58	93.65	0.3
民主刚果					37.34	85.50	0.3
埃及※		12.01	7.98	68.89	103.79	77.14	0.3
喀麦隆		42.67	—	35.94	46.94	57.63	0.2
南非						44.33	0.2
其他国家	8.68	76.47	54.75	153.46	90.36	120.87	0.4
中亚、俄罗斯/欧洲	31.88	472.03	1458.36	2586.08	2998.93	3548.53	13.1
俄罗斯※	3.65	147.67	1277.59	1524.52	1849.03	2432.97	9
哈萨克斯坦※		72.42	129.00	1005.38	1121.10	1070.37	3.9
其他国家※	28.23	251.94	51.77	56.18	28.79	45.19	0.2
进口总量合计	992.21	5931.88	11304.6	20946.98	22017.8	23516.86	
丝绸之路国家所占比例(%)	55.95	69.57	69.91	70.76	74.14	70.88	

（表中带※的为丝绸之路沿线及其辐射区域的国家）

资料来源：中华人民共和国海关总署、《国际石油经济》杂志

2006—2012 年,中国天然气进口的主要来源国共 8 个:土库曼斯坦、俄罗斯、也门、卡塔尔、尼日利亚、印度尼西亚、马来西亚、澳大利亚,其中前 5 个国家就处于丝绸之路经济带及其辐射范围内。

2013 年,包括原油、成品油、液化石油气和其他产品在内的中国石油净进口量达到 3.042 亿吨,进口依存度为 61.7%。2002 年到 2012 年的 10 年里,中国石油净进口量平均每年增长 13%。预计 2020 年进口石油依存度将上升到 67%。2020 年以后,进口石油依存度还将继续攀升。2012 年,中国天然气进口量达到 399 亿立方米,增长近 30%。国内天然气市场的进口依存度由 2011 年的 21.1%提高到 2012 年 25.1%和 2013 年 30%(资料来源:中华人民共和国海关总署、《国际石油经济》杂志)。中国原油、天然气进口的依赖度,很大程度上就是对丝绸之路经济带国外区段供应状况的依赖度。

作为中国原油进口主要来源地的中东、非洲的一些国家,政局和经济形势存在很大的不确定性,对中国能源供应安全形成一定影响。通过建设丝绸之路经济带,我国与中亚、西亚、北非、俄罗斯等地区的 20 多个产油国建立能源合作关系,依区情、国情的不同和局势变化的条件,建设多元化和多种形式的能源供应基地,可以使中国海外原油(天然气)供应地达到相对集中与合理分散的良好结合,有利于拓宽石油天然气进口的范围和通道,使个别国家的局势变化难以影响中国进口石油的总体稳定供应,从而有效化解可能危及原油供应的风险。

大力发展核电是国家能源政策和能源战略的重要组成部分,是实现能源多元化发展目标和能源可持续发展远景目标的重大战略措施。而发展核电必须有丰富的铀资源。我国的铀资源对发展核电虽有一定的保证程度,但与世界铀资源丰富的国家相比则显得不足,而且铀矿石品位低,开采成本很高。为了实现核电的可持续发展,有效降低核电成本，一方面必须发展核燃料后处理，实现核燃料的闭路循环，把核电站"燃烧"后的乏燃料元件中占97%的有用核燃料回收利用，使之重新投入核电站进行"燃烧"；另一方面，就是建立稳定的国外核原料生产基地。作为我国友好邻邦的哈萨克斯坦和俄罗斯，就是丝绸之路经济带上主要的核资源拥有国。哈萨克斯坦铀储量丰富，已探明储量150万吨左右，总储量占全球储量的19%，居全球第二位，且水文地质条件好、开采成本低。中国是哈萨克斯坦铀矿产品的购买国之一，双方同意今后进一步深化核领域的合作。

二、丝绸之路经济带(国内区段)是中国发展清洁能源的主要基地

在国内，地处丝绸之路经济带沿线及其辐射区域的西北五省区、内蒙古中西部、西藏、山西、河北、山东、河南等地区，水能、核能、风能、太阳能、生物质能等清洁能源资源极为丰富，具有发展多种清洁能源的良好条件。西北五省区和内蒙古、山西、河南、山东等地水力资源的经济可开发量约占全国总量的14.3%，其中黄河上游和长江上游的青海、甘肃等地是国家主要的水电基地之一。全国风能资源的较丰富区、丰富区和极丰富区几乎都集中在这一地区，国家能源"十二五"规划已将河北、蒙西、甘肃、新疆、山东沿海、江苏沿海等丝绸之路地区确定为风电基地建设的重点区域。太阳能资源最丰富的一类地区包括西藏大部分、新疆南部和青海、甘肃、内蒙古的西部，二类地区为新疆大部、青海和甘肃东部以及宁夏、陕西、山西、河北、山东等地区，西藏、内蒙古、甘肃、宁夏、青海、新疆等太阳能资源丰富地区已被确定为建设大型光伏发电站的重点省区。尤其是西北和内蒙古等地，风能、太阳能资源具有很强的优势，建设大规模风电和太阳能光伏发电基地的产业基础和技术基础较雄厚，具有发展多种清洁能源良好配套、优化组合的多方面有利条件，是国内发展多种新能源产业并追求其组合效益的理想地区。将西北五省区和内蒙古、山西、河南、河北、山东等丝绸之路地区建设成为全国的新能源产业基地和能源结构调整、优化的示范基地，在全国率先走出一条大规模发展新能源产业、逐步实现能源产业清洁化并带动区域经济现代化的成功道路，是国家实施适合中国国情的能源革命战略、保证能源安全、率先告别传统能源生产和消费方式的重大战略措施。而且，这一地区还将成为向中亚、西亚地区输出清洁能源产业，发展新能源国际合作的重要基地，有条件形成从中国华北、西北到中亚、西亚、北非这样一个宏大的新能源产业带。

三、丝绸之路经济带是中国常规能源与新能源实现合理组合，稳步实现能源结构转变的领先区域

风电、太阳能发电、生物质能发电等还不是成熟产业，它们在技术基础、生产能力和大范围推广应用等方面还具有诸多缺陷，必须有其他能源产业与之形成配套，将太阳能、风能等新能源与煤炭、石油、天然气等传统能源集成到一个系统中。在这方面，以西北为主的丝绸之路经济带国内区段的主要省区具有独特的优势，有条件把不同的能源集成为稳定而安全的能源生产供应体系，创造性地实现由传统能源主导向新能源主导的能源转型目标。

西北以及山西、内蒙古、河南、河北、山东、江苏等丝绸之路沿线地区，既有丰富的清洁能源资源，亦有储量巨大的传统能源资源和传统能源生产能力，同时又是从中亚、西亚进口优质油气资源的大通道，因而是新能源与传统能源合理组合的理想之地。国家有关规划中确定的建设山西、鄂尔多斯盆地、内蒙古东部地区、西南地区、新疆五大综合能源基地，有三个基地（山西、鄂尔多斯盆地、新疆）在丝绸之路经济带范围。这一地带的新疆、陕北、陇东、神东、蒙东、宁东、晋北、

晋中、晋东、冀中、鲁西、河南、两淮已成为全国的重点煤炭—电力基地和煤炭液化、煤制气、煤制烯烃、煤基多联产、煤油气资源综合利用的示范基地，煤炭产量占全国的 60% 以上。山西、河北、安徽、山东、河南、陕西、甘肃、宁夏、重庆、四川等省（区、市）是煤层气和页岩气勘探开发的重点地区，沁水盆地和鄂尔多斯盆地东缘有条件建设成为大型煤层气产业基地。新疆、甘肃、陕西、内蒙古、河南、四川等地是主要的石油天然气开发生产基地和石化工业基地，塔里木盆地、准噶尔盆地、鄂尔多斯盆地、渤海湾盆地、四川盆地等，已成为国家重点加强的油气勘探开发区和新增石油天然气探明储量的地区。

这一地带的核能与风能、太阳能、生物质能、水能等清洁能源具有一定的组合优势，可以通过水光互补、风光互补等清洁能源组合模式，形成多种清洁能源产业优劣互补、同步发展的产业群。风电、太阳能发电受气候变化和昼夜交替、季节交替的影响很大，不能稳定生产电力，必须有火电与之配套。而且风电、太阳能发电和核电的大规模发展需要持续进行巨额投资和补贴，工程的建设周期和新能源产业的成熟过程也相当长，而传统能源特别是煤炭、石油、天然气、水电、火电等，长期以来具有支持国民经济稳定、较快发展和扩大电力外送规模的优势，因而在核电大规模建设期间和风电、太阳能发电走向成熟期间，必须继续发挥传统能源的优势，顺利完成新旧能源产业的交替、过渡。这就使这一地区的清洁能源产业与石油、天然气、煤炭、火电、水电等传统能源产业具有形成良好匹配、组合的综合性能源产业群优势，可以通过多种能源产业优劣互补，实现能源稳定供应和能源清洁化水平持续提高的良好结合，成为带动经济转型和区域经济社会现代化的战略性支柱产业。

四、丝绸之路经济带是中国能源运输的大通道和主动脉

（一）丝绸之路经济带国外区段是中国进口原油、天然气的主要通道

目前，丝绸之路经济带的能源通道主要有：

中哈原油天然气管道。该管道西起哈萨克斯坦里海边的阿特劳，途经阿克纠宾、阿塔苏，在中国新疆的阿拉山口入境，全长 2800 公里，总体规划年输油能力 2000 万吨。中哈双方同意继续扩大深化能源合作，并将加快实施中哈天然气管道一期扩建（C 线）和二期（别伊涅乌—巴佐伊—奇姆肯特）建设。

中亚天然气管道。该管道的源头是土库曼斯坦的阿姆河右岸地区，途经土库曼斯坦、乌兹别克斯坦、哈萨克斯坦等国，在霍尔果斯入境后与我国的西气东输二线、三线接头，使中亚地区的天然气可供应从西部、中部到沿海的广大地区，年稳定输气量为 300 亿立方米。

输送海湾地区进口油气的重要通道——中缅原油天然气管道。该管道全长 3300 多公里，源头为缅甸的皎漂市，经曼德勒在中国瑞丽市入境，将海湾和非洲等地区的部分进口原油和缅甸的天然气由海路转为陆路管道运输，年输原油 2200 万吨、天然气 120 亿立方米，可以显著减轻马六甲海峡的油气运输压力。

中亚五国和伊朗、阿富汗等国，均有建设由中国经中亚、南亚、西亚直通欧洲的铁路、公路的利益要求，有关各方正在探索由伊朗经中亚国家通向中国的石油管道建设工程。中哈、中亚油气管道以及将来有可能建设的新的进口油气管道，与中亚、西亚诸国和俄罗斯的油气管道相连成网，可以使中亚、西亚、俄罗斯等广大地区的石油、天然气源源不断地输入中国，形成管网连通的跨国能源大动脉，使中国西部的陆上油气输送能力大幅增加，减轻海峡运输通道的风险。

（二）丝绸之路经济带国内区段是连通全国能源基地和能源消费地区的运输主动脉

国家能源"十二五"规划提出要强化能源战略通道和骨干网络建设，其中处于丝绸之路经济带的主要能源通道有：

石油天然气运输通道。包括西北（中哈原油管道、中亚天然气管道）和西南（中缅管道）陆路原油进口通道及其配套干线管道，西北成品油外输管道（兰州—成都）和华北、华东等主要消费地区的区域管网，以及西气东输一、二、三、四、五线和陕京输气管道、规划中的格尔木至拉萨天然气输送管线等连接主要生产区、消费区和储气库的骨干管网构成的大动脉。

电力通道。包括鄂尔多斯盆地、山西能源基地向华北、华中、华东地区输电通道，新疆送电华中、宁东送电浙江、陕西送电重庆、青藏直流联网工程等主要通道。

煤炭运输通道。包括内蒙古西部地区至华中地区的北煤南运通道，山西、陕西和内蒙古西部地区至唐山地区港口和山西中南部至山东沿海港口的西煤东运通道，以及通过兰新铁路和兰渝铁路的新疆煤炭外运通道。

丝绸之路的上述三种能源运输通道及其管网、路网体系，连通了主要的海外能源供应基地、国内能源生产基地和能源消费地区，几乎连通了除东北以外的全国所有的能源生产基地和能源消费地区，因此可以称得上是中国能源运输的主动脉。

五、丝绸之路经济带是向全国绝大部分地区供应能源产品的战略基地

丝绸之路经济带国外区段是世界油气的主要生产基地，也是我国进口油气的主要供应地区。丝绸之路经济带国内区段则是全国主

要的综合能源生产区和能源运输带。丝绸之路经济带整体所具有的综合能源生产和运输能力,使能源供应的范围覆盖到西部、中部和东部沿海的广大地区,成为全国能源供应与能源消费保持动态平衡的主要保证条件,对推动能源布局和结构的合理化以及全国经济社会的正常运行和协调发展发挥着强大而全面的保证、推动作用。来自中东、北非和中亚的油气进口量逐年增加并通过陆路和海路运输到东中西部的主要消费地区,不仅使西北、华北等老石化工业基地、煤炭加工基地、电力工业基地可以合理扩大规模,使中西部地区可以优先布局更多的能源密集型产业及相关产业,而且使缺乏油气资源的沿海和西南地区可以新建大批的能源储备库和石油天然气化工企业,如由于来自伊拉克、阿曼和科威特进口原油的稳定供应,天津、河北曹妃甸、浙江台州、广东湛江、广东揭阳、云南昆明、福建泉州和四川成都等地在"十二五"期间就可以新建大批炼油项目,形成若干千万吨级的炼油基地,使国内炼油产业布局趋于均衡和合理;来自丝绸之路经济带的天然气供应,可以在上海、江浙等沿海地区建设大批不同规模的天然气发电厂,不仅能够减少煤炭、电力等能源的运输压力和环境污染,而且能够拉动能源网覆盖区域的众多产业发展,推进地区以至全国产业配套水平提升,弱化地区发展的不平衡。

粮食、水、能源被称为人类的三大生命资源。中国的一大生命资源——石油、天然气、煤炭、可再生能源和核能等多种能源,就高度集中在丝绸之路经济带上。中亚、西亚、北非、俄罗斯和中国的西北、华北、中原、华东沿海这一广大的带状区域,是中华民族的重要"生命资源区"和保障中国未来发展的能源生命线。建设好这一地区,维护其发展、繁荣和稳定,就是强化、扩展和维护中国的能源命脉带。

主要参考文献:

田春荣:《2012 年中国石油和天然气进出口状况分析》,《国际石油经济》,2013 年第 3 期。

田春荣:《2013 年中国石油和天然气进出口状况分析》,《国际石油经济》,2014 年第 3 期。

国务院:《能源发展"十二五"规划》,2013 年 1 月 1 日。

（原载《开发研究》2014 年第 5 期）

实行陆海结合型开发和发展战略

为了使"一带一路"在国内与国际良性互动发展中发挥越来越大的引领、驱动作用,国家在总体上应当实行陆海结合的开发和发展战略,合理扩大和不断深化开发陆地和海洋资源,建设陆海并重型的现代化经济强国。应当以资源开发方式的升级支撑沿海经济带的结构和功能升级,增强沿海经济带的世界增长极功能。建设一批沿边型国际区域经济中心和高质量发展的内陆经济中心,建设和健全贯通全国各类经济中心的内陆轴带网络,使内陆的综合实力和战略后方功能更加强大,不断提升内陆发展与沿海、沿边发展的融合度。实行建设海洋经济强国的政策和策略,优先发展壮大海洋运输业,从广度与深度结合上开发海洋资源,发展海洋科学技术,增强海、陆经济的良性互动水平。

一、中国的陆海并重开发发展战略

中国的国情特点和世界的发展趋势决定了中国经济的开发、发展必须实行陆海并重的战略,即陆地资源和海洋资源、陆地开发和海洋开发二者缺一不可。实行陆海并重的开发发展战略是中华民族振兴和中国促进世界发展的重要基础条件。

陆海并重的开发发展战略的基本思路可以列举以下几方面的重点:

第一,确立以陆支海、以海济陆的战略思想。陆上领土特别是内陆地区是中国的脏腑之地,是中华民族的生命根基之所在。脏腑强则命脉旺盛,根基厚则勃兴有望,所以立足内陆谋发展是中国自立于世界民族之林的"金汤固本"之计。沿海地区、海岛地区、边疆地区和领海海域等有似于中国的肌肤和四肢,是承载脏腑、维护生命根基的重要器官,建设和保护沿海地区、海岛地区、边疆地区和领海海域,是中国以健美的体魄在世界舞台实现更大发展的生命保障。在现代经济社会条件下,海洋已成为人类经济活动的主要空间之一,成为决定人类命运的重要资源和重要环境因素。合理开发利用海洋资源成为国家发展和民族振兴不可或缺的战略途径。内陆是中国经济实力的主要增长之地,是支撑沿海发展、海洋开拓和边疆建设的战略后方;海洋则是中国扩大开发资源、发展对外合作交流、促进世界经济社会发展的重要舞台,是经济实力持续增强的重要源泉。对于中国这样一个发展中的大国来说,由沿海地区、海岛地区、边疆地区和领海海域的发展空间走向世界的海洋和陆地发展空间,是发展对外合作和保持经济持续发展的必不可少的条件。没有海洋和海洋开发,中国就将是一个被窒息的经济体。所以,实行海陆并重的开发发展战略,乃是中国持续发展和中华民族振兴的"双全之计"。

第二,将沿海地区建设成为大规模、高水平开发利用世界海洋资源和陆地资源的战略基地。沿海地区兼有通向世界各地和连通内陆各地的双重优势,因此应当实行深度开发利用沿海地区本地资源和间接开发利用国内外其他地区资源特别是海洋资源相结合的开发方针,提高资源开发利用的加工深度和开放水平,以资源开发方式的升级支撑沿海地区尽快发展成为高端产业基地,成为带动国内各地区和"一带一路"沿线的世界经济增长极。

第三,扩大开发沿边经济资源和间接开发利用周边国家资源,建设以城市群和跨国经济带为主要形式的沿边经济中心,实现沿边地区与周边国家互利共赢发展,达到实边、兴边与睦邻友好的双重战略目的。

第四,从深度与广度的结合上开发利用中西部和东北的内陆经济资源,建设以大中型城市群为主的内陆经济中心和贯通国内各类经济中心的轴带网络。

第五,以陆海资源开发为基础,形成沿海、内地、边疆三类经济中心并存和互动发展的区域结构关系,提升内陆地区与沿海、沿边地区的网络化、一体化发展水平。

二、以资源开发方式的升级支撑沿海经济带的结构和功能升级

建设21世纪海上丝绸之路经济带及其若干分支轴带使中国沿海地区在"一带一路"轴带网络中的地位更加重要。以沿海经济带为轴心的我国东部地区要形成持续、较快的经济增长能力和对内对外的带动发展能力,必须有雄厚的经济增长源泉。这就要求沿海地区必须实行适应国内外发展要求的资源开发战略,以不断提高的效率和效益,将国内外的资源潜力转化为经济总量的持续增长和辐射带动能力的不断增强。这种资源开发战略包括:深度开发利用沿海本地资源与间接开发利用国内其他地区资源相结合,提高资源开发利用的加工深度和技术高度,形成具有世界先进水平的高端产业体系和带动中西部地区发展的区域良性互利机制;以发展对外合作为主要途径,扩大开发利用世界海洋资源和陆地资源,提高资源开发利用的开放水平,形成具有世界先进水平的外向产业群体;将沿海主要的城市群及其核心城市建设成为聚集和扩散世界先进科学技术和高端产业的新一代区域增长极,以高效开发利用知识资源和智力资源为主导,实现资源开发方式的升级,使沿海地区发展成为以知识创新实力为基础的世界发达地区。

（一）提高资源开发的深度

要由以往只注重矿产、土地、农业、低素质劳动力等常规资源的开发转变为以科学技术为主的知识资源开发和人才、人力、创造力、教育方式等智力资源开发,注重制度、社会环境、道德、文学艺术等文化资源和金融、信息资源开发,建设科技知识和文化知识含量不断提高的新型产业体系。重点包括:高起点开发科技资源,科技创新达到或接近世界先进水平,依靠科技创新提高制造业的加工深度,加快经济社会的科学化转变;依靠科技进步,开发利用物质的微观结构和微观粒子、生物基因和生物分子、深海和地壳物质、地外空间环境和空间物质等自然物质的深层属性、多重属性,创造改善人类生活条件的新物质财富;高水平开发利用信息资源,运用先进信息技术手段改造、装备经济社会的各个领域,提高区域经济社会的数字化、智能化水平,创造高度智能化的社会财富;深化文化资源开发,建设知识密集型的先进文化产业,促进现代科技与文化的融合发展,促进精神财富的极大丰富和人们精神素质的不断提高。

沿海地区在重点实施区域资源深度开发的同时,还必须兼顾广度开发。广度开发的重点主要是扩大开发利用海洋资源、全球资源、空间资源等。其中,从深度与广度的结合上开发海运资源和港口资源,是合理扩大开发利用海洋资源和全球资源的关键。要结合各地区、各行业和各个企业的实际,探索、完善以深度开发提升广度开发、以广度开发促进深度开发的战略模式,使经济发展的基础更加坚实,发展的源泉更加深厚、广阔。

（二）实现沿海经济带的结构和功能升级

中国沿海经济带的形成和发展已经有 1000 多年历史。在古代的经济发展中,沿海地区依赖气候、海运和鱼盐等条件和物产之利,逐渐发展成为百业兴旺的富庶之地。在近代以来的民族工商业发展中,特别是新中国成立以来的工业化建设和改革开放时期的经济发展中,沿海经济带都是全国最大的综合性产业载体和主要的增长极,是中国与世界各国交往的主要门户和窗口。但是,在21世纪的世界发展格局中,作为21世纪海上丝绸之路经济带的引擎和重要构成部分,沿海经济带必须加快结构调整,增强产业聚集、科技创新、驱动外向发展、扩大文化传播与交流等经济社会功能。在激烈的国际竞争中,只有以产业结构升级为主导,加快沿海经济带的结构和功能升级,才能有效带动东部地区以至全国的更快发展,在21世纪海上丝绸之路经济带建设中和全球分工链条中占据有利位置,在"一带一路"建设中发挥关键性作用。

沿海经济带的结构和功能升级,应当突出以下三个重点:

第一,在空间上实现延伸发展,通过延伸发展优化空间结构,扩大资源开发利用的范围,增强经济实力和对国内外地区的带动能力。沿海经济带一方面要向国外的海域和陆地延伸,由国内经济带上升为覆盖国内、国际更大范围的跨国经济带;另一方面要向国内延伸,提高与中部地区的融合度。沿海经济带在其北部要向日本海、鄂霍次克海沿海地区延伸,形成东北亚经济带;在东南部要向菲律宾、澳大利亚、新西兰等东南太平洋地区延伸,形成中国—澳大利亚—新西兰经济带。沿海经济带在空间上向南北延伸的同时,要进一步增强其外向驱动发展的功能。沿海的基础设施、制造业、服务业、海洋产业要形成优势产业群并保持强劲、可持续的发展能力,与共建"一带一路"国家的产业链形成越来越紧密的衔接。沿海地区要提升对外投资能力,支持越来越多的企业走出去,在海外建设资源开发基地和加工业、服务业基地,成为贯通、衔接国内外产业链的重要桥梁。把海外市场作为金融业发展的重要推动力,促进金融企业向海外扩大发展,为沿线地区的实体企业提供金融支持。沿海经济带向国内延伸的重点是:以京津冀为核心的环渤海地区通过分支轴带向华北和东北腹地延伸，分别形成哈大一体化、京津冀一体化的发展格局；长三角地区向长江中上游地区延伸，形成沿长江经济带一体化发展格局；珠三角地区向东、北、西三个方向延伸，形成粤闽赣湘桂港澳以及海南、四川、云南、贵州一体化的泛珠三角发展格局。京津冀、长三角、珠三角等大型城市群以及沿海经济带整体，都要沿多条分支经济带向中西部的内陆地区延伸，扩大辐射带动范围。沿海经济带向国内延伸的同时，要相应地增强其带动内地发展的功能。进一步提升沿海与内地的交通、通信等设施联通水平，以及沿海与内地的产业配套和经济协作水平，以交通通信网和产业链为主要纽带，适时向中西部地区转移产业，有效辐射带动内地发展。促进沿海企业与内地企业建立广泛的合作、联盟关系，形成门类越来越多的区域联合型优势产业群。沿海要带动内地发展对外合作，以不断增长的对内对外投资和进出口贸易满足"一带一路"沿线地区的市场需求，并引发新的市场需求，刺激、带动更多的优势产业生长。

第二，沿海经济带的主要城市群即环渤海、长三角、珠三角、山东半岛、海峡西岸等，加快内部结构优化和相互融合发展步伐，向大型城市群集群带和城市群连绵区过渡。以产业升级和产业配套为主动力，提升各城市群的发育水平，增强城市群和城市群连绵区的经济实力和国际竞争力，发挥全国最大增长极、国际大型增长极的功能。进一步提高各城市群核心地区以及核心地区与非核心地区各类成员城市之间的交通通达水平，加强公路、高铁、城轨、地铁的充分衔接，分别实现半小时、一小时城镇圈的通达目标和城市群的同城化目标。调整、优化交通通信网络和城镇网络的结构，以空间联系的紧密化、便捷化、合理化促进城市群、城市群连绵区产业一体化发展。加快京津冀、粤港澳大湾区建设，以深化成员城市之间的分工和强化其协作为主动力,优化环渤海、长三角、珠三角三大城市群的内部结构,增强其在国内外更大范围配置资源、聚集扩散优质经济要素的功能。加强沿海主要城市群与台湾省的空间一体化和经济一体化联系,增强其通达性、便捷性、互补性功能。进一步强化沿海城市群和台湾省的产业载体功能,提高"五群一省"的产业配套水平和一体化发展水平。

第三,建设引领新的科学技术革命的新一代区域增长极。随着沿海三大城市群的不断融合发展并带动更大范围的发展,沿海各类地区的发展将逐步趋于相对均衡状态。传统的以工业化为主要发展特征的增长极,如大型企业、主导行业或支柱行业、中心城市、城市群、产业密集带等,随着区域均衡状态的到来,其极化发展的功能也逐渐弱化。沿海地区在相对均衡发展即将到来的时期,必须适时建设新一代的增长极并逐步取代传统增长极,发挥引领新的科学技术革命和产业革命、引领高度信息化和现代化发展的功能。新一代的增长极主要是指掌握世界最先进科学技术的大型企业、大型研发机构、科技园区和支柱产业,以及以高端技术产业为主导的中心城市和城市群。建设新一代增长极的主要目的是加快提升区域创新水平,使科技自主创新取得重大战略突破,综合创新能力快速提高,并有效带动经济发展,搭建起高度信息化经济也就是后工业经济的结构框架。新一代增长极的核心是以"北上广深"为主要依托的国家级科技创新试验、示范区和自由贸易试验区等新型的产业集群。依托沿海三大城市群和主要的区域核心城市,特别是"北上广深"四个核心城市,建设各有分工但又紧密协作的世界级科技创新中心,集聚全球科技、人才、信息等重要资源,提升科研开发机构和科技创新园区的国际竞争力,使之发挥科技发展极和知识创新增长极的功能。建设科技创新实力迅速增强的国际大都市和国家级核心城市,使之成为东部城市体系的主导力量。将北京建设成为世界科技—文化创新型城市,形成以基础知识创新为主的科技—文化核心。将上海建设成为国际科技—金融中心和航运、高端制造中心,形成以科技、先进制造、现代服务业为主的创新中心。将广州、深圳建设成为以企业创新为主导的高端产业基地,侧重发展高科技经济。将天津、青岛、苏州、宁波、南京、杭州、厦门、福州等建设成为各具创新优势的中心城市,增强与北京、上海、广州—深圳的协作配套能力。发展城市之间、省市之间的科技协作,建设区域科技创新网络体系,及时、高效地转化和扩散先进科技成果。以华为等在科技前沿引领发展的创新型企业为典型,建设以进入世界500强和全国500强企业为主体的高科技骨干企业和企业群,使之成为所在行业的主导力量。建设高科技产业、新兴服务业产业群和全球高端产业基地,快速发展壮大高端制造业,将传统工业改造提升为高科技工业,将产业集群、工业园区、老工业基地改造提升为高新技术产业和知识服务业集聚区,使之成为带动经济转型的支柱。建设和健全北上广深创新中心向所在城市群及其腹地传导、扩散创新成果的空间通道和协作渠道,有效辐射带动沿海和中西部地区的科技创新和高科技产业发展。

(三)带动东部地区的转型发展

以沿海经济带的结构和功能升级带动整个东部地区加快转型发展,使之率先进入世界发达地区行列。

东部地区转型发展的战略重点主要有:

1. 确立科学化、人本化、绿色化的发展方向

推动经济社会向高度科学化、信息化、知识化发展;进一步提高居民生活水平和社会共同富裕水平,显著缩小收入差别;由点到面,探索和建设人与自然和谐共生的绿色经济形态,发挥对全国经济转型的示范和带动作用。

2. 以新的思路调整经济结构

调整东部地区经济结构的新思路包括：以新一代增长极为重要载体,培育、发展知识化的新型经济主体,培育、发展高度科学化的经济实体和经济综合体;促进企业转型升级,形成高科技、高效益、低碳型微观经济基础;建设创新驱动型的产业体系,发掘、转化自然界和经济社会系统的深层潜力,实现产业体系的高端化、服务化、绿色化,企业、行业、产业集聚区向科学化、高端化、低碳化转型升级取得决定性成功;建立以人为本、兼顾效率与公平的经济利益关系和社会关系,发展新型的经济结构网络;逐步改造、提升、融化旧的经济实体和经济关系,探索和形成适应后工业化发展的体制、机制,为全国的改革事业开拓新道路,经济社会向人本化、高度信息化和绿色化转型取得显著成效,新型经济结构占据主导地位并趋于成熟、完善;促进科学技术和战略性新兴产业快速发展,带动产业结构高度化;在资源开发方式转变的推动下,促进高技术产业和现代服务业更快发展,攀升世界产业链和价值链的高端位置,加快产业结构升级步伐;推动传统经济形态转变为以人本化和高度科学化、信息化、知识化、绿色化为主要特征的后工业经济形态,经济社会发展总体水平与世界发达国家和地区之间的差距显著缩小。

3. 提高经济发展的效率、效益水平

经济转型的核心是依靠以科技创新为主的综合创新,实现经济运行发展的高效率、高效益。要大力推进经济社会的知识化发展,提升全民创造力,增强科技自主创新和全面知识创新能力。创建更多的创新型企业和世界品牌、全国名牌,全面提高企业的生产效率、经济效益和国际竞争力。各经济特区、创新试验示范区、自由贸易试验区、经济技术开发区以及各类城市和城市群等,结合各自的实际条件,对照国际先进标准和先进水平,积极探索科技创新、区域深度开发、创

新驱动发展、产业升级、深化改革、经济转型等方面的高效率效益的模式,总结普遍性的成功经验,发挥地区性和全国性的引领、示范、辐射、带动作用。各省市等行政区要对照世界先进水平制定改革、管理方案和发展规划,使本地区尽快发展成为世界一流的经济发达地区,依靠不断提高的效率效益水平扩大区域市场容量,增强产业承载能力、资本输入输出能力、文化影响力和综合经济实力。

4. 提高经济发展的均衡、协调水平

东部地区经济的均衡、协调关系中蕴藏着巨大的发展潜力。东部在继续发挥各种增长极的积极作用的同时,应当积极创造条件迎接相对均衡发展时期的到来。东部经济转型的重要领域和重要目标之一,就是在经济逐步进入发达状态的同时,注重提升经济社会发展的均衡、协调水平,为中西部地区提供非均衡的极化发展与均衡、协调发展相统一的经验。首先是提升东部不同地区之间的均衡发展水平,缩短城市群核心圈层与外围圈层之间、城市群与腹地之间、发达地区与相对落后地区之间、大中城市与县(市)、乡镇之间的发展差距,由非均衡的经济布局向均衡水平不断提高的网络化布局过渡,使落后地区的潜力得到充分发挥。广东等省市在提高县(市)、乡镇等基层地区的发展能力方面创造了许多成功经验,大批专业镇的崛起为区域均衡发展开拓出了一条可行的道路。今后在这方面应当探索更加多样的有效途径。其次是提升不同收入阶层的均衡发展水平,重点是提升低收入人群的综合素质水平和经济收入水平,缩小社会的科教文卫资源分配差距和经济收入差距,使社会的人力、人才、知识和利益关系资源得以更快增殖。第三是全面提升区域经济、政治、社会、科技、文化发展的均衡水平及其与生态环境间的协调水平,扩大和深化开发利用各种经济社会资源、文化资源、生态资源,不断拓宽经济社会发展的潜力和源泉。

均衡发展是协调发展的重要基础。在推进均衡发展的同时，要通过深化改革、推行社会治理和现代化管理、加强法治建设等措施，调整经济利益关系和社会结构关系，消除社会利益方面和不同社会领域之间的摩擦、对立，提高社会文明水平。

三、建设沿边型国际区域经济中心

实施"一带一路"倡议使我国的一些边疆地区成为国际大区域的地理中心，将这些地理中心建设成为辐射带动国内和国际大区域发展的经济中心，发挥增长极的聚集—扩散作用，是推进"一带一路"建设的重要举措。

在边疆地区建设辐射带动国内和国际大区域发展的经济中心，必然引起全国地区经济社会结构发生重大而积极的变化。由于长期以来边疆地区多被当作经济发展的边缘地带，没有真正对其实施重点发展的战略，甚至正是因其处于"边陲"的位置，故而忽视其在国家总体发展上的重要性，更多的只是考虑到边疆地区在国防安全、社会稳定、民族关系方面的问题，因而在基础设施、城镇建设、社会发展等方面往往欠账很多，经济社会发展普遍滞后。推进"一带一路"建设意味着国家实行更加开放的边疆发展政策和加快跨国经济带的形成，由此必然引起国内外地区分工格局发生变化，有条件也有必要使一些"边缘"地带变成新的经济中心，成为拉动全国发展的新增长点。

（一）实行广度开发为主、深度开发为辅的区域开发模式

边疆地区的多数市（州）、县（市）地广人稀，土地、矿产、能源、水、生物等自然资源和旅游资源的普查、勘探、开发程度低，人口数量过少、资源开发不足、区域开发能力薄弱是经济发展的普遍性制约因素。建设沿边经济中心的基础条件之一，就是实行广度开发为主、深度开发为辅的区域开发模式，将资源优势转化为经济的快速增长。要

通过与沿海、内地和国外的协作,引进先进的资源开发和资源综合利用技术,形成技术先进、特色产业快速成长、环境质量得到保障的区域发展方式。

边疆各地区要结合具体的区情条件,探索以增长极的深度开发辐射带动大范围的广度开发、以广度开发为深度开发积累投资能力的良性循环模式。广度开发的重点是:扩大开发利用优势矿产资源、清洁能源、闲置的土地资源和旅游资源等自然资源,扩大特色优势产业的规模,提高经济增长能力;合理扩大城市规模,建设新的城镇,加快城镇化步伐;在环境承载能力有保证的条件下,吸引沿海、内地移民,扩大对闲置优势资源的开发利用;立足本地基础条件,通过国际合作途径,如建立自贸试验区、国际产业园区、保税区和发展国际贸易等,扩大开发利用国外资源,发展外向产业。深度开发的重点是:提高资源型产品的加工深度,延伸资源加工产业链;深化开发金融、信息、科技、教育、文化、知识、创造力、社会关系、体制机制、管理等软资源,加快第三产业发展,提高社会文明水平;在经济发展到较高水平的阶段,及时实现区域开发的战略升级,高起点、高水平开发利用优势自然资源和科技、人才、资金、信息等经济社会资源,形成高效益、多样性的新增长点,加快工业化、城镇化、信息化步伐。

(二)重点建设五大边疆经济中心

在中国广袤的边疆地区,可以形成多种多样的跨国辐射的经济中心。其中应当重点建设以下五个战略意义重大的经济中心:

1. 将新疆建设成为中国西部—中亚—南亚地区的经济中心

建设丝绸之路经济带将使新疆成为中国西部—中亚—南亚地区的经济中心,其中乌鲁木齐—伊宁地区将成为这一中心区的核心地带,喀什将成为新疆经济中心的副中心地区。建设新疆经济中心将显著推动新疆和中亚、南亚国家加快发展步伐,同时拉动内地经济发展。

2. 将云南、广西建设成为中国西南—东盟地区的经济中心

建设粤桂滇缅印经济带和俄蒙中泰新经济带将使云南、广西成为中国—东盟地区的两个重要经济中心，从而加快南贵昆大型城市群的形成，使南宁和昆明两地区的区域经济中心地位更加突出，保山、普洱、临沧、百色、凭祥、东兴等边境市将获得更快发展。

3. 将西藏建设成为中国西南—尼泊尔—印度—孟加拉地区的经济中心

建设长江—雅鲁藏布江—南亚经济带和甘青藏印经济带，将使西藏成为中尼印孟地区的经济中心，其中以拉萨为中心的包括林芝、那曲、日喀则等在内的雅鲁藏布江沿线地区将成为这一区域的核心区。虽然由于自然条件和其他方面的原因，建设这一跨国经济带和拉林那日核心区面临着巨大困难，并将经历较长时期，经济核心区的规模也难以与国内的其他经济中心区相比，但长江—雅鲁藏布江—南亚经济带和拉林那日核心区的形成是这一地区发展的基本趋势，在促进西藏和南亚地区的发展中具有重大而深远的战略意义。

4. 将黑龙江、吉林和蒙东地区建设成为东北亚地区的重要经济中心

建设东北亚经济带将使黑龙江、吉林和内蒙古东部地区成为东北亚地区特别是中俄日朝韩比邻地区的经济中心，其中哈尔滨地区的核心地位更为突出，图们江、通化、鸡西、佳木斯、黑河、满洲里等一批沿边城市将获得更快发展。

5. 将内蒙古自治区中部地区建设成为中国华北—蒙古国—俄罗斯中部地区的重要经济中心

建设俄蒙中泰新经济带将使内蒙古自治区中部地区成为中国、蒙古国、俄罗斯中部地区的重要经济中心，其中呼和浩特—包头—鄂

尔多斯—大同地区将成为这一地区的核心区,可以发展成为"呼包鄂大"城市群。

(三)实施经略边疆、振兴沿边地区的政策和规划

为了将边疆地区建设成为辐射国内外广大区域的经济中心,发挥对内对外的增长极功能,改变长期以来边疆与内地、沿海发展不平衡的状态,必须实施一整套经略边疆的政策和规划。这些政策和规划的重点主要有:确定全面建设边疆地区和在边疆地区建设新的经济中心区的政策方向,制定分期分类将边疆地区条件相对优越的区域建设成为经济发达区,使边疆地区的人口、产业、城镇分布更趋合理的远景规划、五年规划和重大工程规划;引导内地与边疆地区形成新的分工—协作关系,制定内地支援边疆和边疆与内地协作联合的优惠政策和专门规划;制定沿海和内地的产业向边疆地区转移、人口向边疆迁移的优惠政策,以及在边疆创新、创业、就业的优惠政策。强化建设边疆地区的基础设施,提升边疆与内地和国外的交通、通信快捷化水平。在国务院建立经略边疆地区的专门机构,统筹和协调边疆地区的发展以及边疆地区与内地、与邻国地区的合作。建立维护边疆发展的保卫、保障机构,有效维护边疆地区的经济运行和社会稳定。

(四)建设沿边地区的重要增长极

建设沿边地区增长极的重点是促进边疆地区的国际中心城市、地区中心城市和城市群发展。要从跨国的区域发展大局和与周边国家建立长期友好合作的战略需要着眼,明确各个城市、城市群的发展方向、发展重点和分工地位,提升城市、城市群的设施水平和产业承载能力。依托城市、城市群建设高水平的经济特区、开发区、试验区、产业园区,使之成为边疆产业成长和国际经济合作的优良载体。依托边疆地区的优势资源和有利地理位置,扶持建设特色优势产业和骨干企业,增强行业式、企业式增长极对边疆发展的带动作用。

四、建设高质量发展的内陆经济中心

内陆地区主要是指由条带型的沿海、沿边地区所"包裹"的国内地区。我国的内陆地区主要包括北京、山西、河南、安徽、湖北、湖南、江西、贵州、重庆、四川、陕西、宁夏、甘肃、青海共 14 个省市（自治区）。"内陆地区"以及与之相对应的"沿海地区""沿边地区"这几个概念的含义并不很严密，它们之间没有十分明确的界线，彼此只有相对性的区别。如沿海、沿边省市（区）靠近内陆的一些市、州等地区，有的可以归入沿海、沿边地区，有的则可以归入内陆地区。有些省区市只有很小一部分地区属于沿海或沿边地区，因而基本上属于内陆地区，如甘肃等省就属于这类地区。北京市虽然属于内陆地区，但是它距离渤海很近，一般总是将其归入沿海地区。这里所说的内陆经济中心，主要是地处内陆的城市群及其较近的辐射圈。

（一）建设内陆地区的经济中心

有关内陆大中型城市群的建设思路已在安江林所著《增长极体系与跨国经济带建设》一书第十章《建设国内主要的轴带枢纽城市群》中有较多的论述。这里主要根据内陆地区的基本分工职能，从以下几方面强调建设内陆经济中心的特殊意义和重要思路：

1. 建设内陆地区的各类经济中心

建设内陆经济中心的重点是建设大中型城市群及其近辐射圈，使城市群所在的省市（区）及其毗邻的县市成为一定地域范围的经济中心，并率先进入全国发达地区行列。此外还要重视建设小区域的经济中心，包括小型城市群和各级中心城市及其近辐射圈，形成星罗棋布的小型发达地区。通过建设各类经济中心，使各个城市群、中心城市彼此间以"墨迹扩散"的方式形成叠加、交叉辐射，加快内陆地区整体的发展步伐。

建设大中型城市群及其近辐射圈主要包括:

(1)建设以郑州为核心的中原城市群及其近辐射圈,其中近辐射圈的范围主要是河南省及与河南毗邻的市县,城市群要带动形成以河南为中心的均衡发达地区。

(2)建设以西安为核心的关中—天水城市群及其近辐射圈,其中近辐射圈的范围主要是陕西省及与陕西毗邻的甘肃东部和南部,以及山西南部各市县,城市群要带动以陕西为中心的这一地区发展成为西北最发达的区域。

(3)建设以兰州为核心的黄河上游城市群及其近辐射圈,其中近辐射圈的范围主要是甘肃省的中部、西部和青海省的东部、宁夏回族自治区的全部,城市群要带动以兰银西为中心的这一地区发展成为黄河上游发达地区。

(4)建设以武汉为核心的长江中游城市群及其近辐射圈,长江中游城市群包括武汉城市群、长株潭城市群和环鄱阳湖城市群,其中近辐射圈的范围主要是湖北、湖南、江西三省及其毗邻的县市。长江中游城市群要带动以湘鄂赣为中心的这一地区发展成为相对均衡的发达地区,成为中部崛起的主要支柱。

(5)建设以重庆、成都为核心的成渝城市群及其近辐射圈,其中近辐射圈的范围主要是四川省和重庆市,以及与川渝毗邻的周边市县,城市群要带动形成以川渝两省市为中心的这一地区发展成为均衡发达地区。

(6)建设一批小型城市群,包括:以太原为核心的山西城市群;以合肥为核心的安徽城市群;以贵阳为核心的黔中城市群。促进城市群带动其所在的省域加快发展,形成相对发达的区域经济中心。

(7)在城市群辐射力薄弱的地区,建设小区域的中心城市及其近辐射圈,形成小片区域的经济中心。

2. 增强经济中心的产业承载能力

建设内陆经济中心的主要目的，就是要以中心城市和城市群为主要载体，增强内陆各类地区的产业承载能力。增强产业承载力的重点，是依托城市、城市群的创新资源，提升区域创新能力，以创新促进创业，以创业支持、回馈创新，使创新资源不断转化为对其他各种资源的广度和深度开发利用，转化为新产业的产生、成长和已有产业的扩大、升级。增强城市群的"墨迹扩散"式辐射带动能力，使其辐射范围逐步扩大，扩展经济中心承载产业的空间范围，提升吸纳沿海和国外产业转移的能力。促进各个经济中心承载门类更多、规模更大、升级更快的产业，以此来扩大、深化经济增长的源泉，加固经济发展的支柱，实现内陆各地区经济持续稳定发展。

3. 增强经济中心的区域配套能力

建设内陆经济中心的又一重要目的，是增强其在全国区域发展中的配套能力。重点主要有：将沿海、沿边和内陆非经济中心地区的产业与内陆经济中心的产业衔接成跨区域的产业链，组织跨区域供应链的稳定运行，使跨区域产业链成为拉动沿海、沿边、内陆等不同地区一体化发展的主要力量；建设跨区域的重大工程，如建设跨区域的交通、通信、水利、能源工程等，提高内陆经济中心与沿海、沿边地区和内陆非经济中心地区之间的硬件连通水平；发展区域间的联合协作，提升内陆经济中心与沿海、沿边地区和内陆非经济中心地区的一体化发展水平。

为了实现全国和各地区的高质量发展，内陆经济中心作为连接沿海与沿边、发达地区与欠发达地区的桥梁和纽带，必须有效推动各类区域之间深化分工，形成发达分工基础上的高效良性互动的区际关系，使每一个较大的或较小的地区成为全国甚至全球区域配分工—配套体系中不可缺少的一员。

4. 增强战略后方的发展保障能力

内陆经济中心作为沿海、沿边的战略后方,要增强对沿海、沿边和全国发展的保障能力。其重点主要有:以内陆的优势弥补沿海、沿边的劣势和缺陷,填补国家发展的供需求缺口,将沿海、沿边和国家整体对外发展的片面性缺陷降低到最低程度;不断增强产业承载力和市场容量,为沿海、沿边的产业发展和产业转移提供蓄水池和拉动力;发展对沿海、沿边和国家全局有重大战略支持功能的产业和特区;对沿海、沿边发展中遇到的灾难、困难、突然事件等提供援助、支援和各种缓解手段;储备国家安全所需要的特殊生产能力和特殊物资,承载国家安全所需要的特殊设施、特殊机构等。

5. 高效培植和增强综合发展潜力

内陆作为国家的脏腑之地,由于其面积广阔,自然和经济社会条件复杂多样,是国家综合发展潜力的主要蕴含区。内陆各个经济中心既是组织现实经济社会发展的主体和载体,同时也是培植、增强面向未来发展的各种潜力的主体和载体。内陆各个经济中心培植、增强综合发展潜力的实质,是通过制定和实施中长期规划和实现中长期发展目标的政策、制度等,长周期地生产和再生产区域的硬实力和软实力。培植、增强综合发展潜力的重点主要有:承载适量的人口,提高人口素质,优化人口结构,建设人才队伍不断壮大的广阔园地和深厚蓄水池;持续提高人民群众的收入水平,促进消费增长和市场容量的扩大,保持消费对经济增长的强劲拉动力;发展科技教育事业,为最大限度增殖知识财富和智力财富奠定基础;发展各具特色的区域文化,高效生产真善美的精神产品,提高居民的文化消费和精神素质;改革陈旧体制,革除社会弊端,美化社会环境,生长和积累社会软实力;保护和改善生态环境,以良性循环形式增殖生态财富。

内陆经济中心培植、增强综合发展潜力的战略,原则上也适用于沿海、沿边地区和国家整体。培植、增强综合发展潜力需要超越和克服短期目光、短期行为,以视天下若家室的主人翁精神,将一次次的短期投入转化为长周期的综合实力生长过程。

五、建设贯通全国各类经济中心的内陆轴带网络

广袤的内陆地区只有形成通达水平很高的经济网络,才能更好地发挥其区域分工职能。内陆经济轴带网是覆盖全国并延伸到周边国家的经济带网络的核心。发达的内陆经济网络形成的基本途径,就是建设覆盖整个区域的经济轴带网,以轴带网促进、带动经济网的致密化和均衡化。

(一)建设更加致密的内陆经济轴带网

内陆是国家的脏腑之地,脏腑的动静脉血管比其他器官的血管系统更加发达是毋庸置疑的。经济轴带网是区域经济发展到较高阶段但又尚未达到均衡状态的时期的一种经济空间组织形式。内陆地域广阔,条件复杂多样,经济社会的分化发展程度越来越高,组织经济的协调发展难度最大。除过体制、基础设施、宏观管理、技术等组织经济的手段外,经济轴带网络是从空间上和机制上组织经济运行发展的非常重要的手段。内陆各地区之间在分工规律的作用下越是走向特色化、优势化的分化发展,各种特色化、优势化的地区发展就更需要一个越来越致密的经济交往和经济布局网络来提供相互间的互促互补作用,使每一方的特色优势更强,所获得的互促互补作用也更大,区域整体因此而产生的综合效率、效益也更大。为了能够达到这样的目的,就要适应经济发展在每个阶段的需要,促进内陆经济带网络结构实现进化和升级。这种进化和升级包括内陆各主要经济轴带逐步延伸其宽度和辐射范围,并向两侧延伸发展多级分支轴带,扩大城市、城市群的规模及其辐射范围,逐步将大型的经济中心和市、县、

乡镇、村等各级区域经济纳入到轴带网络的覆盖和运行范围内,弱化以致消除许多基层地区、边远贫困地区过于封闭的劣势。网络的密度提高到一定程度,经济中心与远、近辐射区之间的差别就将趋于消失,区域经济就进入均衡、发达的高级阶段。

(二)内陆经济轴带网要有效加快全国各地区的融合发展

内陆经济轴带网由其核心地位所决定,是将沿海、沿边经济带连接成全国整体轴带网络的枢纽,沿海、沿边经济与内陆经济只有通过内陆轴带网的枢纽作用,才能走向融合。内陆各地条件复杂多样,其融合发展是全国各地融合发展的难点。内陆各地经济提高融合度,所依靠的主要条件之一,就是发达的交通网和经济轴带网。内陆经济在发展水平上是承上启下的角色,它比沿海经济水平低一个档次,但总体上比沿边经济要高一个档次。内陆经济网络通过市场的和非市场的途径,加快经济要素的流动并在一定的区点上实现优化配置,产生企业经营、产业成长、人口聚集、城镇发展等综合发展效果,形成不断增多的城市、城市群、城镇密集带等经济聚集区。这种效果首先会在东部与中部地区的过渡地带密集出现,带动中部崛起加快步伐,逐步实现中部地区与东部地区的融合、均衡发展。这种效果也将在包括沿边地区在内的西部地区和东北地区的中心城市、城市群、产业密集区等相对发达地区密集出现,使西部地区和东北地区的相对发达地区率先缩短与东中部地区的发展差距,实现"插花"式的区域融合发展。最后,这种效果将使中西部地区的欠发达地区在全国更大力度的扶持、反哺作用下加快发展速度,迅速缩短与发达地区的差距,提高全国整体的均衡发展水平。

六、建设现代海洋经济强国

科学技术革命和经济全球化的加快,使海洋经济在经济总量中的占比不断增大,发展海洋科学技术和促进海洋产业更快成长,已成为经济增长的重要引擎和国家竞争力的重要标志。我国推进"一带一路"建设,以海洋运输线和沿海经济带连通东盟、澳洲、南亚、西亚、北非、欧洲、南北美洲等全球各大经济板块,发展面向全球的战略合作,从而使海洋经济、海洋科技、海洋文化在国家总体发展中的地位和作用更加重要,海洋空间、海洋资源和海洋运输成为关系国家盛衰兴亡的重大战略条件。因此,经略海洋,发展海洋经济、海洋科技和海洋文化,建设现代化的海洋强国,应当作为重大国策,为富民强国和推进世界文明发展提供重要保证。

海洋经济被看作"基于海洋的经济"和人类"与海洋共存并得益于海洋"的可持续发展的经济[①]。中国倡导的共建21世纪海上丝绸之路,既是中国连接世界的新型贸易之路,也是以建设全球各大洲沿海经济带为主要载体条件的蓝色经济发展之路。通过造福各国人民的"蓝色"合作共赢之路,将不断改善中国经略海洋的国际条件,促进中国与世界各国加强海洋合作、经济合作和政治沟通,以共同利益的增进来抑制、弱化以至消除政治分歧和战略冲突,极大增强合作各方的战略安全。

(一)实行建设海洋经济强国的政策和策略

多年来,按照国家海洋经济发展的战略部署和要求,有关部门加强了陆海统筹工作,推动海洋事业发展和海洋经济运行保持了平稳、良好的态势。根据国家发展改革委、国家海洋局、国家海洋信息中心等机构发布的《中国海洋发展报告2018》《中国海洋经济发展报告2017》《2017中国海洋发展指数报告》等,2010—2016年中国海洋发

---

①国家海洋局:《中国海洋发展报告(2018)》,北京海洋出版社,2018年8月,第100页。

展指数年均增速为 5%[①]，表明近年来海洋事业保持了平稳发展态势。海洋经济已成长为国民经济的重要组成部分，总规模保持稳步增长。2017 年全国海洋生产总值达到 77611 亿元，比上年增长 6.9%，高于同期国民经济增速，占国内生产总值比重为 9.4%。海洋产业结构进一步优化，以海洋生物医药、海洋电力、海水利用为代表的海洋新兴产业持续快速增长，增速超过 12%，高于同期海洋经济增速约 5 个百分点；海洋渔业、海洋油气业、海洋船舶工业、海洋工程装备制造业的许多海工龙头企业加大技术投入，在高端海工装备设计、建造方面取得了重大突破。海洋电力、海上风电、海水利用业中海水淡化规模持续扩大；海洋第三产业增加值占海洋生产总值比重为 54.5%，其中处于领先地位的滨海旅游业增速高达 16.5%；海洋交通运输业总体运行平稳，全年实现增加值 6312 亿元，比上年增长 9.5%；山东、浙江、广东、福建、天津五个海洋经济试点省市合计海洋生产总值占全国海洋生产总值比重达到 69.2%。2002 年到 2017 年的 10 多年间，全国海洋生产总值增速总体高于同期国内生产总值增速，表明海洋经济已成为稳定推动总体经济发展的颇具活力的领域。2017 年，我国涉海就业人员总规模达 3657 万，占全国就业人员总数的 4.71%，比 2001 年净增 1549.4 万人，增幅达 73.51%。海洋科技与人才支撑能力显著提升，海洋科技人员数量不断增长。

我国海洋经济和海洋事业虽然保持了平稳发展态势，但距海洋经济大国、强国的目标尚有相当长的路程。今后要进一步明确陆海并重的开发和发展战略方向，把海洋作为与陆地同等重要的发展空间、

---

①中国海洋发展指数是对一定时期中国海洋发展水平的量化评价，以 2010 年为基期，基期指数设定为 100。该指数的编制是为了科学度量我国海洋发展水平，综合反映海洋强国建设成效，全面提升全民海洋意识。

发展载体和新的经济增长领域,形成立足陆地、经略海洋、海陆互补、全球合作、共同发展的政策和战略取向,健全以海强国的战略规划和战略途径,坚定不移地建设陆海一体的经济强国。要总结中外历史上因海而致兴衰的成败得失,吸收借鉴近代以来葡萄牙、西班牙、英国、美国、俄罗斯、日本等海洋强国崛起和发展的经验,摒弃掠夺式、霸权式的海洋经略模式,走出一条科学、文明、互惠、友好的海洋经济发展道路。配合建设 21 世纪海上丝绸之路的战略,制定并不断完善经略海洋和依托海洋经济带推进全球合作发展的政策体系。要在扩大、深化海洋科考的基础上,制定、实施开发海洋资源、发展海洋经济的规划,优化海洋经济发展的布局和实施方案,稳步向海洋经济强国的目标迈进。

在海洋经济领域必须加快传统海洋产业的技术升级,加快海洋新兴产业特别是战略性新兴产业的培育和发展。要稳步提高对海洋资源的开发利用水平,扩大在公海海域发展海洋运输、海洋渔业、海洋矿产勘探开发的生产经营范围和海洋维权执法。推进浙江海洋经济发展示范区、福建海峡蓝色经济试验区、舟山群岛新区等示范区和海洋产业园区建设,加大海南自由贸易试验区建设力度,探索蓝色经济发展的成功模式。建设与蓝色经济发展相适应的科技、教育体系和金融、涉外等服务业,提高海洋经济的国际竞争力和国际合作水平。要进一步优化建设 21 世纪海上丝绸之路的规划、方案和国际合作方式,建立以睦邻、合作、互利、共同命运为基础的各大洲沿海经济带,提高在蓝色经济领域的国际合作水平。

(二)优先发展壮大海洋运输业

现代海洋运输是关系国家命运和世界发展前景的重大战略领域。在全球化市场经济条件下,海洋运输已成为一种自身发展强劲且综合带动功能强大的战略性产业。中国经济保持持续、较快发展加大了对世界市场和世界资源的依赖,由此使中国的经济交往活动必然要由陆地延伸到越来越广阔的海洋,而这无疑使中国的经济和国家的战略安全对海洋运输的依赖程度不断提高。因此,必须充分发挥海洋运输成本低、运量大、对经济发展的带动力持久而强劲的优势,发展壮大海洋运输产业,提升海运、造船、港口建设的科学技术水平、经营管理水平和产业现代化水平,使之成为拉动经济增长、推进产业结构升级的重要推动力,成为保障国家战略安全的重要条件。

发展海洋运输业是海洋经济发展的战略重点。只有大力发展海洋运输业,壮大海运船队,增强国际海运竞争力,才能提升能源、原材料等战略物资的运输保障能力。在全球船舶运能持续过剩、航运业收入增长缓慢、许多航运行业如集装箱运输等严重亏损的情况下,中国航运业要拓展发展视野,认识到全球贸易发展拉动海上运输增长的潜力在不断扩大,海上互联互通能力急需加强。要看到,"全球超过80%的贸易伙伴之间没有直接的海上联系",这些贸易伙伴因"缺乏直接的海上连接会导致出口额降低40%,而拥有直接的海上连接的贸易伙伴则可以将贸易成本降低9%"[1],其中蕴含的发展潜力是巨大的,中国进一步扩大海运规模、增强海运竞争力有着广阔的空间。发展海运要注重弥补短板、增强优势、积蓄竞争实力,在逆境中实现稳步增长。要建设具有强大国际竞争力的海运、造船和港口企业,为海洋运输业发展提供坚实的微观基础,较快由海运大国发展为海运强国。

港口是铁路、公路、内河和海运的转运枢纽及集散中心,由于港口的辐射带动功能,港口所在的城市及其周边地区的经济一般都比较发达[2]。为了促进海运业及其众多关联产业的发展,必须进一步加

①联合国贸易和发展会议报告:《2017 年海上运输回顾》,《中国海洋报》,2017 年 11 月 15 日。

②陆琪:《世界海运地理》,上海交通大学出版社,2011 年 1 月,第 55 页。

强港口建设,形成素质精良的港口产业群。要依托我国沿海地区的天然有利条件,充分开发利用优良港湾、各类港口特别是深水港的资源和潜力,加强上海、天津、宁波—舟山、广州、深圳、湛江、汕头、青岛、烟台、大连、福州、厦门、泉州、海口、三亚、北海等沿海城市港口建设,完善港口布局,形成以上海、宁波、大连、天津、厦门、香港等国际航运中心为主导,大中小型港口合理布局的现代化港口体系和港口城市体系。国际航运中心要向世界最先进的水平攀升,成为"洲际供应链"与"物流集成服务"的引领者,有能力将大宗矿产、石油能源和制成品进行最优化配置,创造"国际航运生产力"的新水平。

港口和港口体系要以国内各地区和世界各国的贸易为主要服务对象,服务能力覆盖国内和全球的沿海城市及其腹地。配合港口体系建设,加快上海自贸试验区、广州自贸试验区等沿海港口城市自贸试验区建设步伐,探索和健全国际航运中心、国际物流中心、国际金融中心三者密切配套的体制和运行机制,形成与国际通行规则全面接轨的自贸区政策和港口运行发展机制。适应航运中心自由贸易的需要,实现资金自由进出进行交割交易,吸引更多的国外货物在航运中心中转、交割和自由交易,稳步增强上海、宁波等国际中转大港的综合功能,提高其在航运、中转、金融服务、货物定价和自由交易等方面的国际竞争力。

拓展港口服务功能,加快港口物流发展,在沿海地区形成航线稠密、航运市场发达、物流承载功能强大、航班众多、服务功能健全的世界一流的航运业密集带,使之在国家整体发展中发挥战略性的支撑和带动作用。

正确处理沿海港口之间的利益关系,形成竞争服从于联合协作、国内竞争与合作服从于国际竞争需要的实体或联合体。集中优势力量建设上海等国际航运中心。根据国际竞争需要,借鉴国内行业巨头合并重组的成功经验,组合沿海港口在深水港湾、深水岸线、地理位置、临港产业聚集区、经济发达的腹地等方面的优势条件,组建以实力最强的港口为核心企业的港口企业集团,形成有强大竞争力的国际航运与金融中心港。依托天然深水良港的优越条件,积极建设泉州湄洲湾等后备国际中转港,增强沿海港口体系的中期和远期的国际竞争力。注重以发达的航运业带动先进制造业和国际贸易、国际金融、信息、科技、文化等现代服务业发展,合理扩大临港产业规模,促进港口城市的产业升级,使临港产业、港口城市和城市群与海洋运输业之间形成良性互动的发展机制。

建设强大而健全的航运服务体系,提供高质量的转口贸易、中转运输,货物集散吞吐、市场交易、保险、航运信息、海事及海运咨询等航运服务。促进形成发达的市场交易、高效的价值增值、先进而巨大的加工制造和多式联运集疏运体系。不断改善、健全港口、航道、大型机械设备、智能化技术以及公路、铁路、航空、水运等集疏运和各种短途运输的设施条件,保证腹地的货源便捷、有序地进入港口物流体系中。促进港口设施加快改造和升级换代,以较短的周期实现由传统运营模式向现代化、智能化模式过渡。

充分发挥港口、港口城市带动内陆发展的功能,建设以港口城市为主要节点的经济带。依托中远海运等骨干海运企业,强化海铁联运、江海联运设施,发展内陆无水港,促进沿海港口城市的辐射力沿经济带向中西部地区延伸、渗透,带动中西部地区的进出口贸易和一、二、三次产业发展。同时,扩大对亚欧非拉等地区的运输业投资,发展跨国跨洲海铁联运、国际班列,由沿海深入亚欧非拉腹地开拓物流通道,助推国际合作发展。

中国经济和海运业的更大发展必须有保障海上运输线的国外基地,因此要与更多的国家和地区合作建设海外港口,尤其要重视建设为中国海运业服务的海外枢纽港，发展临海型产业基地。以海外港口建设推动延伸覆盖全球的国际航线网络，连接和调动全球的航线服务，发展服务全球的物流体系，拓展合作发展海洋运输业和海洋经济的空间。

大型海运企业和港口企业要在加快自身发展的同时，发展与世界著名航运企业、港口企业之间的合作，建立强强联合、强强联盟，提高企业运行效率、经济效益和国际竞争力。

（三）从广度与深度结合上开发海洋资源

以科技创新为主要驱动力，全面开发利用领海和外海的海洋生物资源、海水化学资源、海洋新能源、海底矿产资源、海洋空间资源、海岸和滩涂资源、海湾和海港资源、海岛资源、海洋气候资源等，发展规模大、素质高、现代化水平不断提高的海洋产业群。在优先发展海洋运输业的同时，重点发展先进的海洋装备制造业、海洋种植养殖业、海洋渔业、海洋能源和矿产业、海洋工程建筑业等产业。海洋装备制造业要以造船、建造海上石油平台、海洋矿产开采设备和海洋科学考察设备制造为主，向世界一流水平攀升。适应国内外旅游消费需求，发展海滨度假旅游、海上观光旅游、海岛生态旅游等海洋旅游业。积极建设海外的渔业基地、能源矿产基地、加工业基地、贸易和投资基地，配套发展海外金融业、服务业，加快发展海洋高科技产业。建设海外产业园区、经济开发区，形成与东道国密切合作、互利共赢、共同发展的海洋产业聚集区。吸收、借鉴世界各国海洋文化精华，发展兼收并蓄、丰富多彩的中华海洋文化，创造和构建体现中华民族特点的海洋文化体系。发展各种形式的海洋教育，大力培养经略海洋所需的科技、经济、文化、海事人才，形成以人兴海、以海富民强国、造福世界、惠及全人类的海洋经济文化体系。

（四）发展海洋科学技术

未来的经济发展将越来越依赖海洋资源的开发和海洋科学技术的创新、发展。只有先进的海洋科学技术才能使人类更大规模地开发利用各种海洋资源。成功经略海洋的核心是加快海洋科学技术的创新、发展，为海洋运输和海洋资源调查、资源勘探开发和海洋产业群的发展壮大提供先进技术手段。要建设世界一流的海洋科学技术体系，建设门类相对齐全的海洋科学技术研发机构，形成一批发达的海洋科技研发基地，使海洋开发、海洋产业发展和海洋环境保护获得迅速增强的创新驱动力。加强对海洋科技、海洋经济发展的监测和预测，创立、发展现代海洋开发的经济和社会理论，为建设海洋经济强国提供科学的指导思想和理论依据。

（本文由作者节选自其经济学理论专著《增长极体系与跨国经济带建设》一书第 11 章，编辑有改动）

第三部分
区域经济理论研究

区域非均衡增长规律和增长极理论

一、经济发展中的非均衡规律

在人类社会发展史上,特别是近代以来的工业化发展过程表明,区域经济总是通过以非平衡发展为主的一定阶段和一定形式,实现经济要素向条件优越的地区集聚,由此导致条件相对优越的地区实现快速增长并率先发展成为经济相对发达的核心地区,与外围地区在发展水平上形成迅速扩大的差别;这种非均衡的或极化发展的状况持续到一定程度,相对发达的核心地区加快速度向外围地区扩散经济能量,形成周围地区更快发展的新特点和新阶段,最终实现核心地区与外围地区的相对均衡发展;在相对均衡发展的基础上,又产生出新的非均衡发展条件,并开始下一周期的非平衡到平衡的发展过程。由不平衡到相对平衡再到新的不平衡,这种循环式的周期变化是迄今一切经济形态下区域发展的普遍规律。

与经济发展的这种非均衡规律大体相适应,社会领域中政治、思想、科学、文化的发展,同样遵循着由不平衡到相对平衡再到新的不平衡的周期变化规律。在每一历史时期,与已经形成和正在形成的经济核心区与经济外围区并存的状况大体相对应,也在形成政治、思想、科学、文化的核心区与外围区并存的状况,后者与前者往往是大体上重合但又不完全重合,体现出经济发展与社会发展在发展能力的形成和分布上、在发展水平的地域差别和地域关联上遵循着同一规律,但规律发挥作用的具体形式各有不同。

其实,自然界也普遍存在着类似的非均衡发展规律。宇宙演化过程中,物质的分布和物质形态的演变呈现出典型的极化发展特征。行星、恒星、星系、星系团、黑洞、星云等,其核心与外围的物质密度、物质结构以及温度等,从来就是处于极大的反差之中的。生物演化过程中,从细胞、器官、生命个体到物种、生物群落、生态系统等,其内外部结构和空间分布则具有形态更为复杂的极化发展特征。

客观外界的非均衡发展规律反映到人的思维领域,则形成思维的非均衡活动特点和非均衡发展过程。其中较为典型的,就是人在获取大量感性认识、经验知识的基础上,使认识活动向事物的本质和本质之间的联系上深化,最后获得反映事物本质和事物运动发展规律的理性知识这一过程。人类从这样的认识过程中所形成的任何知识系统,都具有知识和智慧在人与人之间、在不同的认识领域之间和不同的认识阶段之间相对密集与相对稀疏的差异,具有真理成分相对多与相对少的差异。人们在认识和解决各种实际问题中,也普遍存在着集中力量解决本质问题、核心问题或重点问题与兼顾其他问题的非均衡原则。不难理解,人们认识和解决经济、社会发展的实际问题,必然要优先认识和解决那些关系整体发展的重点领域、重点地区、关键环节上的问题,遵循非均衡的思维、决策和实践的原则。

可以说,非均衡发展规律是存在于客观世界和人的主观世界的一条普遍规律。甚至可以进一步认为,正是受非均衡发展规律的支配,事物才能在低级的发展状态中通过在一定的时间和空间范围内凝聚发展要素和发展能力,产生出向高级状态发展的新因素并过渡到高级的整体发展状态。

发展经济学家、诺贝尔经济学奖金获得者威廉·刘易斯认为,"不同的地区具有不同的增长潜力",从经济学的观点来看,"应该把资源配置在对国民收入作出最大贡献的地方，或者是对国民收入的增长率——如果它是所选择的目标的话——最有促进作用的地方。"①

新古典增长理论认为经济增长与发展具有内在的均衡倾向的论断，受到持非均衡发展观点者的批评。"在实际经济生活中，不同区域、不同国家或不同经济部门的繁荣与衰退常常并存，这些区域、国家或部门之间形成了巨大的收入差别和价格差别。第三世界的发展中国家的发展问题，发达国家存在的农业、重工业以及矿产业和造船业的衰落问题，都使人们对新古典阐述的市场具有自动实现均衡功能的学说产生怀疑。"与新古典理论相对立的是极化理论，该理论提出了经济发展的非均衡和趋异倾向的观点，认为经济发展过程不是导致均衡，而是导致区域差别的强化②。

其实，经济增长与发展既具有内在的非均衡倾向，同时又具有内在的均衡倾向，二者是一种既对立又统一的关系。但是，前者是绝对的，在发展中一般起决定性作用的；后者是相对的，在发展中一般起非决定性作用的。经济发展过程中总是存在一种与导致非均衡发展的力量相反的力量——导致均衡发展的力量。极化理论虽然也指出了有这样一种力量，即扩散效应等，但是极化理论的代表人物没有精确地说明，这究竟是一种什么力量，这种力量什么时候占优势，什么时候不占优势。实际上，导致均衡发展的主要力量，就是与在极化发展中获得好处的相对少数的经济主体相比，数量更大的另一类经济主体追求经济利益均等的力量，此外还有非均衡发展的潜力随发展

---

①〔美〕威廉·刘易斯著，何宝玉译：《发展计划》，北京经济学院出版社，1989年5月，第59、65—66页。

②陈秀山、张可云著：《区域经济理论》，商务印书馆，2003年12月，第195—196页。

过程的延续逐渐消减、均衡发展的潜力相对增大的其他力量。

因此，从本质上看，非平衡发展是区域经济由相对不发达状态向某种发达状态过渡的必经阶段和必要形式，具有绝对性的特点，而平衡发展则主要是区域经济发展主体的一种要求和发展所达到的一种阶段性结果，具有相对性的特点。区域在空间上的发展规律，体现为绝对的非平衡发展与相对的平衡发展相结合的发展过程或发展状态。可以将这种规律称之为非平衡发展规律，其基本内容似乎应当概括如下：区域经济总是通过以非平衡发展为主的阶段和非平衡发展的一定形式，实现经济总量的快速增长和经济结构的较快升级，最终达到相对发达和相对平衡的发展水平，然后又开始下一周期的非平衡—平衡发展；由不平衡到相对平衡再到新的不平衡的循环式周期转化，是区域经济发展的普遍模式。

利用"不平衡—平衡—新的不平衡"这种规律的积极作用规划和引导区域经济发展，是包括中国在内的世界各国促进经济较快增长和实现区域之间协调发展的普遍经验，当然也是中国今后实现区域协调发展的基本途径。实现全国区域经济的协调发展，首要的和根本的目的是实现一定条件下的速度最快和效果最好的发展，因此必须遵循包括非平衡发展规律在内的区域经济发展的多种客观规律，针对极化作用不足、聚集效益低等突出问题，适应经济要素向核心地区聚集的趋势，充分发挥增长极聚集先进生产能力和辐射带动周围地区发展的积极作用。

增长极理论是反映非平衡增长规律的主流理论，点—轴开发理论、核心—边缘理论、圈层结构理论等是增长极理论的延伸和发展。这些理论主张将有限的资源集中投入在综合条件优越、经济增长潜力相对较大的少数地点或条带上，形成聚集经济的优势，产生发展能力、经济效益和经济利益的累积效果，增强吸引外部投资、自我发展和向周围扩散经济能量的能力。

二、区域非均衡增长规律的作用形式

非均衡增长规律是通过怎样的具体形式来推动区域的非均衡—均衡发展的呢？这种作用的形式大致有以下几方面：

一、综合条件最优越的地区经济增长最快,逐渐形成一定区域范围内的高增长"空间点"。这里所说的"综合条件最优越",不仅包括自然资源、地理位置、交通、已有的经济基础等硬件条件,也包括学习和创新能力、思想文化、传统习惯等精神因素。相对于其他地区,经济主体在综合条件最优越的地区投入等量的经济要素(劳动力、资金、物资、以技术为主的知识等),能够获得较多的产出,从而能够获得较多的经济利益,因而就具有持续增加投入以实现经济利益最大化的强烈动机,由此使得综合条件最优越的地区比其他地区更易于形成"投入—产出—更大的投入—更多的产出"这样的高增长良性循环。

二、高增长地区等量投入能够获得较多产出的利益效应,使这样的地区成为"利益高地",吸引更多的经济主体到该地区从事经济活动,从而吸引越来越多的经济要素向该地区聚集。这种聚集在一定的自然规律、技术规律和经济社会规律的作用下形成最有利于经济增长的要素组合形式和经济结构模式,产生出以先进技术为核心的新生产力和先进的生产组织形式,并产生出适应这种形式和模式的优越的体制、机制、政策等。其中,创新活动密集、活跃是产生先进技术、新生产力、先进的生产组织形式和新的体制、机制、政策的决定性因素。正是要素的聚集及其必然产生的创新能力的形成和增强,推动了经济的快速增长、经济效益的提高和经济组织不断进步、经济结构高级化相统一的发展过程,使"利益高地"出现经济繁荣的局面。

三、伴随着经济繁荣的持续,高增长地区产生的先进生产能力和先进的生产组织形式,以及适应这种形式的新的体制、机制、政策等也不断得到改进、完善、成熟,以至于将这些先进的生产能力和体制、政策等运用于综合条件次优地区、综合条件一般化的地区甚至综合条件较差的地区也能获得较高水平的产出和较多的经济利益,于是这些先进的生产能力和体制、政策等便由高增长地区输出、"溢出"到综合条件次优地区、综合条件一般的地区甚至综合条件较差的地区,使这些地区成为吸引经济要素聚集的次高增长地区和一般增长地区。

四、高增长地区经济繁荣和要素聚集的持续进行逐渐产生出相反的结果:土地、劳动力、技术等要素成本上升,主要的优势资源趋于枯竭或失去竞争力,发展潜力呈消减趋势,经济效益下降,经济主体的利益增长达到极限并开始下降,越来越多的经济主体寻求在高增长地区之外获得更高的投资效益和经济利益。这种变化使次高增长地区和一般增长地区获得了要素快速聚集和经济快速增长的机遇,以前高增长地区上升和繁荣的发展过程,现在则在次高增长地区和一般增长地区开始重演,新的更多的高增长地区陆续形成,原先的一极兀立、周围萧条的区域经济状况转变为多极并起、多点关联并逐步趋于一体化发展的新局面。

五、在政府政策的干预下,上述作用形式会有很大的变化。政府可以通过实行一定的经济政策,使某些综合条件较差的地区具备与综合条件优越地区大体差不多的优越条件,如政府支持建立的各种开发区、特殊经济区、自贸试验区等等,使非均衡增长规律发挥出在一定区域的多个"空间点"上形成增长极的作用,从而产生出"多极化"的相对均衡增长效果。如我国在20世纪60年代中期至70年代后期进行的三线建设,就产生了类似的效果。改革开放以来,中央和地方政府在发达地区、次发达地区和欠发达地区支持建立的各种经济特区、开发区、产业园区、自由贸易试验区等,大多数都获得了类似的积极效果。

三、区域非均衡增长规律的负面效应

(一)非均衡增长理论的有关观点

非均衡增长规律有其造成企业、行业和地区间发展差距过大,发展动力单一甚至产生严重危机等一系列消极作用,对此,现有的非均衡增长理论也有反映。

增长极理论的创始人法国经济学家佩鲁认为,作为行业性增长极的"推动型单位",对其他经济部门的影响作用既有积极的"推动效应",也有消极的"制动效应"。这种消极的"制动效应"包括:推动型单位以其优势吸引其他经济部门的生产要素;运用自己拥有的市场权力施加负面影响;阻碍其他经济部门的创新。

"累积因果"理论指出,增长极的负面效应是它的"回流效应",强调通过政府干预来削弱"回流效应",强化"传播效应",实行"诱导的发展极"政策,克服地区经济不平等的弊端。

我国的有关区域经济学家指出,在一个区域经济体系中,发展的进程是趋向均衡还是极化(非均衡)取决于扩散效应占优势还是回流(吸收)效应占优势。国外学者对此看法不一。赫尔希曼对此持乐观看法,认为从长期看是趋向均衡。缪尔达尔则持悲观看法,认为极化效应是主导性的发展趋向,尤其是那些穷国和落后地区更是如此。他认为,两种效应的相对比重取决于交通、通信等基础设施水平、文化教育水平、企业发展潜力等因素,这些因素同发展水平联系在一起。

按照极化理论的观点,发展与不均衡或不平等是密不可分的。之所以如此,是因为发展本身就不是均衡分布的,它集中在少数区域并通过与吸收效应相连的过程阻碍其他区域的发展。根据所引起的消

极的循环累积过程来解释,欠发展同样是自身的原因作用的结果,或者如有人针对发展中国家所说的"国家之所以穷就是因为穷"。

因为市场机制的作用不是导致均衡,而是导致发展差距的强化,所以按照极化理论的一些代表人物的观点,主张通过国家的经济政策实现区域经济发展的均衡,或者至少是不能使区域之间(或国家间)发展的差距过大①。

五、极化发展与均衡发展的辩证统一

结合我国经济建设和区域发展的实际来研究以上各种均衡和非均衡发展的理论观点,可以得出这样的基本结论:

从本质上来看,所有的增长极都具有极化发展与均衡发展的两重性。各类增长极在发挥极化发展功能的同时,也不同程度地发挥着均衡发展的功能。增长极的极化发展与均衡发展两种属性和两种功能既相互区别、相互制约甚至相互对立,又相互联系,并依一定条件相互转化。极化发展持续到一定程度,就会产生要素集聚的不经济和不可持续,从而导致要素的扩散配置或"扩散化集聚"配置,即要素扩散形成更多的或越来越多的集聚点,并以多集聚点或多元增长极体系为过渡形式,最终实现区域的均衡发展。不同流派的区域经济理论和经济地理理论,只是分别从不同的角度、不同的侧重点上研究了增长极的这种两重性特征及其相应的功能。

研究区域空间经济的理论如果能够对极化发展理论和均衡发展理论的诸多流派的学说采取有取有舍的兼容态度,对区域经济发展的长过程和各种特殊性进行全面的、本质性的反映,它就必然会得出这样的结论:区域的极化发展与均衡发展是既相互区别、相互对立又

①陈秀山、张可云著:《区域经济理论》,商务印书馆,2003年12月,第202页。

相互联系、相互依赖、相互转化的,二者中的每一方只是在一定的时空条件下处于主导的、支配的地位,而在另一种时空条件下则处于非主导的、从属的地位;随着区域内外重要条件和区域发展阶段的变化,极化发展合乎规律地转化为均衡发展,均衡发展也合乎规律地转化为极化发展。正是二者的这种辩证关系,才使看似冰炭不可同炉的"极化"与"均衡"能够形成一种"合力",为经济发展由较低的水平进到较高水平提供永不枯竭的推动作用。所以,区域发展的战略决策应当按照极化发展与均衡发展的辩证关系,通过设计健全的政策、体制、机制、调控管理方式,充分发挥每一方的积极作用,限制其消极作用,以提高协调发展水平。

在实现新型工业化发展和区域协调发展目标的过程中,区域经济发展思想创新的重点领域之一,就是建立极化发展与均衡发展辩证统一的理论体系和指导思想。

六、现代市场经济条件下区域增长极的类型及其作用机制

自 20 世纪中期以来,经济理论界对区域增长极及其作用机制的研究和理论概括,随着经济和社会的发展以及增长极的历史演变过程而不断变化、不断深入和不断走向系统化。在区域经济开发的早期阶段,以少数的骨干企业和中心城市为主要形式的点状增长极处于主导地位,理论界对增长极的反映多倾向其点状性、独特性、孤立性、聚集性。当经济开发进入较为发达的阶段,增长极的形式及其作用越来越趋于多样化,有关增长极的理论观点也注重反映增长极形式及其作用的多样化特征。在现代市场经济条件下,发达的、中等发达的和度过初期开发阶段的区域经济系统所形成的增长极或进一步发展所需要的增长极,已经不是单一形式的和孤立发挥作用的传统式增长极,而是形式多种多样、彼此联系而形成一定的增长极群并发挥复

杂作用的体系。在这种较高的经济发展水平上,如果说还有点状的或单一形式的增长极的话,那就是新一代的或新经济形态的增长极,如知识主导型增长极、高科技主导型增长极、循环经济或生态经济增长极等,或者是经济十分落后、开发难度很大的边远地区或特殊地区的增长极。

对中国这样的发展中大国,以及国内东、中、西部地区甚至多数的省域地区这些范围广大、条件复杂、发展水平基本达到工业化中期阶段的区域来说,经济发展过程已经形成的和经济进一步发展所需要的增长极必然是类型多样、相互间形成一定结构关系的增长极体系。从理论上认识这种增长极体系中不同的增长极形式及其彼此联系、相互作用的特点,以及增长极体系演变、升级和发挥作用的规律等,是政府制定、实行区域增长极的政策、规划,提升对区域经济的宏观指导和调控能力的重要依据。

所谓增长极,实质上就是在一定的空间范围或经济关系范围内实现经济增长和经济发展所依赖的优越条件的最佳组合体,其核心的功能是聚集经济要素、实现自身快速发展并带动其他经济体发展。被习惯地称作"增长极"的对象,实际上并不是单纯地只具有增长的功能,而是具有增长和在增长的基础上实现综合性、上升性发展等多重的功能。所以增长极大多也就是发展极,将增长极称作或看作发展极也没有错。

全面地总结、借鉴非均衡发展的各种理论,特别是总结、借鉴增长极理论的各种流派的观点,并结合现代市场经济条件下非均衡发展和增长极功能的实际,可以得出这样的结论:较大区域的增长极往往具有多种多样的类型,基本的类型主要有企业式增长极、行业式增长极、产业集群式增长极、中心城市式增长极、城市群式增长极、经济带式增长极、区域经济网络式增长极、多种增长极相互关联的增长极体系,其中每一类型的增长极又可以划分为许多更具体的类型。

企业式增长极是在一定区域或行业经济增长中发挥支柱作用和重要带动作用的骨干企业,具体类型包括大型企业、企业集团、骨干型中小企业或中小企业群、科技型企业、成长型企业等。

行业式增长极是在一定区域经济中发挥主导性、支柱性、战略性增长功能和辐射、带动功能的重点行业,依趋于范围大小和区域产业构成的不同,区域的行业式增长极有的是综合性的大行业,如工业、农业、商业、建筑业、运输业等产业部门,有的则是小行业或细分行业,如矿产、有色和黑色金属冶炼、能源、石油化工、铝加工、汽车、机床、纺织、食品、旅游等。

产业集群式增长极是在区域经济中发挥主要增长功能和带动功能的企业、行业密集分布区,包括城市产业集群、农业和农村产业集群、中小企业产业集群、高新技术产业开发区、工业园区、自由贸易试验区,以及由集中分布、具有相同产业构成或产业关联紧密的若干城市和乡镇组成的大型产业集聚区等。

中心城市式增长极即在一定区域范围内处于经济中心地位的大、中、小型的城市。

城市群式增长极是在区域经济中处于核心地位、承担主要增长功能和辐射带动功能的城市圈、城镇群、城市群等。

经济带式增长极是以重要交通线为轴心形成的带状产业密集区或城镇密集区,包括主轴带、分支轴带等具体形式。

经济网络式增长极是一定区域范围内产业、城镇、交通设施呈网络状均衡分布并具有一定分工协作和经济联系水平的地域综合体,具有自身较快增长并带动更大区域发展等功能,具体形式包括松散式网络、发达型网络、一体化网络等。

多种增长相互关联的增长极体系是指一定区域范围内不同类

型、不同等级的增长极相互联系形成的系统体,包括松散式体系、一体化体系等。

上述各类增长极的内部结构及其发挥作用的机制既有共同的规律,同时也有其各自的特殊性。

（本文由作者节选自其经济学理论专著《增长极体系与跨国经济带建设》第 2、3 章）

经济带式增长极及其结构和功能特征

　　经济带实际上是一种条带型的城市群或城镇密集区，但与团块状的城市群相比，其作为区域增长极的特点和功能又有多方面的特殊性。

一、经济带和区域带状增长极

　　交通设施历来是经济发展的重要依托条件。现代交通设施在经济和社会发展中具有更加重要的基础作用，是改变地区的封闭性区位劣势，增强其可达性区位优势的主要物质条件。依托交通、通信、电力等"基础设施束"，建设条带式经济发达地区，是提高区域的开放和开发水平，促进经济更快发展，并向相对落后的地区延伸产业密集带的重要途径。正是根据这一点，我国经济地理学界曾先后提出或重点研究了点轴开发理论和交通经济带理论，在区域产业布局和增长极理论领域作出了新的贡献。

　　点轴开发理论中的"点"，是指一定地域内的各级中心城市，即区域中的"点式增长极"，而"轴"是指连接各个"点"的以交通运输线路或交通网络为主的基础设施。所谓点轴开发，是指开发重点放在由点和轴在一定地域内有机组合而成的核心区位上，因而这一理论也称"增长极轴理论"。这里所说的"轴"实质上是以交通线为轴心的带状产业密集区，即轴带型的区域增长极。

　　点轴开发理论的主要内容大致有：将地理位置相对优越的重要

交通干线作为重点发展轴;在发展轴内,确定重点发展的中心城市及其发展方向;将发展轴及其范围内的中心城镇划分成一定的等级,并规划其网络式的结构。如在全国确定若干具有优越发展条件的大区域间、省区间及城市间的线状基础设施轴线,对轴线地带的若干个点予以重点发展;随着经济实力的增强,发展轴线逐步向不发达地区延伸,经济开发的重心也逐步转移至较低等级的发展轴和中心点上;点轴系统发展到较发达的状态,也就是网络式的空间一体化。

所谓"交通经济带",是以交通运输线为主轴,连接若干不同级别的中心城镇形成的产业相对密集的带状经济发达区域。交通经济带本身是一种带状的区域经济增长级,而其中区位极为重要的城市则是交通经济带的"极中之极",即交通经济带的经济中心或副中心。

增长极轴、交通经济带以及像我国甘肃的河西地区那种天然形成的带状经济区等,可以统称为经济带。作为区域增长极的经济带,其发挥增长极功能的基础就是它的特殊结构。经济带的轴心线、轴心区与两侧腹地之间,以及经济带各区段之间的自然联系、经济社会联系及其相互推动和相互影响的互动式发展,是经济带的重要结构—功能规律,也是经济带得以形成和发展并产生高于非经济带地区的综合效益的根本原因。

二、经济带的可达性优势及其产生的聚集效益

经济带又称经济轴带、交通经济带、经济条带等,是一种依托交通干线、重要河流、产业密集地区而形成的以中心城市和城镇密集区为节点,具有综合性经济聚集功能和辐射带动功能的条带型区域增长极。经济带赖以形成的优越条件是相对发达的交通设施及其产生

的相对紧密的经济社会联系。发达的交通设施及其产生的可达性效益优势,使沿线地区能够比其他地区以更便捷的方式、更低的成本进行经济交往,因而也就使沿线地区成为产生高收益好处的经济聚集区。要素的不断聚集使交通沿线更容易形成城镇和城镇连绵带,并且使其中区位更优越的地区较快发展成为中心城市、城镇群或城市群。经济要素向交通沿线聚集的规律对企业、政府、个人等投资主体具有重要的利益导向和客观推动作用,吸引投资主体在交通沿线地区追求一定的利益目的。因此,在一定的区域范围,区域开发和发展的利益动机和宏观决策,一般都倾向于通过改善原有的交通设施或新建大规模、高等级的交通设施,为沿线地区形成城镇、城镇群、城市群或城市(镇)群连绵带创造条件,或者将已经形成的城镇、城镇群、城市群、产业密集区等,连接成以交通设施为轴心的串珠式、串葫芦式的城镇连绵带或城镇群、城市群连绵区。这种连绵带或连绵区就成为区域开发和发展的增长极,通过其不断扩大对两侧腹地的辐射带动,使整个区域获得更快的发展。

依靠发达的交通条件吸引经济要素向沿线的条带区聚集,产生增强创新、加快增长、实现率先发展等功能,并通过条带的延伸和扩展,逐步形成主轴经济带与分支经济带、次级经济带延伸、交错的网络,带动越来越大的区域实现由点状、条带状的非均衡发展向网络式、一体化的均衡发展过渡,是经济带的增长极功能所决定的区域经济发展的一种普遍形式。尤其是在城市、城市群的辐射和扩散功能受到自然条件限制的地区,譬如中国西部地区,经济开发和发展往往都是以交通线、河流、绿洲等为轴线,呈条带型延伸,形成条带型的相对发达地区。再依靠条带型的发达地区所积累的经济能量特别是投资能力,建设穿越天然障碍的新的交通线,形成新的条带型开发区、增长区或经济发达区。如此波浪式、滚动式推进,最终实现区域相对均衡发展。

譬如,中亚、西亚各国与中国西部地区的地理、气候、资源、人口和产业分布等特点多有相似之处,由于受高原、山脉、沙漠、戈壁等自然屏障的阻隔,城镇和产业密集区多依托交通干线和河流、绿洲呈带状分布,条带型区域增长极遂成为这一地区经济空间结构的突出特征。通过建设经济带来加快区域资源开发和经济社会发展,也就成为这一地区必然的战略选择。

三、经济带的轴心线、轴心区及其产生的聚集—扩散功能

(一)经济带的轴心线

在经济带的系统体中,交通线是连接各主要组成部分的轴心,可以将其称作经济带的轴心线。轴心线有单一轴心线和复合轴心线两种。单一轴心线是指相对单一分布的一条铁路或公路、水路、管道等,如正在形成中的川藏经济带、滇藏经济带的轴心线,就是相对单一的川藏公路和滇藏公路。复合轴心线是指大体平行分布或走向基本一致的若干条铁路或若干条公路、水路、管道,或者大体平行分布或走向基本一致的铁路、公路、水路、管道等多种交通设施组成的交通线,以及以某一两条交通线为主干的综合交通网。如丝绸之路经济带的轴心线,在中国国内的区段就是由陇海兰新铁路和连霍高速公路等多条交通线组成的复合型轴心线,在国外的区段则主要是以中亚铁路为主干的铁路、公路、管道等组成的连接中亚与西亚的综合交通网。

轴心线的主要功能包括:在组成经济带的不同区段、地区、城镇之间形成可达性的媒介体,为其进行现实的经济交往提供运输等设施条件,促进形成"互联互通"的经济关联关系;在空间上将组成经济带的不同区段、地区、城镇连接成条带状的特殊区域,具有条带形的

连续性空间结构特征，促进形成以分工为基础的条带形区域经济共同体；为沿线的经济主体及其经济活动提供空间组织方面的依托条件，使经济活动向条件便利、效益较高的区点聚集；为经济要素的流动提供载体，促进经济要素在最佳区点实现优化配置。

（二）经济带的轴心区

轴心区是由交通轴线直接串联的若干中心城市（镇）及其辐射带动的近距离城镇构成的线状的或相对狭窄的城镇连绵带或城市、城市群连绵区。譬如从丝绸之路经济带国内区段的最东端——连云港市向西，由陇海兰新铁路和连霍高速公路"串"起来的城市，依次有新沂、徐州、商丘、开封、郑州、洛阳、三门峡、渭南、西安、咸阳、宝鸡、天水、定西、兰州、武威、金昌、张掖、酒泉、嘉峪关、哈密、吐鲁番、乌鲁木齐、昌吉、石河子、奎屯、精河等30多个，其中连云港、徐州、郑州、洛阳、西安、宝鸡、天水、兰州、酒泉—嘉峪关、哈密、乌鲁木齐等，分别为沿线重要地区的中心城市和丝绸之路经济带的主要节点城市。由陇海兰新线和连霍线"串"起来的城市群依次有长三角城市群、中原城市群、关天城市群、黄河上游城市群、新疆城市群。在两侧地区，与这些"串成珠子"的城市距离较近或处于各城市群核心地区的重要城市如宿迁、临沂、宿州、枣庄、亳州、菏泽、许昌、新乡、焦作、晋城、运城、商洛、铜川、白银、临夏、敦煌、克拉玛依、博乐、伊宁等，其数量比交通线直接串起来的城市更多。"串珠"式的城市和两侧紧靠"珠子"的城市所组成的城市相对密集的连绵带，就构成丝绸之路经济带国内区段的轴心区。

交通线产生的可达性效益，首先在交通线直接通过的地区和距交通线最近的两侧地区得以发挥，所以交通线直接通过的地区和距交通线最近的两侧地区就成为经济带上最先产生聚集效益的产业、城镇密集地区，即轴心区。与经济带其他地区相比，轴心区不仅是最先产生聚集效益的地区,而且是聚集效应最强的地区,因而也是产业和城镇密度最大、投资效益最高、有条件获得最快发展的核心地区。由于构成轴心区的城市、城镇群或城市群的规模大小及其空间分布状况在经济带的各个区段并不一定均衡, 所以轴心区往往呈现为宽窄不等的条带。大规模城市或城市群所在的轴心区区段,城镇相对密集且分布范围较广,轴心区就宽一些;而规模较小的城市或城市群所在的区段,尤其是受自然条件和经济社会条件制约、城镇分布稀疏的区段,轴心区就狭窄一些。宽窄不等的区段所构成的狭长轴心区,形状就如将珠子和葫芦穿插串联起来的条带。

在轴心区,产生聚集效益的核心载体是区域中心城市。一个交通轴线串联起来的大小不等的区域中心城市, 形成一种连续的或断续的城市链,这个城市链同时也就成为经济要素和经济活动的聚集链。这种城市链实际上是一种具有条带式结构的特殊城市群或准城市群,它所产生的聚集效益是一种具有系统性质的整体效益。这种整体效益在性质上不同于单个城市产生的效益, 在数量上则大于链条中单个城市聚集效益的相加之和。处于交通轴线各个节点部位的城镇群或城市群,是在单个城镇产生的聚集效益的基础上,进一步产生的集成性综合聚集效益的载体。一个交通轴线串联起来的城镇群或城市群往往形成一种连续的或断续的城镇群链条或城市群连绵带,这种城镇群链条或城市群连绵带则是在每一个城镇群或城市群产生的聚集效益的基础上形成的更高层次和更大规模的经济聚集体。如果将每一个城市、城市群的辐射带动力及其作用范围近似地画成一个圆圈,那么轴心区的所有城市和城市群辐射带动的圆圈就构成了一个大小圆圈相互重合的圆圈条带。大小圆圈重合度越高的轴线区段,自然也就是聚集效益越高的区段。

由于交通轴线串联起来的城市、城镇群、城市群在空间上的分布并不是均匀的,甚至是断续的,所以由这些城市、城镇群、城市群构成的轴心区自然也不是均匀的。其中,在城镇密集的区段,轴心区就宽一些;在大规模的城市或城市群所在的区段,轴心区就更宽一些;而在城镇稀疏甚至没有城镇的区段,譬如我国西部地区的兰新线、包兰线、成昆线、青藏线的一些区段,轴心区就窄一些甚至只有轴心线而没有轴心区。

(三)经济带的辐射区和腹地

在轴心区的两侧,是其发挥辐射带动功能的腹地。辐射区就是轴心区在一定时期内经济辐射力能够达到的腹地范围。由于受轴心区的辐射、带动作用,两侧一定宽度的腹地逐步形成城镇较密集、与轴心区之间的分工协作关系趋于紧密、对轴心区具有一定依赖性的特征,并在进一步的发展中与轴心区趋于一体化。在轴心区两侧逐步形成的具有一定宽度的辐射区,是"紧贴"在或"附着"在轴心区的地带,无疑是经济带的构成部分。当然,在构造复杂的经济带中,辐射区还可以划分为近辐射区和远辐射区等不同等级。如同轴心区不均匀、有的区段宽一些而另一些区段狭窄一些的特点一样,辐射区的不同区段也是有宽有窄的,甚至在一些地方是断续的。

在辐射区两侧更远的地带,由于轴心区的辐射力在一定时期内还难以达到,这些地带就只有在未来时期才能合并到经济带之中,因而是经济带的潜在构成部分。这种地带,可以称作经济带的待辐射腹地,实际上,它就是经济带沿线各个中心城市的腹地所连成的链条式腹地。

经济带的轴心线、轴心区、辐射区和腹地等各部分之间的结构关系如图1。

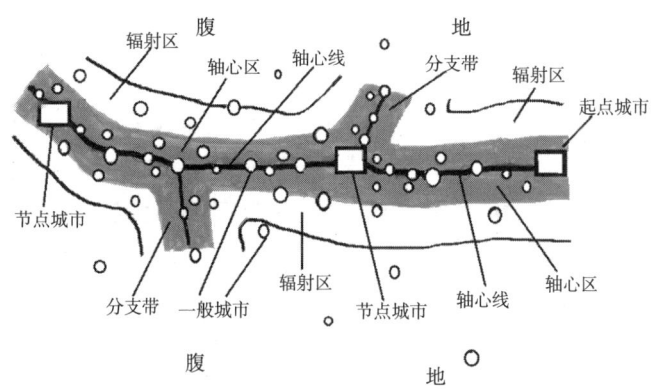

图 1 经济带的轴心线、轴心区和辐射区示意图

经济带的自然形成和发展,首先是由交通线将各个点状的城镇或城市群连成线条状的连绵带,形成早期的轴心区;随后是轴心区向两侧发挥辐射带动作用,形成两侧的越来越宽的辐射区;再后是轴心区的城镇越来越密集,辐射区的城镇密度和宽度也逐步提高,两侧的分支经济带陆续形成并获得发展,经济带遂形成一定的形态和规模。

规划和建设经济带的核心任务,首先是建设通达功能较强的交通线即轴心线,以及其他配套的基础设施;其次是建设基础设施条件优越、城镇密集、节点城市功能健全的轴心区,促进轴心区由单线条的"城镇串"发展为两侧城镇不断增多、中心城镇规模不断扩大、中心城市辐射带动形成若干城市群的带状城镇密集区;再次是建设分支经济带和逐步扩展的辐射区,使之发展为由若干城市群衔接、融合的条带型城市群连绵区或城市群集群区,使经济带更多、更快、更广泛地聚集经济要素,提高聚集效益,增强产业载体功能、产业协作配套功能和促进经济合作等功能。

四、经济带的自身发展及其对两侧腹地的辐射带动功能

经济带轴心区作为交通轴线串联成的城镇连绵带或城市群连绵区,在其形成、发展过程中,随着交通、通信、电力、水利等基础条件的不断改善,其经济聚集效益、创新功能和内外向发展功能不断提高,轴心区的经济聚集强度和两侧的城镇密集区宽度不断提高,轴心区带动两侧腹地发展的范围也越来越大。这样,由轴心区及其辐射带动的腹地亦即辐射区所构成的条带型区域就会不断向两侧扩展,将两侧越来越大的范围纳入到经济带之中。譬如丝绸之路经济带国内区段,不仅沿线的江苏、安徽、河南、陕西、甘肃、新疆等省区的大片地区直接受到辐射带动,而且两侧的山东、河北、湖北、山西、内蒙古、重庆、四川、宁夏、青海等省区市的更大范围也受到辐射带动,成为丝绸之路经济带的构成部分。

轴心区辐射带动两侧腹地、逐步扩大轴心区和两侧辐射区的宽度的实质,是轴心区面向腹地发挥以聚集—扩散为主的增长极功能,其主要形式有以下三种:

(1)以中心城市和城市群为主要载体,发挥轴心区的经济聚集功能,吸引两侧地区的自然资源、投资、劳动力和各种经济活动主体在轴心区聚集,形成具有快速发展能力的经济实体和产业集群,使轴心区成为要素聚集度和聚集效益高、创新功能强大、产业成长和经济增长速度快的相对发达地区。

(2)轴心区中心城市和城市群的快速发展不断向两侧地区扩散经济能量,主要是向两侧地区增加投资,建立联合协作关系,延伸产业链,促进轴心区与两侧地区之间的要素流动和优劣势互补,带动两侧地区的产业和城镇化发展,在越来越宽的范围提高城镇密度和城镇化水平。

（3）以轴心区的中心城市为起点，在两侧地区建设新的交通线或提高原有的交通设施水平，促进交通沿线形成分支经济带，使轴心区的经济辐射以分支经济带为载体，向两侧的更远地区延伸，逐步形成以轴心区为主干的轴带网络。

五、经济带的内部结构特征

经济带的内部结构可以从横向和纵向两个侧面来分析。

（一）轴心线、轴心区、辐射区三者之间的结构关系

从横向上可以将经济带分解为轴心线、轴心区、辐射区和待辐射腹地四大要素及其相互间的经济技术联系，其结构特征主要有这样几方面：

（1）以交通线为主的"基础设施束"（包括铁路、公路、航空、管道等运输线以及通信、电力、水利等管线）构成经济带的轴心线，是联结沿线城镇、地区的基础纽带。

（2）由轴心线直接联结起来的城镇、农村、中心城市、城镇群、城市群等，构成经济带的轴心区，使原本分散、孤立的经济活动区域结成具有初步的整体功能的带状区域统一体。

（3）轴心线与轴心区之间存在着相互作用、相互依赖的经济—技术联系。轴心线是轴心区形成系统性整体并产生聚集—扩散功能的基础，轴心区则是轴心线得到改造、改善、提高和延伸发展的经济源泉，二者相互依赖、相互促进，结成有机的整体。

（4）轴心区与两侧腹地之间存在着相互作用、相互依赖、互动发展的经济社会联系。其中，轴心区在一定时期辐射力所能达到的腹地，称为轴心区的辐射区，对轴心区具有较强的依赖和附属特征，与轴心区之间形成较为紧密的带动—依附关系。轴心区吸引辐射区的经济要素在轴心区内聚集，为辐射区的要素（包括产品、服务）提供市

场和优化的配置条件，向辐射区扩散经济能量，增加对辐射区的投资、服务、导引、组织，使辐射区适应轴心区的需要获得发展；辐射区为轴心区提供要素供给和产品销售市场，为轴心区的产业发展和产业链延伸提供载体、空间和衔接对象，逐步发展成为轴心区的紧密型协作对象。轴心区辐射带动两侧辐射区的作用力不断增大，辐射带动的范围逐步扩大；两侧辐射区依赖轴心区的辐射带动而获得较快发展，并为轴心区发展提供支持和配套条件，二者在相互作用、相互依赖的过程中实现融合发展。

（5）辐射区两侧更远的腹地是经济带的待辐射腹地，这些地带与轴心区和辐射区之间的经济联系相对于轴心区与辐射区来说要薄弱得多。但是随着轴心区和辐射区辐射带动功能的增强，越来越宽的待辐射区被纳入辐射带动范围，成为经济带的有机构成部分。

（二）不同区段、不同区域单位之间的结构关系

从纵向上可以将经济带分解为不同的区段，每个区段又可以分解为一个个的城镇、地区、城市、城镇群、城市群等区域空间单位。经济带的不同区段以及不同的区域单位之间存在着多方面的经济、技术和社会联系，其结构特征主要有以下几方面：

（1）由于受自然和经济社会条件的影响，经济带具有不同的区段，各个区段的内部结构、外部功能及其经济社会联系各有其特点，各区段之间存在着区域分工—协作关系、要素流通关系、外部性影响关系、行政性或自发性的管理协调关系等经济社会联系。以区域分工—协作关系为例，每个区段因其特殊的资源禀赋、产业构成、城镇体系、人口素质、社会环境等，都有其相对于其他区段的优势性（现实的或潜在的）区域分工职能，也有其相对于其他区段的劣势性或欠缺性区域分工缺陷（现实的或潜在的），各区段之间依靠以交通线为主的基础设施所提供的互联互通条件，在区段内各经济主体追求利益

的合力推动下,积极建立、发展相互间的分工协作关系。这种分工协作关系包括商品的生产—销售—消费关系、技术的交流和协作关系、产业的分布和配套关系等。这些关系将不同区段的优势性职能和劣势性缺陷按照互利互补的原则进行组合、结合,使每一区段的发展成为其他区段发展的推动者,其他区段的发展也成为每一区段发展的推动者。每一区段都倾向于针对其他区段的不足之处、薄弱之处发展自己能够获利的项目和产业,也倾向于将自己的长处与另一方的长处加总在一起以实现更大的共同利益。各个区段因此不断加强相互间的分工、协作、联合、依赖关系,使原本松散的区际关系逐渐变成越来越紧密的发展伙伴关系。随着各区段发展的推进和升级,这种分工不断地深化、细化、扩大化,区段之间的互利互补关系也趋于强化、多样化、致密化,不同区段因此就形成了紧密关联的带状区域共同体。

(2)每个区段内部各个城镇、地区、城市、城镇群、城市群等区域空间单位以及企业、组织、联合体等微观单位之间,也存在着与上述各区段之间大体相同或相似的结构关系。这些结构关系,使众多的区域空间单位、微观单位之间不断加强经济活动的组织程度,提高共同发展的协调水平。

(三)经济带的整体组织结构关系

上述经济社会联系特别是日益发达的经贸物流联系,将各区段以及各区段内部的城镇、地区、企业、行业、产业集群等经济体编织、维系成经济带的系统整体,形成宏观促进、制约微观和微观适应、制约宏观的整体结构,发挥着条带型经济区特有的功能。

六、经济带的增长极功能特点

经济带是轴带型的区域增长极,其发挥增长极功能所依赖的规律性机制,就是新的经济中心、新的城镇、新的经济聚集点或新的高增长区域总是对交通运输线的空间可达性和经济可达性功能有着极大的依赖性，它们总是在靠近交通线的地方特别是在交通干线的沿线密集产生，快速发展。特别是近现代以来的工业、第三产业和城镇，几乎都是沿重要的交通线发展起来的。所以，交通线特别是交通干线能够最有效地带动城镇、中心城市和城市群的形成和发展。由此也就决定了经济带的运行机制和发展能力集中体现为它的经济聚集和经济扩散功能。但是，经济带的聚集—扩散功能不同于城市和城市群的聚集—扩散功能。经济带以条带形的地域组织形式"扬弃"了沿线各类地区和城市、城市群的功能，形成一种比城市、城市群更高一级和更具有综合性的聚集—扩散功能。

经济带的首要功能就是依托交通线形成的条带式空间形式聚集经济要素，形成高增长能力。由经济带串联起来的中心城市较之缺乏串联的中心城市，在货物、人员、信息的对外交流方面，具有沿交通线扩大其总量、加快其交流速度和提高交流效率等优势，并且城市与城市之间易于形成最强的综合型外部效应。由于这种优势，经济带较之非经济带地区，更易于将人口、人力、资金、资源、商品、信息等要素聚集到沿交通线密集分布的城镇、城镇集群区或城市群连绵区，形成产业集聚带。经济带各区段的城镇、城市、企业、社会组织之间更易于形成深度和广度的分工协作，更易于形成密集交易的市场体系，要素在经济带内更易于实现高效、优化配置。经济带内的分工深度和广度、协作效率、增长速度、创新密度和自我发展能力等一般均高于两侧的腹地。许多被串联起来的城市形成了沿交通干线的城市链，其中条件相对优越的中心城市依赖要素的快速、高效聚集，能够快速、优先地实现规模扩张和结构高度化，成为支撑、带动经济带发展的增长极，在经济带中优先成长为经济中心或副中心，发挥"极中之极"的作用。"极中之极"所承载的推动型产业具有更为发达的前向、后向、侧向关联关系,可以产生带动多种产业发展的乘数效应。中心城市、主要的节点城市所具有的这种乘数效应,是推动经济带由初级阶段发育到成熟阶段的主导因素,是经济带由一般的城镇密集带或城市链发展成为发达的城市群和城市群连绵区的基础性动力。

经济带的另一种增长极功能就是面向两侧地区辐射经济能量,带动沿线两侧腹地更快发展的扩散功能。交通线将许多城市串联成彼此联系更为紧密的城市链,这种城市链在发挥聚集功能的同时,也借助交通等设施条件和产业链的延伸,以及城际、区际贸易等因素,发挥对两侧腹地的经济扩散功能。经济带在其发展中不断产生新的需求并增加其需求总量,经济带内的企业也为了进一步的发展逐步扩大向两侧腹地投资发展各种产业和业务,由此产生技术、制度、政策和知识的供需链条和溢出效应,于是形成经济带与两侧腹地之间越来越紧密的交易链、产业链,带动两侧越来越大的范围加快发展。尤其是城市链发展成为发达的城市群和城市群连绵区,经济带就成为经济能量强扩散的区域发展轴,对沿线的两侧地区发挥更强的辐射带动能力和经济影响力。随着发展轴的辐射带动力的增强,经济带带动区域发展的强度随之提高,带动的范围越来越大。其中产生的一个明显的变化就是经济带两侧地区形成了更加发达的交通网络,这就使边缘地带依赖越来越发达的交通网而减少对中心城市的依赖或者成为新的经济中心,带动经济带的长度、宽度的不断扩展。

经济带的第三种重要功能,是它能够将非均衡发展的形式和效果转化为相对均衡发展的形式和效果。依托重要的交通线,建设将边远地区与经济中心地区连成一体的经济带,可以有效改变不发达地区远离经济中心的封闭性区位劣势,增强其可达性区位优势,使经济带串联起来的城镇和经济主体因交通成本降低而获得规模经济和外部性效应的好处,加快了经济要素向经济带集聚,形成区域内优先获得快速发展的带状增长极。优先发展沿重要交通线的主轴经济带,使沿线地区的点式增长极连成一体,可为区域经济向网络化升级奠定重要基础。随着主轴经济带经济实力的不断增强,其辐射和吸引的范围不断扩展,在干线两侧逐渐扩展形成沿交通支线的次级经济轴带;次级轴带的形成将主轴带的经济中心与次级轴带的经济中心联系起来,二者逐渐向一体化水平过渡。如此聚集—扩散—再聚集—再扩散的循环运行、发展,使相对单一的经济轴带发展成轴带网络,带动越来越大的范围进入区域一体化发展之中,最终实现大范围区域的均衡发展。

(本文由作者节选自其经济学理论专著《增长极体系与跨国经济带建设》第 3 章第 5 节)

新时期建设西部区域增长极的战略思考

本文是对作者对其新近完成的国家社科基金课题"构建中国西部增长极体系与带动新型工业化发展研究"的成果内容进行概括而形成的。这一研究成果，是在深入认识我国的基本国情特点和西部地区的特殊区情条件，对多年来实行改革开放政策、推进新型工业化、实施西部大开发战略和促进区域协调发展的实践经验和发展成效进行分析、总结的基础上，通过揭示和反映我国区域经济发展特别是西部地区开发、发展的一些规律性特征，在区域经济学领域第一次提出和论证"增长极体系理论"的创新性探索，主旨在于回答从"十二五"开始我国西部的开发和发展应当有怎样一种新的战略思路、西部的开发和发展需要怎样的增长极、怎样建设这种增长极、这种增长极如何发挥带动西部地区新型工业化发展的作用等问题，力求从理论与实际的结合上使"增长极体系理论"成为适应我国区域发展需要特别是西部地区开发、发展需要的一种新的经济理论，并对下一步国家实施西部大开发战略的决策提供一定参考。

一、建设西部地区增长极体系

（一）西部大开发战略思路的转变

西部大开发战略实施 10 年来，西部地区的基础性开发和建设取得了显著成效，严重阻碍经济发展的交通条件、城市设施状况和科技、教育条件有了极大改善，重大生态保护工程正在陆续实施并逐步发挥效益,特色优势产业发展势头良好,投资环境有了明显改善,西部地区的自我发展能力有了一定程度的增强,可以说,西部大开发的前奏性、序幕性、基础建设性阶段的战略任务已经基本完成。政府和社会各界通过10年的开发建设实践,对西部地区下一步开发和发展的战略途径、政策需要、具体措施等方面的认识也更加深入和清晰。在这种情况下,即从"十二五"开始,西部大开发的基本战略模式、战略实施方式和战略任务的重点应当及时进行转变,转变的思路概括地说就是:实施西部大开发战略的主导方式和战略重点是建设西部区域增长极体系。

新时期西部大开发的核心任务应当是培育、建设经济聚集功能和辐射、带动功能良好的各级各类增长极及其相互联结的体系,即不仅要改造、提升西部地区长期以来形成的孤立分布的增长极,而且要按照新型工业化发展需要建设企业式、行业式、产业集群式、中心城市式、城市群式、交通经济带式等多种多样的新型增长极,建立、发展不同增长极之间的网络式联系,促进各级各类增长极逐步联结、融合成为有机的系统整体。用10—15年左右的时间基本形成结构合理、功能强大而健全、覆盖范围广大、信息化水平高、高科技产业和循环经济占主导地位的增长极体系,使之成为在今后几十年中带动西部地区现代化发展的"发动机"和经济快速、协调发展的载体体系,在西部地区成功地开创、示范和推广极化发展与协调发展相结合的科学发展方式,稳步增强西部地区的自我发展和协调、可持续发展能力。

(二)西部增长极体系的整体模式——"四极、五带、六支柱、多种类型增长极网络体系"

新时期西部地区开发、发展所需要的增长极体系模式,可以概括为"四极、五带、六支柱、多种类型增长极网络体系"。"四极"是指在增长极体系中发挥核心和主导作用的四个大型城市群,即成渝城市群、

关中城市群、黄河上游城市群、南贵昆城市群;"五带"指构成增长极体系基本框架的五个主轴经济带,即长江上游经济带、陇海兰新经济带、包兰成昆经济带、南贵昆经济带、包西渝黔桂经济带;"六支柱"即支撑西部地区经济发展的六大类特色支柱产业——能源化工、矿产开采加工、农产品加工、装备制造、高新技术产业、旅游业;"多种类型增长极网络体系"是指增长极体系以技术密集和高科技大型企业和企业集团为基础,以大中型中心城市为主导,以纵向层次关系和横向并列关联关系以及纵横交织的各种经济技术联系为纽带,将骨干企业、产业集群、优势行业、中心城市、城市群、交通经济带等不同类型的增长极联结、组织成为网络式的区域经济高增长载体体系;这种载体体系包括四个大型城市群、20多个城市圈或小型城镇群、200—300多个大中小城市、几千个中心镇、五条主轴经济带、十多条分支轴带和能源化工产业、矿产开采加工业、农产品加工业、装备制造业、高新技术产业、旅游业六大特色支柱产业,以及各个城市、地区、行业所属的产业集群、骨干企业、企业集团等多种增长极形式,依一定的结构关系组成网络式系统整体;随着西部和全国经济社会的发展及区域内外部条件的重大变化,调整和优化系统的内部结构,发挥并不断完善增长极系统集聚经济要素、形成先进生产力和经济高增长机制、辐射经济技术优势、带动区域经济协调发展的整体功能。

(三)西部增长极体系建设的基本目标

(1)2011—2020年,初步建成结构合理、功能健全、覆盖整个西部地区的"四极、五带、六支柱、多种类型增长极网络体系",带动西部地区加快新型工业化发展;2020年以后,进一步完善、提高增长极体系的结构和功能,促进知识创新型增长极成长为主导力量,带动西部地区经济向更高水平的一体化发展,到2030年前后基本完成新型工业化发展任务,进入或接近进入后工业社会。

(2)形成西部地区发达的城市群和城镇网络。重点建设以西安为中心的关中城市群、以兰州为中心的黄河上游城市群、以重庆和成都为中心的成渝城市群、以南宁—北海为龙头的南贵昆城市群这样四个大型城市群,实现"四极"目标。促进关中城市群与黄河上游城市群、成渝城市群与南贵昆城市群之间逐步趋于融合,最终实现四个城市群融合为一体化的西部特大型组团式城市群,成为西部发达的经济核心地区。与此同时,建设20多个城镇群或都市圈。近10年内集中建设13个主要以省会城市为核心的都市圈和城镇群,即成都都市圈、重庆都市圈、川西南城镇群、西安都市圈、兰州都市圈、银川都市圈、西宁—格尔木城镇群、北部湾城镇群、黔中城镇群、滇中城镇群、新疆城镇群、呼和浩特—包头城镇群、西藏城镇群,促进陕北城镇群、陕南—渝东北—川东城镇群、蒙东城镇群、河西城镇群、南疆城镇群等新的城镇群形成和发展。在这些都市圈、城镇群带动下,15—20年内使西部地区的大中小城市数量由目前的170多个陆续增加到200—300个,形成发达的城镇网络。

(3)形成纵横交织的经济轴带网络。重点建设五条主轴经济带,形成以三横二纵相交织的经济带网络骨架,实现"五带"目标。横向的三条主轴经济带是:陇海—兰新线西段经济带;长江上游经济带;南贵昆经济带。纵向的二条主轴带是:正在形成的沿包兰—成昆线经济带和沿西延线、川黔线、黔桂线的包头—西安—重庆—贵阳—南宁经济带(包西渝黔桂轴带)。在五条主轴带及其网络框架的基础上,延伸建设十多条分支经济轴带,逐步扩展轴带网络的覆盖范围,提高网络的密度。这十多条分支轴带是:南宁—柳州—桂林经济带,北海—玉林—梧州—贺州经济带,贵阳—六盘水经济带,昆明—玉溪—个旧经济带,大理—丽江—香格里拉—芒康轴带,雅安—拉萨经济带,雅鲁藏布江经济带,西安—商洛—十堰经济带,西安—西峰—吴忠经济

带,青藏经济带,南疆经济带,格尔木—库尔勒—和田经济带,蒙东经济带等。通过经济轴带不断向边远、边疆地区延伸,建设逐步致密化的主、次经济轴带网络,将成渝、关中等经济核心地区与黄河上游、南贵昆等重要节点地区,以及新疆、内蒙古、西藏等边远、边疆地区连成一体,并形成通向国外相对发达地区的带状经济网络,为消除市场分割、促进区域融合、加强产业关联和产业配套、推动区域一体化和国际化发展提供强力保证。

(4)形成发达的支柱产业和战略产业群。以上述都市圈、城市群、经济轴带为主要载体,形成以六大类特色优势产业为主体的行业式增长极,实现"六支柱"目标。这六大类特色优势产业是:①能源产业,包括煤炭、石油、天然气、电力、新能源;②原材料产业,包括矿产、有色和黑色冶金、石油天然气化工、煤化工、无机化工;③装备制造业,包括机械、电子、军工设备;④高新技术产业,包括生物医药、新材料;⑤特色农产品加工业;⑥旅游、商业贸易等服务业。在六大产业中,重点培育和扶持发展战略意义重大的新兴行业、技术密集行业和高科技行业,形成支撑未来高速发展的战略产业群。

(5)形成高素质、高增长、强带动功能的骨干企业群和星罗棋布的产业集群。西部各行业的骨干性或支柱性企业、企业集团是西部增长极体系经济增长能力的主要承担者。将这些企业、企业集团建设成为高素质、高增长、强带动功能的先进企业,从中产生出一批实力强大的跨国公司。在促进各类企业发展的基础上,重点建设具有高增长功能的产业集群,包括自然形成的产业集群和各种产业开发区、产业园区等,形成发达的"块状"增长极。

(6)形成不同增长极之间和增长极与被辐射带动的经济实体和地区之间紧密型经济技术联系。在各级各类增长极之间、增长极与被辐射带动的经济实体和外围地区之间,建立和发展日益发达的分工协作关系、产业关联关系、商业贸易关系和相互影响关系,形成各类经济体之间以发达的交通和通信设施为主要载体的空间通达关系,进而形成发达的网络结构关系。

(四)西部增长极体系建设的基本途径

(1)在各类经济实体和各类地区中,选择经济基础好、地理位置优势强,人口和产业、城镇较密集,基础设施条件优越的实体和地区,建设适应各类区域发展需要的增长极, 促进经济要素向增长极集聚并实现以创新为核心的"要素组合反应",产生新质的先进生产力和更高的经济社会效益,形成高素质、高增长的经济载体。

(2)对西部地区原有的各类增长极,用高新技术和新的体制、机制进行改造、提升、整合,将传统式增长极转变为创新主导型、高新技术主导型、信息化和生态文明型增长极;改进增长极体系的协调和管理,改变传统式增长极孤立、分散、粗放式发挥极化功能的弊端,使已有的增长极与新建立的增长极联结成结构合理、功能互补、极化发展与协调发展恰当结合的系统体。

(3)深化以市场化为主线的体制、机制改革,提高制度创新水平,发挥市场配置资源的基础性作用和政府行政措施的管理、协调作用,形成中央支持与地方努力相结合长效机制。

(4)制定扶持西部各省区市建设各类增长极和增长极体系的新政策, 加大中央对西部增长极体系建设的政策和财政支持力度,引导、推动各类投资主体参与西部增长极体系建设。

(5)更大规模地加强以交通为主的基础设施建设,持续改善西部地区的生存环境和投资环境。将基础设施和生态环境建设的任务纳入增长极体系建设的总体规划之中, 成为增长极体系建设的有机组成部分。建设大运量、现代化的交通通道和信息高速通道,陆续实施打通高山、沙漠、戈壁等天然屏障的重大交通、通信工程和水利工程,将西部主要的中心城市、城市群、交通经济带联结成发达的交通经济带网络,促进网络的结构合理化和技术现代化。改善城市内外的交通条件,增强城市通过交通运输网对外围地区的辐射、带动作用,为培育和建设边远、贫困地区的增长极创造条件。以发达的基础设施网络连接西部所有城镇和村镇,改善农村接受城镇辐射的基础条件。

二、在西部开发实践中丰富和发展区域增长极体系理论

"增长极体系理论"是新时期西部开发战略思路转变的重要理论依据,这一理论是在总结我国区域经济发展和西部开发实践经验的基础上产生的,它还将在西部开发的实践中不断得到丰富和发展。增长极体系理论在以下主要方面为西部地区的开发和发展提供了创新性的理论依据,应当继续得到充实和发展:

第一,增长极具有形成经济高增长能力的内在机制,建设增长极和增长极体系是健全西部地区经济高增长机制的关键性战略举措。增长极是在一定的区域范围或行业范围内实现经济增长的优越条件的最佳组合体。聚集经济要素、实现快速增长是一切增长极的核心功能。增长极吸引和聚集多种经济要素必然引起"经济要素的组合反应",这种"组合反应"能够产生增长极的创新机制和创新性竞争优势,而这种"创新机制和创新优势"就是驱动增长极实现经济快速增长的源泉,由此形成增长极"一马当先"快速增长并打破低水平均衡增长局面的极化发展特征。西部地区的开发和发展只有以建设功能健全而强大的区域增长极为战略重点和战略突破口,才能形成以创新为主导的自我发展能力,实现经济的较快发展。

第二,所有的增长极在本质上都具有极化发展与均衡发展的两重性。各类增长极在发挥极化发展功能的同时,也不同程度地发挥着导致均衡发展的相反相成的功能。区域的极化发展与均衡发展既相

互区别、相互对立,又相互联系、相互依赖、相互转化,随着区域内外重要条件和区域发展阶段的变化, 极化发展合乎规律地转化为均衡发展,均衡发展也合乎规律地转化为极化发展。西部地区实现区域协调发展的基本途径,就是通过建设增长极体系,使不同形式的各类增长极之间形成相互竞争和优劣互补的关系, 使极化发展合乎规律地转变为相对均衡发展,使相对均衡发展成为新的、更高级的极化发展的基础。

第三,无论国内还是国外,凡是经济发展度过了初期开发阶段或达到较发达水平的地区, 其所形成的增长极或进一步发展所需要的增长极,都是形式多种多样、相互间形成一定结构关系的增长极群并发挥着复杂作用的特殊体系,即增长极体系。在我国现在的市场经济条件下,包括西部地区在内的较大区域的增长极一般都具有以下主要的类型:企业式增长极——规模巨大、素质优良、发展迅速并在区域经济增长中发挥重要带动作用的骨干企业;行业式增长极;产业集群式增长极;中心城市式增长极;城市群式增长极;经济轴带或交通经济带式增长极;区域经济网络式增长极;新一代或新经济形态增长极。因地、因时制宜地分类建设上述增长极,促进各类增长极相互联结成"四极、五带、六支柱、多种类型增长极网络体系",逐步调整和优化增长极网络的结构,是下一步西部地区资源开发和经济社会协调发展的创新性战略途径。

(原载《中国经济时报》2010 年 4 月 26 日第 8 版)

"一带一路"轴带体系的空间结构和功能特点

"一带一路"倡议是在深入认识和创造性利用经济条带形成、发展规律的基础上，按照东亚—中亚—西亚—欧洲和东亚—东南亚—南亚—非洲—欧洲两个经济条带的走向及布局特点，将国内的主要地区与世界五大洲的众多国家和地区组织到大型、开放的条带经济网络之中，在全球范围组合和利用天时、地利、人和条件，规划、实施以中国及周边国家为核心区的跨国跨洲区域的开发和发展，促进不同国家和地区在互补、协作、联合中谋求最大的共同利益，开创国内和世界经济发展的新途径、新模式、新机制，这在国内外区域开发和发展中无疑是前所未有的战略创举。为了使这一创举产生预期的效果和效益，将宏大的战略框架与共建"一带一路"国家和相关国际地区组织的政策、战略、发展规划对接起来，付诸合作成员国的共同行动，还需要进行多方面的战略创造和科学筹划，解决很多具体的经济、政治、外交等方面的问题。其中，多国共同协商、规划和建设"一带"与"一路"相互衔接、融合的环形经济区及其延伸形成的轴带网络体系，依托轴带网络形成经济要素快速流动和优化配置、高增长地区辐射带动更大区域发展的机制，是保证"一带一路"战略获得成功的关键。

一、"一带一路"主副轴带的环形结构特点

(一)丝绸之路经济带的主轴带和副轴带

丝绸之路经济带的主轴带，在中国国内的区段与陇海兰新经济

带基本重合,是长三角、中原、关天、黄河上游、新疆五大城市群相互连接并趋于融合的城市群连绵区。主轴带在国外的区段主要以泛亚铁路网的中亚铁路(土耳其—伊朗—哈萨克斯坦)为轴心,将中亚、西亚的城镇密集区与地中海沿岸和欧洲的主要城市群连成一体。泛亚铁路网是亚洲国家为实现经济振兴而共同制定的铁路干线建设计划,主要目的是建成连接欧洲和太平洋的交通大动脉。作为泛亚铁路网主干线之一的中亚铁路,其由东到西的走向依次经过阿拉木图、比什凯克、塔什干、杜尚别、阿什哈巴德、德黑兰、巴格达、安卡拉,通过博斯普鲁斯海峡与地中海沿岸和欧洲中部相连。这一地带处于全球油气资源的核心区,交通相对发达,城镇密集,资源丰富,经济聚集程度高,是将中西亚的城镇密集区与地中海沿岸和欧洲城市群连成一体的经济走廊。

丝绸之路主轴带可以沿两个方向延伸到欧洲中部和南部。一是沿伊斯坦布尔—贝尔格莱德—维也纳方向,连通土耳其、东欧和德、法、英诸国。二是沿地中海北岸的希腊—意大利—西班牙方向,形成南欧沿海经济带。

为了在广袤的欧亚大陆辐射带动众多国家的经济合作和共同发展,丝绸之路经济带仅有一条主轴带尚显薄弱,还应当有一条在北部横贯欧亚大陆的副轴带,与主轴带形成呼应与互补之势。建设这一副轴带可参考古代“草原丝绸之路”的走向[1],结合现代亚洲北部的交通和城镇分布状况,以中国的环渤海城市群为起点,分别沿呼和浩特—乌兰巴托—伊尔库茨克和沈阳—长春—哈尔滨—满洲里—赤塔等轴

---

[1]王坤、傅惟光:《辽代的契丹和草原丝绸之路》,《理论观察》,2015年第6期;张平:《草原丝绸之路:倾听亚欧草原通道的驼铃》,《中国国家地理》,2007年第10期。

线,与西伯利亚铁路轴带相连,最西端到达波罗的海和北海沿岸,形成一条与主轴带平行的东西向经济带。该轴带所依托的交通干线主要是泛亚铁路的北路通道,计划中的这一通道东起朝鲜半岛,沿途经过中国东北、蒙古国、俄罗斯、哈萨克斯坦、白俄罗斯、波兰、德国,大部分线网与西伯利亚铁路重合。泛亚铁路北通道的欧洲段向西延伸,通过英吉利海峡海底隧道到达英国,使英国、丹麦等西北欧国家成为丝绸之路经济带的重要组成部分(见图1)。

丝绸之路经济带副轴带与俄罗斯提出的"欧亚经济联盟"或"跨欧亚带开发计划"有诸多重合之处。该计划与中国的丝绸之路经济带战略有重要的互补作用。俄罗斯为此进行的铁路和公路网建设及其带动的区域开发格局,使"一带一路"交通网络得以扩大,也为中国参与俄地区开发、扩大对俄投资、加强双方合作提供更多机会。中国通过建设丝绸之路经济带副轴带等举措,积极与俄罗斯的这方面战略进行对接,对实现中俄以及中蒙、中哈等各方的共同利益将产生直接推动作用。

为了促进丝绸之路经济带主、副轴带加快建设并发挥更大作用,应当在主、副轴带经过的中国境内和中亚、欧洲等地区,开辟、建设若干条南北向的分支轴带,将主轴带与副轴带连成网络。在中国境内,东北、华北、西北地区都有条件建设多条沟通主副轴带的分支轴带。这些分支轴带除过西安(兰州)—呼和浩特—乌兰巴托—伊尔库茨克、哈尔滨—满洲里—赤塔、哈尔滨—共青城经济带和中俄沿边经济带以外,还有乌鲁木齐—阿勒泰—阿斯塔纳—萨马拉经济带等。在中亚和欧洲,可以开辟两条重要分支轴带来连接主副轴带。其一是沿泛亚铁路的"南北走廊"即连接北欧与波斯湾的交通网,以芬兰的赫尔辛基为起点,经俄罗斯西部和里海地区,到伊朗南部沿海地区。其二是由塔什干向西北,沿锡尔河和塔什干—阿克托别铁路,经咸海北部的阿拉尔斯克到车里雅宾斯克和萨马拉地区(见图 2)。建设这些分支轴带将有力地推动中国与丝绸之路经济带沿线国家之间形成更为便捷的交通网和更加发达的商贸、人文交往关系,提高亚欧区域一体化发展水平。

(二)海上丝绸之路经济带及其主轴带的结构

建设 21 世纪海上丝绸之路经济带战略的基本思路,是以太平洋西部、印度洋和红海、地中海的主要航线为轴心,将中国的沿海地区与南海两岸、南太平洋地区、印度洋沿岸、海湾地区和地中海沿岸各国联结在一起[①],形成亚太、印度洋、地中海三大经济圈连环式衔接的跨国、跨洲临海型带状经济区。建设这一经济带是中华民族与沿线各国、各民族携手创造新的、更加辉煌灿烂的海洋文明和现代国际区域发展大业的奠基工程。

依托海洋运输的优越条件形成相对发达的沿海经济带并有效带动内陆地区发展, 是自海洋运输产生以来世界各地商品经济发展的一条普遍规律。如同在内陆地区依托主要交通线能够形成经济轴带的规律一样, 依托海上主要交通线也能够形成沿海岸线的城镇和产业密集带。而且由于海路运输成本远低于陆路运输,海上航线的运输量大于陆路运输线的数倍, 所以依托海洋运输形成的沿海经济带一般总是比依托内陆运输线形成的经济带更为宏大、发达,其带动区域发展的极化功能也比内陆经济带要强大、健全,这也是世界各国、各大洲的沿海地区普遍地比内陆地区要发达的主要原因。英国古典经济学家亚当·斯密曾阐述过沿海和沿河经济带形成的一些规律[②]。近

---

①国家发展改革委、外交部、商务部:《推动共建丝绸之路经济带和 21 世纪海上丝绸之路的愿景与行动》,《经济日报》,2015 年 3 月 29 日。

②亚当·斯密著:《国民财富的性质和原因的研究》上卷,商务印书馆 1972 年12 月,第 17—19 页。

些年来我国国内有关交通经济带理论的研究,如张文尝等所著《交通经济带》一书,吸收世界经济地理界有关北美、日本沿海经济带的有关论述,提出了建设沿海型、跨国型经济带的观点①。海运经济地理理论则更强调海运在世界贸易中"占有主导地位"②。国外一些研究提供的数据表明,现代市场经济条件下,经济增长、国际贸易增长、人均收入水平与运输增长特别是海洋运输的增长之间呈现一种正相关的关系。随着世界经济和国际贸易的增长,世界海上商船的数量也在相应地增长,全球贸易90%的货物量是由国际海运承担的③。工业化国家和发展中国家特别是中国经济的发展事实都印证了这样的结论:现代的经济大国必然是贸易大国和海洋运输大国。随着中国成为世界第二大经济体并将进一步发展成为世界第一大经济体,中国也将"改写世界海运经济地理格局",成为世界海运网络中越来越重要的"一极"④。海上丝绸之路经济带战略就是在充分认识和利用海洋运输促进经济发展、带动形成沿海经济带这一规律的基础上,重视依托海洋运输通道建设多国紧密合作的国际区域增长极的发展战略。

海上丝绸之路经济带主轴带的基本走向和主要区段构成是:中国沿海经济带(中、南段)—南海、马六甲海峡沿岸经济带—阿拉伯海、红海沿岸经济带—环地中海经济带。主轴带的辐射区域包括亚洲

---

①张文尝、金凤君、樊杰主编:《交通经济带》,科学出版社,2002年2月,第108—110、319页。

②陈月英、王永兴编著:《世界海运经济地理》,科学出版社,2011年8月,第2页。

③〔英〕Kenneth Button著,李晶、吕靖、贾晓惠等译:《运输经济学》,机械工业出版社,2013年4月,第16—23页。

④陈月英、王永兴编著:《世界海运经济地理》,科学出版社,2011年8月,第272页。

东部、南部、西部和非洲、欧洲大部分地区(见图1)。

中国沿海经济带是海、陆两条丝绸之路经济带的共同起点,是辐射带动全国发展和驱动"一带一路"建设的引擎。其中,沿海经济带的中段和南段是海上丝绸之路经济带的重要构成部分。属于这一地区的上海、江苏、浙江、福建、广东、广西、海南7省市,经济总量约占全国的40%以上,海运业成为带动经济发展的主要增长领域之一。这一地区的主要港口陆续进入全球十大港口之列,并且在十大港口的排名中将世界数一数二的大港鹿特丹港、新加坡港等抛在后面。根据中港网等媒体发布的信息,2014年全球集装箱吞吐量十大港口排名中,中国有7个港口入围,其中属于这一地区的港口分别是:上海港稳居第1,深圳港第3,香港港第4,宁波—舟山港第5;全球货物吞吐量十大港口中,中国入围港口为8个,其中宁波—舟山港第1,上海港第2,广州港第6,苏州港第7。这种变化不仅显示了中国港口以至整个海运业的强劲增长态势,同时也反映出沿海经济带中、南段作为驱动海上丝绸之路经济带建设引擎的巨大实力和深厚潜力。

南海—马六甲海峡沿岸经济带主要是东盟国家,临海和港口城市密集,矿产资源丰富,经济发展具有深厚的潜力和良好前景,是成功建设海上丝绸之路经济带的关键区段。其中如新加坡港拥有的集装箱航线数和航班频率一度居全球第一,雅加达、曼谷、胡志明市等港口也具有显著的或一定的海运枢纽地位[1]。马六甲海峡被称为世界上最重要的战略水道,泰国的克拉地峡将被开凿出一条连通太平洋与印度洋的新运河,该地区作为世界海洋交通网络的枢纽地位越来越重要。

---

[1]陈月英、王永兴编著:《世界海运经济地理》,科学出版社,2011年8月,第71—73页。

　　阿拉伯海—红海沿岸经济带沿线的主要国家包括南亚经济大国印度、巴基斯坦和海港功能重要的国家斯里兰卡，海湾能源大国伊朗、伊拉克、沙特阿拉伯、科威特、阿拉伯联合酋长国和近海航线密集、港口地位重要的也门、阿曼等国，以及资源丰富、地理位置颇为重要的索马里、埃塞俄比亚、厄立特里亚、苏丹、埃及等东北非诸国。红海和波斯湾是世界上最重要的石油运输通道，苏伊士运河、亚丁湾和霍尔木兹海峡是连接中东、北非油田和印度洋的战略通道。全球每天海上运输的石油约有一半在中东的港口装船，出口到亚洲、西欧、北美石油的88%、日本进口石油的75%通过霍尔木兹海峡[①]。全球石油运输的7条主干线中，以波斯湾为起点的就占有3条。石油资源及其运输条件决定了这一地区在建设海上丝绸之路经济带中具有非常重要的战略地位。

　　环地中海经济带是由西亚、南欧、西欧、北非、西非等地区构成的地中海沿岸环状经济带，是海、陆两条丝绸之路经济带最西端的衔接、融合区域。经过苏伊士运河和地中海的航线连通着东亚、西北欧、海湾、南北美洲等世界主要经济聚集地区，是全球主要经济体之间贸易往来的捷径。环地中海地区资源组合良好，国家之间的经济互补性强，海陆运输发达，在全球发展中的战略地位非同寻常。中国促进这一经济带发展，将形成与欧盟等经济体全面合作的重要载体。一方面有利于加强中国与欧洲发达国家在科技、高端产业等领域的合作，促进中国的产业升级和转型发展，也有利于欧洲国家利用中国的巨大市场以及在中国影响带动下不断扩大的亚洲市场，参与亚洲的发展，提振其经济增长能力；另一方面有利于中国扩大开发和利用西亚、北非

---

①陆琪编著：《世界海运地理》，上海交通大学出版社，2011年1月，第52、134、44页。

等地区的能源矿产资源,与这些地区建立更加紧密的互利合作关系。

(三)"一带一路"的环形结构特点

陆上丝绸之路经济带主、副轴带与海上丝绸之路经济带的东西两端相互衔接,形成贯通亚欧非三大洲的环形海-陆经济带。中国沿海地区是这两大经济带的共同起点,地中海沿岸和大西洋东北沿岸地区则是其共同的终点。这个环形经济带所联通的主要区域,可以用图式简化表述如下:中国沿海地区(北段)——中国华北、西北地区——蒙古国、中亚、俄罗斯——波罗的海、黑海、地中海沿岸地区——非洲东部、海湾等阿拉伯海沿岸地区——孟加拉湾地区——东南亚、澳洲及南海地区——中国沿海地区(中、南段)(图1)。这一环状经济带将环太平洋经济带、环印度洋经济带、环欧洲经济带、环非洲经济带连成"五环一体"的空间结构形式,其进一步的发展将深刻影响、改变全球经济体系的空间构造特征,促进全球经济的不均衡分布状态发生革命性变化。

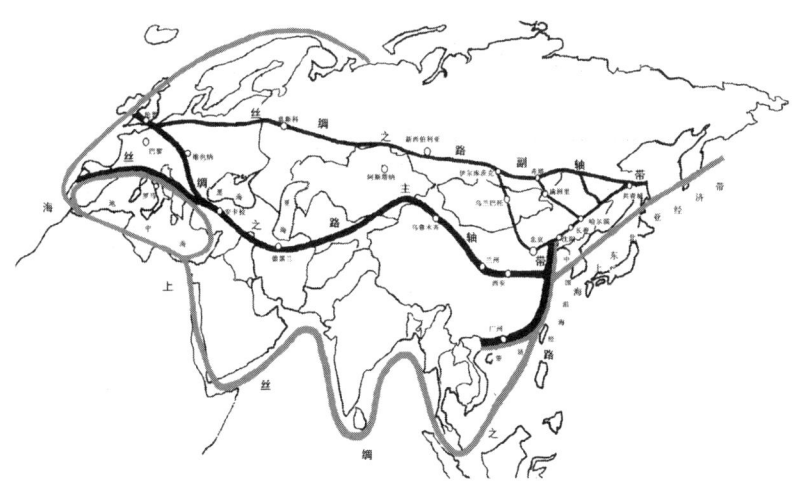

图1 "一带一路"的环形结构

二、海上丝绸之路经济带的主要分支轴带

经济带辐射带动区域发展的主要方式之一，就是在两侧地区延伸形成若干分支轴带，以布局和结构合理的主、次轴带网络为经济要素的快速流动并在一定区点上实现优化配置提供载体。海上丝绸之路经济带主轴带的辐射功能主要是以沿线的大型港口城市及其带动的城市群为中心，沿分支轴带向沿海和内陆的经济空间传导，形成主、次轴带体系辐射带动一定区域发展的空间组织机制。大型港口城市及其带动的城市群或产业密集区的增长极功能越是强大、健全，轴带体系的结构越是合理，其传导经济能量和驱动、组织区域经济发展的功能也越强大、健全，经济带覆盖和带动的区域范围就越大，发展就越快。所以，建设海上丝绸之路经济带的重要战略举措之一，就是以发达的海洋运输线和主要的节点城市、城市群为依托，建设向更大范围延伸的分支轴带，形成结构合理、功能强大而健全的海上丝绸之路轴带体系，将世界各大洲的沿海地区和越来越大的内陆腹地吸引到丝绸之路经济带的空间组织体系之中。

连通世界各大洲的海上航线是建设海上丝绸之路经济带及其分支轴带的主要依托条件。中国作为世界海运大国，拥有世界上规模最大的港口、沿海港口体系和海运船队，从事远洋运输的商船航行于世界100多个国家和地区的1000多个港口。中国骨干海运企业经营的主要航线上，每天有数百个航班由沿海各大港口驶往东北亚、东南亚、澳大利亚、波斯湾、红海、地中海、东非、西非、西北欧、南北美洲等地[1]。根据海上丝绸之路经济带主轴带的走向及其所关涉的主要海路

---

[1]曾宪培、陈鹏主编：《物流经济地理》，机械工业出版社，2003年7月，第180页。

运输线和沿海经济区的分布特点,需要重点建设的分支轴带主要有:环太平洋经济带;环印度洋经济带;环欧洲经济带;环非洲经济带。"一带"与"一路"构成的"大环"经济带,与上述四个环形分支带交叉、连接,构成"总环轴带"连"分环轴带"的"五连环"轴带体系,将太平洋、印度洋、大西洋沿岸地区以及亚、欧、非、澳、美各大洲的内陆地区连成一种"节点—轴带—腹地"紧密相关的全球经济分布体系,为世界各国加强经济合作、增进共同利益、创造更高文明提供了坚实而富有创造性的空间组织形式。

（一）环太平洋经济带

环太平洋经济带是以太平洋航区主要航线为轴心的太平洋沿岸地区所构成的环海经济带,是海上丝绸之路经济带的东端即中国沿海经济带向太平洋沿岸延伸的环状分支轴带。该分支轴带的一部分由海上东北亚经济带、中国东部沿海经济带与中国—澳大利亚—新西兰经济带三个次一级的轴带相连接,形成以太平洋西岸为轴心的半圆形经济带。另一部分是太平洋东岸的北美洲和南美洲沿海地区构成的半圆形经济带。两个半圆形经济带相连接,形成环绕太平洋的近似圆形的经济带(见图3)。

环太平洋经济带所依托的主要航线有:北太平洋航线——东亚主要港口至北美洲西岸并通过巴拿马运河到达加勒比地区和南北美洲东岸的诸航线,该航线是连接东亚和北美两大经济聚集区的通道,是目前世界上最繁忙的航线;南太平洋航线——由北美洲主要港口经太平洋中部至澳大利亚和新西兰、斐济等南太平洋岛国的航线;东亚至南美西岸航线——由远东主要港口经夏威夷群岛南部至南美洲西岸主要港口的航线;东亚至澳新航线,如上海、横滨分别至悉尼和惠灵顿航线,香港至苏瓦(斐济)航线等;亚洲东部近海航线——由东亚主要港口至东南亚主要港口的航线;南北美洲西岸近海航线,如西海岸的温哥华、西雅图、旧金山、洛杉矶、布埃纳文图拉、卡亚俄、瓦尔帕莱索等主要港口之间的航线。

环太平洋经济带沿线的主要国家和地区包括亚太经合组织的21个成员国在内,总数40多个。建设这一经济带是实现亚太经合组织关于贸易和投资自由化、经济技术合作等目标的一种地域组织形式,其战略重点有以下三方面:建设东亚—南北美洲经济带,加强中国与南北美洲国家特别是与美国、加拿大、墨西哥、巴西、阿根廷等国的经济合作;建设中国—澳大利亚、新西兰经济带,加强中国与澳大利亚、新西兰等南太平洋国家的经济合作;以经济带建设促进亚太地区多国紧密合作和区域经济的全面崛起,为中国及其亚太主要合作伙伴国在这一地区和世界经济发展中发挥更大作用创造不断改善的载体条件。

(二)环印度洋经济带

印度洋是全球东西交通的关键海域。环印度洋经济带是以连接东南亚、南亚、非洲东部和南部、南极洲和澳大利亚等地区的主要航线为轴心构成的环海带状经济区。该经济带是作为海上丝绸之路经济带主轴带的孟加拉湾—阿拉伯海沿岸区段,分别向印度洋的东、西、南部的沿岸地区延伸形成的分支轴带(见图3)。环印度洋经济带的沿线国家包括印度洋东岸的缅甸、泰国、马来西亚、新加坡、印度尼西亚、澳大利亚,印度洋北部的孟加拉国、印度、巴基斯坦、伊朗、阿曼、也门、沙特阿拉伯,以及非洲东部和南部各国,总数30多个。

环印度洋经济带所依托的主要航线有:横贯印度洋东西的诸航线,包括从亚太地区横越印度洋西行和从欧洲、非洲横越印度洋东行的航线,如东亚—东南亚—地中海—西欧航线、东亚—东南亚—非洲航线、波斯湾—地中海—西欧航线;孟加拉湾、阿拉伯海沿岸的近海航线,如连接波斯湾沿岸产油国与南亚、东南亚诸国的航线;非洲东部和南部近海航线,如亚丁、蒙巴萨、达累斯萨拉姆、德班、开普敦等主要港口间的航线。

环印度洋经济带沿线地区自然资源丰富多样,经济合作的规模和潜力巨大,各国面临着共同的发展任务。中国积极影响和推动这一地区的发展,与沿线国家建立经济合作关系,特别是加强和提升中印、中巴经济合作,促进中国与南亚联盟的一体化发展,促进建设非洲东部和南部沿海经济带,建立与沿线国家的双边和多边自贸试验区,有多方面的有利条件,并且已经取得显著成就,未来合作发展的前景更为广阔。

（三）环欧洲和环非洲经济带

海上丝绸之路经济带的西段——环地中海经济带可通过两条轴线分别向西欧和西非沿海延伸,形成相应的分支轴带,辐射欧洲和非洲的更大范围。

第一条轴线是由地中海出直布罗陀海峡向北延伸到西欧—北欧沿海经济带,形成地中海北岸与大西洋西北岸相连的环绕欧洲的半圆形沿海经济带(见图3)。这一经济带所依托的航线主要有远东—东南亚—地中海—西北欧航线、澳新—地中海—西北欧航线和美洲—西北欧航线,如广州至伦敦和广州经红海、地中海至马赛和阿尔及尔诸航线。环欧洲沿海经济带实际上早已形成,主要由发达国家的沿海地区组成。欧洲沿海地区经济和社会发展水平普遍较高且相对均衡,在产业结构和贸易等方面与中国有着很强的互补性。在"一带"和"一路"西端的这一接合处所形成的南欧—西欧—北欧沿海经济带,对中国发展与欧盟的经济合作并影响和带动亚、非、欧更大地区的发展有着重大而深远的意义。中国所要进行的努力,主要是以自己的优势和主动合作的举措参与这一经济带的发展,使之成为中欧全面合作的良好载体。

第二条轴线是出直布罗陀海峡向南延伸,依托远东—西非—南美航线、澳新—地中海—西北欧航线,如广州至伦敦、珀斯至伦敦、开普敦至伦敦和哥本哈根等航线,形成西非沿海经济带。该经济带与非洲东部和南部沿海经济带相衔接,形成完整的环非洲沿海经济带(见图3),能够为建设更多的中非合作的产业基地和港口合作项目创造条件。中国应当依托相对发达的非洲沿海经济载体,促进经济开发沿主要的铁路、公路等交通线向非洲内陆延伸,以海陆经济带的延伸和升级带动非洲国家走全面合作和一体化发展之路。

三、将"一带"与"一路"连成网络的陆上分支轴带

依托运输通道将地处内陆的"枢纽城市"与沿海、边疆的"门户城市"以及国外的广阔市场连接起来,是促进经济发展的一条重要规律①,当然也是"一带一路"倡议必须遵循的重要法则。在"一带一路"环形经济带中,中国及中亚地区处于"大环"的中心位置。连通环内主要地区的分支轴带应当将"环心"与"环边"编织成纵横交织的网络,才更有利于经济要素在沿线各国、各地区之间自由流动和优化配置,实现投资贸易便利化和共同利益最大化的目的,有利于较快形成"一带一路"利益共同体和命运共同体,最终过渡到地缘—经济—政治—文化的有机整体。将"环心"与"环边"连成网络,需要在中国与中亚、西亚、南亚、东南亚、东北亚之间建设"五横三纵"的跨国轴带作为骨架,带动形成致密化的轴带网络。有条件规划和形成的五条横向轴带除本文第一节论述的丝绸之路经济带主、副轴带外,还有长江—雅鲁藏布江—南亚经济带、粤桂滇缅印经济带、西亚—南亚经济带。三

---

① 〔英〕Kenneth Button 著,李晶、吕靖、贾晓惠等译:《运输经济学》,机械工业出版社,2013 年 4 月,第 50—51 页。

条纵向的轴带是陆上东北亚经济带、俄蒙中泰新经济带、西伯利亚—中亚—南亚经济带。进一步的发展在纵向上还有条件形成车里雅宾斯克—塔什干—喀布尔—瓜达尔(或卡拉奇)和赫尔辛基—莫斯科—德黑兰—阿巴斯港两条经济带。横向的西亚—南亚经济带与粤桂滇缅印经济带在印孟地区将连成一条"西亚—南亚—中国西南—东南亚经济带",成为丝绸之路的第二条副轴带。这样,"五横三纵"的布局框架将变成"四横五纵"的格局(图2)。

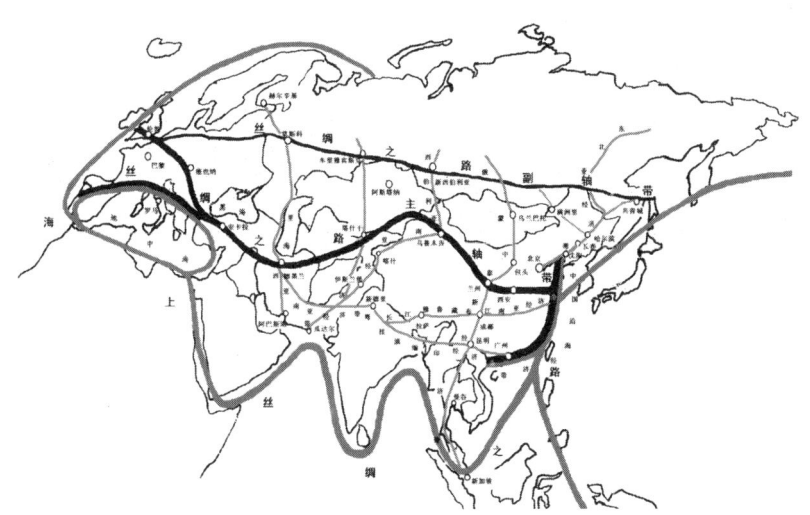

图2 "一带一路"大环内的"四横五纵"分支轴带

(一)长江—雅鲁藏布江—南亚经济带

从一带一路"大环"体系的全局发展需要来看,长江经济带在国内虽然是仅次于沿海经济带的第二大发展轴线,但在国际区域发展中仍显规模不足,结构和功能均有一定的局限性。长江经济带的进一步建设和发展应向西延伸,与雅鲁藏布江经济带连成一体,并进一步向印度、尼泊尔、孟加拉国境内延伸,形成"长江—雅鲁藏布江—南亚"跨国经济带(见图2)。这一经济带的东端与海上丝绸之路经济带连通,西端与陆上丝绸之路经济带交会,将东亚、南亚和国内的经济中心区连成一体,成为"一带一路"轴带体系的梁柱性"构件"。

建设这一经济带的战略重点有以下几方面:

第一,将长江经济带建设成为经济高度发达的"龙头"区域,形成以长江为轴心的城市群连绵区,主动参与世界发展的前沿领域,吸收、转化世界先进的科技、文化和产业成果,发展占领世界市场的高端产业,发挥辐射国内、驱动对外发展、带动长江—雅鲁藏布江流域全面发展的增长极功能。

第二,加强成都—昌都—拉萨区段的交通、通信、城镇建设,形成以铁路和高速公路为主的川藏交通网,促进长江上游经济带与雅鲁藏布江经济带的衔接、融合,尽快改变昌都—拉萨区段过于落后的状况。该区段应发挥中心城市、城镇群和经济带的"聚集—扩散"效应,将资源开发、城镇发展、产业升级、国际合作紧密结合,在滚动式的开发、发展中走向更高级的区域一体化。

第三,促进雅鲁藏布江经济带的崛起,将拉萨、日喀则、林芝地区建设成为中、印、尼、不、孟相邻地区的重要经济中心,成为带动西藏发展和加强与南亚邻国合作的区域增长极。规划、建设川藏、滇藏铁路和青藏铁路向国外的延伸线,以及与铁路配套的高速公路和普通公路网,形成中国西南地区直接与印度、尼泊尔、孟加拉国互联互通的设施网络。帮助南亚各国发展经济、消除贫困、维护地区和平与稳定,扩展经济合作领域,逐步实现中国与南亚联盟各成员国的一体化发展。

(二)粤桂滇缅印经济带

以发达的铁路、公路干线和交通、通信、电力等基础设施网,将中国的广东、广西、云南三省区和西藏自治区与越南、老挝、泰国、缅甸、印度、孟加拉国、尼泊尔、巴基斯坦等国连通,形成中国与东南亚、南亚各邻国沿边地区多方合作的经济带即"粤桂滇缅印经济带"(见图2),是"一带一路"倡议不可缺少的组成部分。粤桂滇缅印经济带以珠江三角洲为龙头,依托西江—红水河—南盘江水路和广州—南宁—贵阳—昆明—大理—保山—瑞丽铁路及平行的公路,与瑞丽—曼德勒—仰光、瑞丽—密支那公路和中缅原油管道等交通线相连,延伸到缅甸、印度、孟加拉国,向南可延伸到泰国、马来西亚、新加坡,与"中新经济走廊"交会。该经济带在国内还可以形成一个重要的分支带,即在大理地区沿滇藏交通线经丽江、德钦、芒康、林芝等地,在雅鲁藏布江地区与长江—雅鲁藏布江—南亚经济带交会。粤桂滇缅印经济带的主轴带走向大致为"广州—南宁—贵阳—昆明—曼德勒—达卡—加德满都—新德里—伊斯兰堡",将珠江三角洲城市群、南桂昆城市群、雅鲁藏布江地区等西南边疆重地与中南半岛七国和印度、孟加拉国、尼泊尔、巴基斯坦等南亚国家连成一体,成为与海上丝绸之路经济带基本平行的陆上延边、跨国经济带。

粤桂滇缅印经济带目前尚处于待建、成长之中,区段之间多有间断之处。建设粤桂滇缅印经济带所依托的跨国交通干线主要有:

(1)泛亚铁路东盟通道。该通道的过境国家包括柬埔寨、老挝、马来西亚、缅甸、越南、泰国、新加坡,铁路网的最南端到达印度尼西亚。该路线是连接东盟主要成员国和中国西南地区的桥梁,其中的中线铁路从中国云南的昆明出发,经过景洪、磨憨和万象、曼谷、吉隆坡,终点是新加坡。东线铁路从昆明经河内、胡志明市、金边到曼谷。西线从昆明经瑞丽、仰光到曼谷。依托泛亚铁路东盟通道网,可以形成包括中国广西、云南和中南半岛七国的大型经济合作区,有关方面将其称为"中国—新加坡经济走廊"。

(2)泰缅孟印铁路。计划中的泛亚铁路网存在多处断线,其中就包括缅甸与泰国之间以及缅甸与印度、孟加拉国之间至今尚无铁路的情况。要把中国、泰国、缅甸和印度、孟加拉国连接起来，需要建设由中国穿越缅甸通向印、孟的铁路和高速公路。中、泰、缅、印各方正在为此进行努力。

（三）西亚—南亚经济带

"一带一路"倡议需要建设连接西亚与南亚的分支经济带，这不仅对西亚和南亚国家的发展极为重要，而且由于这一经济带西端可以延伸到欧洲、东端与粤桂滇缅印经济带相连而形成欧洲—西亚—南亚—东南亚经济带，成为丝绸之路经济带的第二条副轴带，所以对中国和沿线许多国家均具有重要战略意义。

西亚—南亚经济带所依托的交通设施主要是泛亚铁路网的西亚—南亚通道，该通道是连接伊朗与巴基斯坦的交通干线，并且已与伊斯兰堡—德里—达卡的铁路连通。该通道建成后将成为第三条亚欧大陆桥，从其最东端的新加坡开始，经泰国、缅甸、孟加拉国、印度、巴基斯坦、伊朗、土耳其，穿越博斯普鲁斯海峡与欧洲铁路网连通[1]，成为由欧洲经西亚、南亚到东南亚的大动脉。

西亚—南亚经济带的西段主要是地中海和黑海东岸的土耳其、叙利亚、格鲁吉亚等国家，直接与欧洲相连；中段是伊朗、阿富汗，东段是巴基斯坦、印度等国（见图2）。该经济带与中巴经济走廊相交，在南亚的印孟地区与粤桂滇缅印经济带连通，形成战略意义非常重要的西亚—南亚—中国西南—东南亚经济带，成为连通"一带"与"一路"的重要桥梁。中国最西部的新疆、西藏不仅可以通过中巴走廊形成出海通道，而且能够通过中巴走廊和中缅印走廊，从陆路和海路通

---

①胡思继著：《综合运输工程学》，清华大学出版社、北京交通大学出版社，2005年2月，第532页。

向西亚和欧洲。这就可以加强"一带"、"一路"和中巴走廊、中缅印走廊、中新走廊的融合,扩大其辐射带动范围,有利于促进西亚、南亚、东南亚与中国西部这一区域的一体化发展,为"一带一路"倡议提供重要支撑条件。

(四)东北亚经济带

东北亚经济带实际上是一条主要依托太平洋西北部海上运输线形成的沿海经济带,即由中国的长江三角洲和环渤海地区为起点,经渤海、黄海、日本海、鄂霍次克海、白令海到东西伯利亚海的带状沿海地区,沿线的地区和国家主要有中国的东北地区、俄罗斯的远东地区、日本、韩国、朝鲜和美国的阿拉斯加地区。由于东北亚地区地域辽阔,从陆上还可以形成与沿海经济带相平行的经济带,这就是由沈阳、哈尔滨经俄罗斯的斯科沃罗季诺、雅库茨克、堪察加半岛直到东西伯利亚海沿岸地区的经济带(见图2)。这一地区人口稀少,但能源、矿产和森林等资源丰富,是俄罗斯正在加快开发的区域。

连接我国东北三省的哈尔滨—长春—沈阳—大连经济带即"哈大经济带",城镇密集,产业聚集度和经济发展水平较高,发展潜力和带动周边地区发展的实力较雄厚,是我国参与、推动东北亚区域合作的战略基地。为了进一步发展与俄罗斯远东地区的经济合作,逐步扩大参与俄罗斯远东地区的区域开发,哈大经济带在北端应当分别向哈尔滨—齐齐哈尔—满洲里—斯科沃罗季诺方向和哈尔滨—佳木斯—哈巴罗夫斯克—共青城等方向延伸,形成跨越中俄两国的中国东北—俄罗斯远东经济带,即陆上东北亚经济带。这一经济带的南端通过环渤海城市群与中国沿海经济带相通,东侧和东南侧可分别形成以陆路和海路运输线为轴心的中国东北—朝鲜—韩国、中国—朝鲜—日本等沿海分支轴带,轴带的北端可一直延伸到俄罗斯最东部的沿海地区和美国的阿拉斯加地区;西侧可依托铁路、公路线形成沈哈—蒙东—蒙古国等方向的分支带。整个轴带体系开发潜力巨大，不仅是中俄两国发挥互补优势的理想合作之地，而且其进一步的发展将形成中、俄、蒙、朝、韩、日、美、加的带状国际经济合作区，中国的东北地区将成为这一合作区的重要经济中心。

（五）俄蒙中泰新经济带

由俄罗斯的贝加尔地区向南经蒙古国中东部、中国的包兰成昆地区和老挝、泰国、缅甸，直到中南半岛最南端的新加坡，可以形成沿主要铁路、公路线的跨国经济带，即"俄蒙中泰新经济带"（见图2）。这一经济带实际上是中国境内的包兰成昆经济带分别向南北两端的延伸发展。包兰成昆经济带是以包兰、兰渝、宝成、成昆铁路为轴心，北端从呼和浩特、包头城镇群开始，中经银川、兰州、成都等中心城市，南端到昆明地区的大型经济条带。建设包兰成昆经济带的主要目的，是将西北与西南地区的几个城市群以及两大地区的出国、出海通道连成一体，一方面显著缩短西北与西南地区的经济协作半径，改善其经济协作条件和对外开放水平，带动两大地区经济的一体化发展，另一方面分别在呼包地区和昆明地区向国外延伸，形成南北两大跨国经济区。北端由呼和浩特分别向二连浩特—乌兰巴托—乌兰乌德—伊尔库茨克方向延伸，直到俄罗斯的中西伯利亚和北极地区等俄重要能源基地，形成中蒙俄经济合作区。南端由昆明分别向开远—老街—河内、普洱—景洪—万象等方向延伸，与粤桂滇缅印经济带相交，形成"中国—老挝—缅甸—泰国—马来西亚—新加坡"经济走廊。俄蒙中泰新经济带将中国的中西部地区的重要枢纽型城市和城市群与南北两端的国外区域连成一体，成为亚洲中部最大的南北向跨国经济带。

在俄蒙中泰新经济带的国内区段即包兰成昆沿线地区，应重点建设包头、呼和浩特、银川、兰州、成都、昆明等中心城市及其辐射带动的城市群、城镇群,使之分别成为该区段的经济中心。包兰成昆经济带所依托的交通线较为落后,必须加强包兰、兰渝、宝成、成昆等铁路及其配套设施建设,同时规划、建设与铁路大体平行的包兰成昆高速公路,提高铁路、公路的现代化水平和路网运输能力。重点加强兰州至成都区段、兰州至银川区段、乐山—攀枝花—昆明区段、昆明—玉溪—景洪区段的交通、通信设施建设和城镇建设,促进该经济带的铁路和高等级公路等主通道全线贯通。进一步加强交通线沿线地区的城镇建设,使沿线的"串珠""串葫芦"式城镇分布由松散型向密集型过渡。

(六)西伯利亚—中亚—南亚经济带

作为"一带一路"中心地区的中国西部—中亚地区,自然条件严酷,与四周经济发达地区交往条件太差,需要建设一条贯通南北的经济带,将俄罗斯的西西伯利亚地区与中国新疆、中亚五国和南亚的巴基斯坦、印度、阿富汗等国连成一体,使中国新疆和中亚国家北通俄罗斯经济较发达地区,南有出海口并与南亚经济发达地区互联互通,形成"西伯利亚—中亚—南亚经济带",极大改善这一区域的经济合作条件。

可以沿两条通道建设西伯利亚—中亚—南亚经济带:一条是新西伯利亚—阿亚古兹—塔城—乌鲁木齐—喀什—中巴经济走廊(见图2),另一条是车里雅宾斯克—阿斯塔纳—塔什干—杜尚别—喀布尔—卡拉奇(或伊朗的阿巴斯港)。由于目前尚缺少从中亚直通南亚或波斯湾的铁路,其中的断线主要在阿富汗境内,所以沿第一条通道即新西伯利亚—乌鲁木齐—中巴经济走廊这一通道建设经济带较为现实。

西伯利亚—中亚—南亚经济带的北区段是中俄哈三国的能源通道,建设这个区段符合三国的共同利益,不会遇到较大的阻力。中区段是中国新疆维吾尔自治区的西部，中国目前正在将这一区段的建设纳入丝绸之路经济带建设的总体规划付诸实施，不久将会形成贯通北疆、南疆、巴基斯坦的大通道和经济带。南区段就是正在建设中的我国新疆喀什经伊斯兰堡到瓜达尔港的中巴经济走廊。瓜达尔港是中巴能源通道的起点，由波斯湾、红海和印度洋的海运油气可以在这里进入铁路或管道运输，在中国新疆的红其拉甫达坂口岸入境，将形成中国第五大油气输入通道。中巴经济走廊就是沿瓜达尔、卡拉奇—伊斯兰堡—喀什这一长2000多公里的运输通道形成的跨国经济带。建设这一经济带的主要目的是将中国西部大开发战略与巴基斯坦国内经济发展结合为一体，使巴基斯坦经济在中国的大力帮助下加快转型和发展，中国在巴基斯坦建成能源和货物的转运枢纽，中巴两国在互利互惠的合作中结成利益和命运共同体，成为"一带一路"倡议的样板工程。

建设车里雅宾斯克—阿斯塔纳—塔什干—喀布尔—卡拉奇（或伊朗的阿巴斯港）这一经济带符合塔吉克斯坦、阿富汗等国寻求南下出海通道和巴基斯坦由陆路输入能源等方面的共同利益要求，所以在各方共同努力下也是可以实现的。巴基斯坦和阿富汗等国政府正在积极推动建设横贯南亚次大陆北部、从喀布尔经伊斯兰堡到新德里和加尔各答的主交通线连接线，这与建设杜尚别—喀布尔—伊斯兰堡—瓜达尔经济带和中巴经济走廊的国际合作有异曲同工、相辅相成之效。

四、"一带一路"轴带体系的功能特点

建设"一带"和"一路"的经济合理性及其战略意义，同时也意味着在全球范围内将"一带一路"扩展为"多带"和"多路"体系具有同样的合理性和更大的战略意义，因为它们都遵循着海陆轴带形成和发

展的共同规律,体现和承载着沿线各国的合作发展和共同利益。建设
"一带一路"并将其逐步延伸发展为具有"多带多路"特征的轴带体
系,也就是将"一带一路"逐步扩展为主副轴带和分支轴带纵横交织
的"五连环"轴带网络体系(图 3),所依靠的就是共建"一带一路"国
家追求互补、互利、共建、共享和不断扩大共同利益的强大动力。这种
"五连环"网络结构决定了"一带一路"轴带体系的许多重要功能,其
中最主要的功能特点就是将五大洲的沿海地区与内陆地区连成一
体,为世界主要经济体和越来越多的国家加强经济合作提供可依托
的载体,促进以国际直接投资为主要形式的生产要素自由流动和国
际生产分工的最优化,有利于实现各类经济主体追求要素配置更加
高效的愿望①。

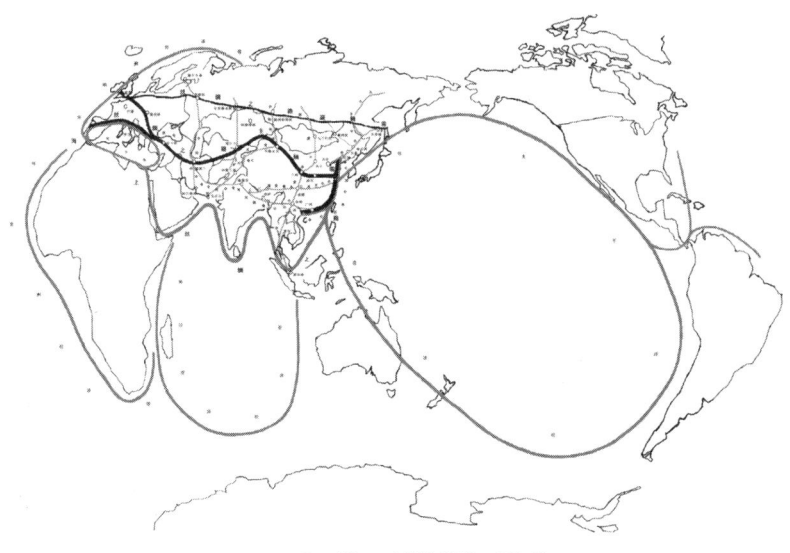

图 3　"一带一路"轴带体系结构

①张幼文等著:《要素流动——全球化经济学原理》,人民出版社,2013 年 9
月,第 39、87 页。

"一带一路"轴带体系的具体功能特点可概括为以下几方面：

（1）海、陆两条丝绸之路经济带相互连接形成的环形经济带，在促进经济合作、区域开发和辐射带动更大区域发展方面，既能各展其长又可实现良好的互补性结合。环形结构将亚欧非三大洲的沿海经济带与内陆经济带连成一体，为各国之间的经济合作和社会交往提供了多样性的区域空间和经济社会条件，有利于多种多样的地区优势得到发挥，为在全球范围形成越来越大的地域经济共同体奠定了基础。

（2）环形经济带以宏大的陆海交通网及其承载的经济交往关系连通了四大洋五大洲，加快了资金、人员、原材料、半成品、成品以及服务、技术、知识等要素在全球范围的流动，使"跨国供应链"的合作与管理条件获得改善①，有利于要素在条件相对优越的区点实现优化配置，从而拓宽国际贸易的空间，有效推动贸易和投资便利化，促进产业和人口聚集，加强地区之间的联系并实现一体化发展，形成不断增多的合作区、自贸试验区和合作项目，为沿线国家和全球的经济增长提供战略支撑条件。

（3）由海、陆经济带构成的环形结构，分别向环内和环外延伸形成越来越多的分支轴带和三级、四级轴带，最终将形成以"一带一路"为中心的全球经济带网络，有利于共建"一带一路"国家以及各个区域、次区域经济组织依托经济带网络发挥各自的潜力和优势。随着经济带网络的发育和结构进化，尤其是借助亚投行等金融机构的职能发挥以及国际政治、外交等手段的积极作用，经济带网络的空间组织功能也将得到增强并趋完善，能够更加有效地将各国、各地区和各类经济主体的发展和合作，组织成为驱动世界经济增长和改变世界经

①浦东美国经济研究中心、武汉大学美国加拿大经济研究所：《创新增长合作与中美经贸关系》，上海社会科学出版社，2013年6月，第94—101页。

济结构不合理的合力。

（4）"一带一路"主副轴带及其延伸形成的环内外轴带体系，使实施"一带一路"倡议可以起到提一环（"一带一路"）而连四环（环太平洋经济带、环印度洋经济带、环非洲经济带、环欧洲经济带）的"五连环"联动发展效果。中国西部地区与中亚地区处于"一带一路"大环内的中心位置，东部沿海地区处于大环与环太平洋经济带、环印度洋经济带相交叉的枢纽地位，中国的一些边疆地区有条件成为国际区域的经济中心，如新疆成为中国西部、中亚、南亚区域的经济中心，广西、云南成为中国西南地区与中南半岛七国的区域经济中心，内蒙古中部成为中国华北、蒙古国、俄罗斯中部这一区域的经济中心，黑龙江和内蒙古东部成为东北亚地区的经济中心等。这种特殊位置使中国在全球经济要素流动、配置和经济能量传导过程中兼得陆、海之利，并且由于经济规模和经济潜力巨大、发展强劲，中国"提一环而带四环"的能力将得到更快增长。这将有利于中国实施大市场、大通道、大载体、"大周边国际化战略"，构建更多的"跨境经济贸易合作区"或"大自由贸易区"等区域组织①，形成"中国开好经济快车、沿线国家搭好中国快车"的国际合作局面；有利于中国在全球范围寻找最佳投资目标和合作项目，大量输入本国短缺的要素，输出优势的商品、产能、资本等，在促进自身经济增长和结构升级的同时，带动合作对象国和区域、次区域的发展，形成中国积极影响全球、全球促进中国发展的良性互动机制。

（原载《甘肃社会科学》2016 年第 2 期，中国人民大学复印报刊资料《区域与城市经济》2016 年第 6 期全文转载，编辑有改动）

---

①关秀丽著：《中国经济国际化战略》，中国市场出版社，2011 年 4 月，第 23 页。

我国西部地区南北通道建设的思路与对策

制约我国西部地区实现更大发展和扩大对外开放的重要因素之一,就是缺少一条贯通南北的战略大通道,由此导致西部多数省区市封闭性过强、西部大开发进程受到阻滞、经济社会发展长期处于低水平状态。因此,必须把建设贯通西北与西南两大地区的交通大通道作为国家的重大战略,以大通道建设带动西部南北大型经济带的形成和发展,促进中蒙俄走廊与中新走廊、中缅印孟走廊相连相通,架起贯通丝绸之路经济带与海上丝绸之路的桥梁,为"一带一路"建设和西部大开发开拓新的领域,提供新的推动力,同时极大增强国家整体的经济实力和对国际区域发展的积极影响力。

一、西部南北通道的布局结构特点

(一)西部交通通道的特殊性

交通通道是一定区域内连接主要客货流发源地与目的地的运输线路密集分布的地带,同时也是城市、城市群、经济带形成和升级的重要依托条件。贯穿我国西部地区的南北向交通通道,是将西部的内陆中心城市与边疆城市与国外城市连接起来的集束型交通设施网络,是"服务于更为广阔的市场,并通过大范围的运输活动实现大规模生产",从而为国民经济发展提供"先决条件"的国家交通运输系统的骨干①,担负着国家经济社会发展的战略性运输任务。

我国西部地区的沙漠、戈壁、高原、雪山、峡谷等天然障碍造成了许许多多的陆地"交通隘道",它们"或是夹在自然障区之中,两侧土地难以开发,或是地处峡谷之中,两侧陡立而难以使隘道交通线与两侧交通线相接。"②而在这些隘道的两端,则往往是发展条件相对优越的盆地、绿洲、中心城市、城市群等。西部的南北通道和东西通道就是将一段段的"隘道"与一个个的盆地、绿洲、中心城市、城市群等连成带状经济区的大动脉。没有这样的大动脉提供战略性的、优质的运输服务,西部地区就将长期处于被天然障碍分割的破碎型空间结构状态,盆地、绿洲、山区以及发展缓慢的城镇、城市群等区域单元很难走上快速的、一体化的发展道路。

（二）西部南北通道的三条交通干线

西部南北通道所覆盖的地带较为广阔,构成交通通道的各种运输形式和交通干线、支线的分布较复杂并且随着区域经济的发展会越来越复杂。从地理条件和经济社会发展需要来看,近期内需要建设的南北通道应当分为以铁路为主、公路和其他运输形式为辅的东线、中线、西线三条干线,各条干线两侧分布着若干条重要的分支线。

东线以呼和浩特—西安—武汉—长沙—广州为主干,同时还有兰州（银川）—汉中—武汉、武汉—南昌—福州、重庆—长沙等分支线,以及与铁路干线大体平行的公路网和主要航空线。

中线以呼和浩特—银川—兰州（西宁）—重庆—贵阳—南（宁）北(海)钦(州)防(城港)、兰州—成都—昆明两条交通线为主干,包括连

---

① 〔英〕肯尼斯·巴顿（Kenneth Button）著,李晶、吕靖、贾晓惠等译:《运输经济学》,机械工业出版社,2013年4月,第361页。

② 路卓明著:《世界经济地理结构》,北京大学出版社,2010年12月,第264页。

接主干线的银川—西安、西安—重庆、乌鲁木齐—酒泉—兰州、成都—重庆、重庆—六盘水—昆明、六盘水—南宁等铁路支线以及与铁路走向大体相同的公路网和主要航空线。

西线以兰州—西宁—拉萨为主干，包括连接主干线的乌鲁木齐—格尔木—西宁、酒泉—格尔木以及规划中的兰州—昌都等铁路支线和公路网、航空线。

西部南北通道还应当包括贯穿新疆南北并将南疆的喀什、和田地区与西藏的噶尔、拉萨连接成一线的交通干线。这条线路在国内和国际上的战略地位非常重要，贯穿新疆北部的铁路干线已连通阿勒泰、乌鲁木齐、喀什等城市，并与中亚、俄罗斯的重要城市和交通线相连，新疆南部干线已连通喀什与和田，并将延伸到巴基斯坦。但是南疆到拉萨的交通线目前仅有一条较低等的公路，南疆到西藏的铁路即新藏铁路的建设还处于远期规划的阶段。如果考虑到将来要建成的新藏铁路，那么西部南北通道将形成四条干线，第四条干线就是阿勒泰—乌鲁木齐—喀什—噶尔—拉萨。

近期需要建设的西部南北通道的东、中、西三条干线中最主要的是中线，因为其连通了西部地区最主要的中心城市和城市群，并且其南端有钦州、北海、防城港等港口城市，是西北和西南地区最近的出海口，有利于沿线地区形成从内陆到海港的城市群连绵带，是连通丝绸之路经济带与海上丝绸之路最直接也是最近的战略通道。

(三)南北通道与东西通道构成非常重要的战略通道网

西部地区南北通道的三条干线和众多分支线与贯通全国东中西部的多条通道线路在西部广大区域中相互交叉、交会，形成具有重大战略意义的通道网，使西部的交通布局及其带动的城市布局、区域产业布局趋于合理化。

根据国家中长期铁路和公路建设规划，贯通全国东中西部的交通通道及其交通干线主要有：京津冀—西北（西藏）通道，包括北京（天津）—呼和浩特—乌鲁木齐、北京（天津）—太原—兰州—西宁—拉萨等干线及巴彦淖尔—哈密、西宁—格尔木—和田—喀什等分支线路；京津冀—西南通道，包括北京—西安（长沙）—川、渝、黔、滇诸干线及其辅助线；山东半岛—西北通道，如以陇海线为主的西煤东运海铁联运干线和分支线；长三角—西北通道，如上海—西安—乌鲁木—霍尔果斯干线，以及武汉—汉中—兰州、西安—平凉—中卫等辅助线；沪川藏通道，如包括长江水道和沿江铁路、公路干线，以及川藏公路、川藏铁路等；长三角—西南通道，如沪昆铁路和沪昆高速公路等干线；珠三角—西南通道，包括广昆、闽桂等铁路和高速公路。

西部南北通道与东西通道的交叉、交会之处，一般都是西部主要的中心城市或城市群所在地，或者是有条件形成重要城市和城市群的交通枢纽地区。这些城市和城市群，不仅是交通通道和重要经济带的枢纽，而且是省域或跨省域的经济中心，是西部产业发展的主要载体和带动经济发展的主要增长极。

二、西部南北通道的战略功能

（一）促进沿海、沿边地区与西部内陆地区走向一体化

南北通道的多条分支线路使地处内陆的西部省区市与西南、华南的出海口和西北、西南的边境口岸城市相连接，为沿海港口城市、城市群和边境城市辐射带动内陆发展架起了直通的桥梁。在现代开放型的世界经济条件下，港口的辐射带动功能是内陆城市无法相比的。打通多条出海、出国通道，尤其是打通距离最近的西部出海通道，可使内陆省区依托便捷的出海、出国通道和健全的港口设施，显著降低进出口产业的成本，以及对外投资、承接国内外产业转移和发展旅游业等领域的运营成本，从而刺激更多的企业、产品、产业从事进出

口生产经营,并通过产业链拉动越来越多的内向和外向产业发展。

南北通道的东线将呼包鄂城市群、关中城市群、黄河上游城市群与长江中游城市群、粤港澳大湾区、海峡两岸地区等大型城市群连成西北—东南走向的城市群连绵带,为西北与西南、华中、华南地区之间的分工协作、融合发展创造基础条件,也为粤港澳大湾区等沿海城市群向华中和西北内陆地区延伸辐射带动作用提供桥梁。西北主要城市通向广州和福州的交通线向海外延伸可融入海上丝绸之路,并到达日韩、中国台湾地区和菲律宾、澳大利亚等亚太广大地区,为西北各省区提供了厦门、泉州、广州、香港等东南部十几个优良的出海口,成为海陆两条新丝绸之路融合发展的重要媒介。

南北通道中线连通呼包鄂城市群、黄河上游城市群、关中城市群与成渝城市群、黔中城市群、北部湾城市群,为西北与西南地区的分工协作、融合发展创造重要的载体条件,也为北部湾港口城市群向西南、西北纵深延伸辐射带动作用提供桥梁。兰州—北部湾通道向国外延伸可达越南、柬埔寨、印尼等东南亚地区以及印度洋沿岸等更广阔的地带,极大缩短了西北面向海洋发展的空间距离。

南北通道的西线连通西北的新疆、青海、甘肃、宁夏与西南的四川、云南、西藏等省区,促进这些地区深化区域分工协作,提升互补优势,形成更多的经济增长点。兰州—昆明、兰州—拉萨和乌鲁木齐—西宁—拉萨三条线路向国外延伸可达东盟、南亚地区,为西北和西南地区发展与缅、老、泰、孟、印、尼的国际合作提供了战略通道,使地处内陆的各省区有条件利用西南出国通道和缅甸、孟加拉国的出海口增强外向经济优势。

建设西部南北通道在近期内可以依托现有的交通设施促进内陆省区扩大向南、向北开放,发展物流、外贸、旅游和特色产业,发展西北与西南之间以及西北、西南与华中、华南地区的经济协作。中长期内可以促进西北地区与西南、华中、华南地区和东盟、东亚、南亚各国之间,以及西北与华北地区和蒙古国、俄罗斯等国之间形成发达的交通设施网络,带动南北沿线地区形成越来越发达的城市链、城市群、经济带。尤其是内陆性劣势严重的内蒙古、新疆、青海、宁夏、甘肃、重庆、四川、贵州诸省区,将因南北交通的改善和南北向经济带的崛起而获得新的发展机遇、发展动力,加快其产业和城镇发展。

(二)为"一带"与"一路"的融合发展提供了重要桥梁

南北通道以多条南北向的交通线与东西向的陇海兰新、京藏、沪川藏、沪昆、广昆等重要交通通道形成交叉或交会,弥补了国内交通网络在西部地区过于稀疏的缺陷,推动"一带一路"轴带网络[①]在西部地区的布局走向合理化、致密化,并以国内轴带网产生的"轴辐"带动机制,为国外轴带的延伸发展和结构合理化提供不断增强的驱动力。

南北通道促进"一带"与"一路"在中国西部地区以及包括上合组织国家、东盟国家、东亚地区等更大区域内实现融合。"一带一路"轴带网络在国内的覆盖范围及其延伸的深度和广度虽然不断取得进展,但在相当长的时期内仍将存在很大的不足。其中最重要的战略性缺陷,就是丝绸之路经济带与海上丝绸之路二者之间在国内的融合程度太低。从古至今,陆上丝绸之路与海上丝绸之路各自孤立发展均有其难以避免的局限性。在国内外经济逐步走向一体化的新时代,"一带"与"一路"之间隔离性太大无疑将成为国内发展和国际合作走向高级阶段的障碍,由此造成沿海地区与内陆地区互联互通水平过低,陆海经济的关联程度提高缓慢,使沿海城市群特别是主要的港口城市带动内陆地区发展受到严重制约,使以丝绸之路沿线为主的内

---

①安江林:《"一带一路"轴带体系的空间结构和功能特点》,《甘肃社会科学》,2016年第2期,第120—127页。

陆地区扩大开放和发展外向产业，以及国际合作伙伴进一步发展与国内内陆地区的合作等，因缺少更多战略通道和更多协作条件而进展迟缓。因此，建设南北通道，将东西向的交通通道与南北向的交通通道连成网络，有利于以中国西部地区为核心，形成中国与上合组织国家、中西亚和南亚国家、东亚和东南亚国家之间的互联互通网络，加快国内和国际交通通信网络的升级，推动国内和国际城市群的形成和扩展，增强"一带"与"一路"在这一广大区域的融合度。这不仅能够推动提高中国经济运行发展的效率、效益和协调水平，而且能够增强国内轴带网辐射带动国际经济带发展的能力，使国内发展与"一带一路"国际合作的良性互动机制更趋成熟、稳定。

（三）形成多条跨国经济带

南北通道更为重要的战略功能是以交通设施和商贸之路带动形成多条跨省市和跨国的经济带，形成具有国际意义的带状区域增长极。

依托南北通道可以形成"俄罗斯—蒙古国—中国西北和西南地区—东盟国家"这样一条大型的跨国经济带，并且与丝绸之路经济带、长江经济带和海上丝绸之路相互交叉、融合，从而进一步发展成为以西安、兰州、重庆、成都为重要枢纽的东西南北多条跨国经济走廊的网络。西部各省区市联合起来，把兰州—银川—呼和浩特—乌兰巴托—伊尔库茨克通道，与兰州—成都—昆明—老挝—缅甸通道、兰州—重庆—贵阳—北海—越南通道、兰州—汉中—武汉—长沙—广州通道、环天山—中巴经济走廊等，连成南北贯通的大型跨国通道，促进西部南北经济走廊与东西经济走廊互联互通互补，将中国—中亚—西亚走廊、中蒙俄走廊与中国—菲律宾—澳大利亚海上走廊和中泰新走廊、中缅印孟走廊连成一体，无疑将对西部地区以至全国发展大局和"一带一路"建设产生更大的影响、推动作用。

形成这种经济带网络无疑将增强甘渝川等枢纽型省市承接产业转移和参与国内外市场竞争的能力，扩大经济要素在省域内聚集和扩散的规模，提高要素在本地配置的效率和效益水平。但同时，新疆、青海、宁夏、内蒙古、陕西诸省区均有建设其南向和北向通道的战略需要，而桂黔滇藏诸省区甚至中南、华南各省也有打通其北向通道的战略需要。这些省区因走廊网络的经济传导功能和枢纽地区的"经济泵站"功能，获得了深化省域间分工、加强省域间的协作和合作、更紧密地融入"一带一路"轴带体系之中的优越条件，使其省域内的物流企业可以依托多条通道及其串联起来的城镇、城市群和经济集聚区，在西北、西南、华北、华中、华南等越来越广大的区域高效集散货物，促进内贸、外贸及其配套业务的发展，使物流和内外贸产业的规模迅速扩大，规模效益显著提高。所以，这对西北和西南各省区市甚至全国更多的省区市来说，都将不断改善其发展条件，增进其共同利益，因而易于获得许多省区市的认可、支持和积极参与，具有成为国家大战略的坚实基础。

（四）带动形成上合——东盟国际区域共同体

建设西部南北通道将促使西部地区形成日益发达的陆海空交通网络，交通的便利化、现代化带动西部各类地区建立起一体化的供应链、产业链、城镇链和利益共同体网络，必然会形成日益发达的西北西南经济合作区。在此基础上，通过国内有关地区和中央的共同努力，以及中国与上合组织其他成员国和东盟各国的共同努力，可以将中国的西北西南合作区发展为上合组织和东盟国家的国际经济协作区，并向一体化的自贸组织过渡。这一战略步骤若取得成功，必将有力地带动"一带一路"沿线地区的发展，创造出推动和影响世界经济发展的奇迹。

在"一带一路"的国际合作中，中国与上合组织的其他 7 个成员国和东盟国家的合作成效是最稳定、最显著的。由于中国的特殊地位和特殊作用，上合组织与"东盟10+1"形成紧密型国际合作关系的有利条件十分明显，这两个国际区域组织有可能通过进一步加强合作，在地域上实现融合发展，形成零关税的区域自贸组织。但是，如果中国西北与西南地区交通设施过于落后、经济交往长期处于不发达状态、各省区市之间隔离性较强，就会成为上合组织与东盟国家之间紧密合作、融合发展的空间隔离带。相反，只有中国西北与西南地区实现深度合作和融合发展，才能使上合组织与东盟国家在地域空间上走向连片式融合，才有利于上合组织与"东盟10+1"在经济与社会发展各领域走向全面的合作和深度的融合发展。所以，通过建设西部南北通道，提高西北与西南地区融合发展水平，并沿几条重要走廊向四周扩展融合发展的范围，就为上合组织与"东盟10+1"的深度合作和融合发展提供了桥梁和核心区。

三、西部南北通道建设的主要政策措施

（一）进一步加强南北通道的基础设施建设

自 20 世纪 50 年代以来，西部南北通道建设已经完成了一些重要工程，具有进一步扩展、延伸和提升现代化水平的基础。2016 年颁布的国家《中长期铁路网规划》，明确提出了建设京昆通道、包（银）海通道和兰（西）广通道的方案，实际上是以建设西北五省和呼包鄂榆地区连接西南、华南各省区的高铁干线及其辅助线路为主要目标，形成西北、西南各省区互联互通以及进出西藏、新疆、青海的便捷通道网，将西部主要城市群与粤港澳大湾区连成一体[1]。现在需要解决的主要

---

[1]国家发展改革委，交通运输部，中国铁路总公司：《中长期铁路网规划》，2016 年 7 月 13 日。

问题是如何根据规划有关目标，建成贯通南北的若干条集束型现代化交通设施，并与东西通道形成更加合理的交叉、交会的布局。这些集束型交通设施应以高速铁路为主干线，同时包括普通铁路、高速公路、普通公路、管道、航空线等多种运输线路，并与沿线地区的地方路网连成一体。在许多地方，交通建设必须与水利建设、资源开发、城镇发展、环境治理等形成综合性的配套工程。其中，需要在国家统一规划下完成的主要交通工程包括：建设兰渝和渝北(部湾)高铁，改善兰州至北部湾的交通条件，形成以呼和浩特—兰州—北部湾高铁线为主干的集束型通道；建设成兰铁路，并尽快规划建设兰州—成都—昆明高铁，形成以兰州至昆明和昆明通向越老泰缅的快速铁路通道；建设兰州至汉中和兰州经广元、恩施至长沙的高速铁路，开通兰州经武汉、长沙至广州和福州的高速运输通道；建设兰州经庆阳、延安至太原高铁，形成京兰大通道的干线设施；加快建设兰州至中卫、银川至呼和浩特高速铁路，以及宝中铁路中卫至平凉段扩能工程；如期完成川藏、滇藏铁路建设任务，为后续进藏铁路建设提供支撑；如期完成库格铁路工程，规划建设格尔木—若羌—和田铁路，形成乌鲁木齐、喀什、和田等地经格尔木分别至拉萨和至成都的交通干线；研究和规划甘藏、新藏铁路和西宁—玉树—昌都等铁路建设工程，争取尽早付诸实施；配合干线铁路工程，建设西部各主要省区市内重要城市之间的高铁或普铁线路，提高省域内铁路网密度；建设与铁路大体平行的包兰成昆、包兰渝北、兰(州)汉(中)武(汉)、兰州—拉萨等高速公路；建设、完善兰州、西宁、银川、乌鲁木齐等西北主要城市与重庆、成都、南宁、北海、贵阳、昆明以及东盟主要国家之间的航空运输设施。

（二）建设一批增强西部各省区市分工优势的重大项目

西部各省区市应当立足各自的省情区情条件，明确本省区市以及下属地区在区域合作大局中的分工位置，争取国家政策给予支持，部署、发展适应大局发展需要和国内外市场变化的产业和建设项目，包括联合商定共同的重大工程项目和规划、实施发挥本地区优势的建设项目。这些项目包括：主要交通线经过本地区的骨干项目和配套项目；南北通道经过本地区的重要区段的建设规划和主要项目，如县乡村公路网和物流设施、物流园区项目等；交通沿线形成城市链和城市群涉及到本地区的主要城镇的建设项目；本地区内有条件成为"一带"与"一路"融合发展的轴带枢纽区的主要项目；本地区在"一带"与"一路"融合发展区建设中发挥支持功能和配合优势的建设方案和主要项目，包括产业的调整、升级项目，跨地区衔接产业链的项目等；与周边国家在本地区内共建各种形式的经济合作区、产业园区的方案和项目；加快补足本地区发展短板的方案和主要项目；其他重要方案和项目等。

（三）积极部署产业和城镇的配套发展

南北通道建设将显著降低商贸流通产业、旅游产业、特色制造业和外向产业发展的成本，进一步拉动大批关联产业和城镇发展。各省区市适应这一趋势，应当进一步加强一、二、三产业的基础环节、中间环节和高端环节建设，使产业、城镇、设施、环境等与南北通道产生的市场需求和内外合作条件相适应、相配套。主要应部署以下几方面的工作：进一步提升地区特色产业、旅游业、资源开发业等在国内外有显著优势的产业发展水平，扩大占领国内外市场；对有一定基础但因以往出口成本过高而发展缓慢的产业给予扶持，使之在南北通道建成的新环境中获得快速发展；对有一定潜力但因缺乏某些条件，尤其是缺乏协作、配套条件的产业，积极创造条件促其发展壮大；对有希望向价值链高端发展的产业，提高其创新能力，开发区、产业园区等要注重发展面向西部合作区市场和国际市场的高端产业，集中建设高端产业聚集区，使之发挥省市域增长极的"极核"功能；依托城市新区、陆港、保税区、产业园区等已有平台,谋划一批省际、国际合作园区项目,为承接更多的产业转移做准备;主动寻找本地区产业链与其他省区市产业链的衔接点,发展以区际产业链为主要纽带的经济协作网络,带动本地区以更多、更强的优势融入区域一体化发展;在科技创新、战略性新兴产业、经济总量、吸引外资、文化发展和带动民族地区发展等方面,增强中心城市的创新基地和产业聚集功能,引领南向和北向的区际协作走持续创新的道路。积极发展各级各类中心城市,集中建设带动城市群发展的省域、跨省域都市圈,促进大中型城市群的形成和发展;沿交通线延伸产业链、城市链,使交通沿线发育成为产业和城镇密集的经济带。

(四)加快西部最不发达地区的建设步伐

南北通道建设的重要目的之一是改善西部最不发达地区的经济交往条件,促进这些地区融入国内外经济协作网络之中。促进西部经济发展条件最差的省份在南北通道建设中紧抓机遇,将本地区与东西南北的相邻地区连成一体化的供应链、产业链、城镇链和利益共同体网络,形成有利于自身发展的各种协作组织和经济协作区,在更广泛的国内外区域合作中加快发展步伐。处于大型经济带和各种经济走廊的辐射范围的欠发达地区,要积极谋划本地区在经济带、经济走廊中的重要分工职能、主要的利益目标和相应的行动方案,并努力争取国家出台有关本地区配合南北通道建设和融入经济带发展的特殊政策,借助经济带的特殊功能和国家政策的效力获得更快发展。譬如甘肃省在这方面应当重点提出以下主要方案和建设项目:将兰州建设成为"一带"与"一路"融合发展区的轴带枢纽,大幅度增强兰州的产业载体能力和辐射带动能力;将处于南北通道沿线的白银—兰州—临夏—甘南—陇南区段建设成为各具特色优势的城市链或城镇群,包括加强白银—兰州—临夏—甘南—陇南区段的交通通信设施建设的项目和城镇建设、产业发展、扶贫开发项目,增强甘肃在"一带一路"融合发展区建设中的支持功能和配合优势;加快补齐甘肃交通设施短板,建设密集程度更高的铁路网和高速公路网,兼顾城市交通、乡村交通、综合交通运输网建设,疏通省内交通的"毛细血管";增强货物运输、换装和通关能力,形成服务全国、连通欧亚的国内综合交通枢纽、国际货运班列编组枢纽和物流集散转运中心的方案,疏通、健全甘川渝、兰西拉、甘宁蒙、甘陕宁物流通道;陆港、空港、保税区要配套建设相应的物流基地,并争取与北部湾港口企业建立、发展紧密型协作联合关系;进一步发展与蒙古国、俄罗斯、东盟国家的经济合作方案,争取与这些国家在甘肃境内共建各种形式的经济合作区、产业园区。主动寻找甘肃产业链与西部和华南各省区产业链的衔接点,发展以区际产业链为主要纽带的协作网络,带动甘肃以更多、更强的优势融入南北一体化发展。

(五)争取中央给予重大政策支持

西部12省区市应联合建议中央将南北通道建设和"西北—西南经济协作区"或"一带与一路融合发展区"建设上升为国家开放发展和推进西部大开发的重大战略,并制定相应的政策和规划给予支持。重点包括:

(1)将西部南北通道建设和"西北—西南经济协作区"或"一带与一路融合发展区"建设确定为国家"十四五"期间国民经济和社会发展规划和西部开发规划的重要内容,研究提出相应的政策措施和建设项目。

(2)实行带有鲜明公益性的特殊投资政策。交通建设带动和促进经济发展特别是欠发达地区的发展是一个渐进的和相对缓慢的过程,是在一轮又一轮的"投资—直接和间接收益—再投资—更大的直接和间接收益"的循环中实现的。南北通道建设要充分认识这种循环发展特点,不能过分看重交通设施建设的近期收益和直接收益,而是要更多地实行战略性、公益性的投资政策,以及交通设施建成后的公益性运行政策,重视在长期的、间接性的区域综合发展中收回交通建设成本,形成交通建设与区域发展相辅相成的良性循环。

(3)提升西部地区区域增长极体系建设水平。国家要配合西部南北通道建设,加大在西部地区建设国家级的支柱行业、产业集群、中心城市、城市群、经济中心区等重要增长极,同时支持西部各省区市建设本地区的增长极,形成由各级各类的骨干企业、支柱行业、产业集群、中心城市、城市群、经济带、经济带网络区和经济中心区等组成的增长极体系,使交通建设与增长极体系建设形成良性互动机制。

(4)提升南北通道沿线地区的战略协作水平。加快呼和浩特—西安—重庆、呼兰渝北(部湾)、呼兰成昆、兰汉武、兰西拉、乌鲁木齐—西宁—成都等沿线城市链、城镇群发展,重点提升呼和浩特、乌鲁木齐、西安、兰州、成都、南宁、昆明、贵阳等内陆中心城市及其辐射带动的城市群、城镇群、经济中心区的建设水平,使这些城市、城市群、经济中心成为纵向和横向经济带的枢纽区和高质量的经济协作区,优化西部产业融合发展和区域深度协作的空间组织形式。在北部湾地区建设西北和西南主要省区的经济协作产业园区,为各省区提供发展临港产业的飞地式平台。建设以北部湾港口群为龙头的内陆省区陆港群,形成西部海港连接陆港、陆港促进海港的互动发展联合体。组建与海港—陆港联合体相配套的西部物流企业集团或物流企业协作体,降低物流和内外贸成本,提高物流业和商贸业运行发展的效率和效益,带动制造业、服务业、农牧业全面发展。

(原载国务院发展研究中心《经济要参》2020 年第 23 期)

现代化区域增长极体系建设： 高质量发展的重要战略途径

习近平总书记最近强调指出，"十四五"时期我国经济发展将面对更多逆风逆水的外部环境，既面临着新的机遇同时也要应对新的挑战，因此必须通过"以畅通国民经济循环为主构建新发展格局"等战略途径，实现新发展阶段的战略目标①。我国经济发展克服来自国际的高风险干扰因素，坚定不移地实现高质量发展目标，稳步达到中等发达国家水平的一条重要战略途径，就是建设具有强大创新驱动能力、内生增长能力和抗击外部干扰能力的区域增长极体系，在全国区域结构方面形成陆海并重、地区互补、分工发达、内蕴深厚、经纬国土、连通世界的空间组织体系，稳步提升"高质量发展的区域经济布局和国土空间支撑体系"②的优势，为内外循环的高效运行和经济结构稳步升级提供现代化的引擎。

一、现代区域增长极及其基本类型

区域增长极是在一定空间范围内实现经济增长和经济发展所依

---

① 习近平：《在经济社会领域专家座谈会上的讲话》，《经济日报》，2020 年 8 月 25 日。

② 《中华人民共和国国民经济和社会发展第十四个五年规划和 2035 年远景目标刚要》，《甘肃日报》，2021 年 3 月 13 日。

赖的优越条件的最佳组合体,其核心的功能是聚集经济要素、实现自身快速发展并带动其他经济体增强发展能力。增长极是区域非均衡发展规律的产物。区域的经济要素总是向条件优越的地区集聚而形成经济相对发达的核心区,核心区的更快发展加剧了区域的极化发展特点,这种极化发展持续到一定程度便会向外围地区扩散经济能量,形成周围地区更快发展的新变化,最终实现核心地区与外围地区的相对均衡发展,随后又进入新一周期的非均衡—均衡发展过程。区域非均衡增长规律表明,在包括国家在内的各类区域的发展过程中,应当把握好极化发展与均衡发展、分化发展与趋同发展既相互对立又相互依赖、相互转化的辩证统一关系,利用非均衡发展规律的积极作用,限制其消极作用,适时进行区域政策、区域战略的调整和发展模式创新,才能促进产业结构高度化和区域结构优化,把握发展主动权。

一般来说,在区域经济开发的早期阶段,以少数的骨干企业和中心城市为主要形式的点状增长极处于主导地位。当经济发展进入较为发达的阶段,增长极的形式及其作用越来越趋于分化和多样化。在现代市场经济条件下,包括国家、省域在内的大区域增长极的类型主要有以下八种:一,企业式增长极——在区域或行业经济增长中发挥支柱作用和重要带动作用的骨干企业;二,行业式增长极——在区域经济中发挥主导性、支柱性、战略性增长功能和带动功能的重点行业;三,产业集群式增长极——区域中发挥主要增长功能和带动功能的企业、行业的密集分布区,包括自然形成的产业密集区和政府推动形成的各种开发区、产业园区、经济特区、自贸试验区等;四,中心城市式增长极——在一定区域范围内处于经济中心地位的大、中、小型城市;五,城市群式增长极——在区域经济中处于核心地位、承担主要发展功能和辐射带动功能的都市圈、城镇群、城市密集区;六,经济

带式增长极——以重要交通线为轴心形成的带状产业密集区或城镇密集区;七,经济网络区式增长极——产业、城镇、交通设施呈网络状分布并具有较高分工协作和经济联系水平的地域综合体;八,增长极体系——各类增长极以其结构和功能的异同相互耦合,形成具有一定整体功能的系统体。

增长极体系是将聚集—扩散功能转化为具有强大的创新功能和创新驱动发展的发动机。高科技企业、高技术行业、技术创新基地,承载高端产业发展的经济技术开发区、产业园区、自贸试验区等现代产业集群,以及承载高科技企业、高技术行业、技术创新基地和产业集群的中心城市、城市群、大型经济带等,这些不同类型的增长极汇合成系统性的网络体,将源源不断地产生自主创新、自主发展和自主带动发展的能力,成为高端产业快速成长并冲破国际上的围堵、打压、封锁的最精锐、最具活力的经济—科技集团军。依靠这样的集团军,可以"优化区域产业链布局,用好我国发展战略纵深"[①],为产业链在全国的健全、畅通提供科学而高效的空间组织形式,带动形成更强大、更广泛的国家整体竞争优势,并为国家的长远发展开拓道路。虽然,在关系国家发展全局和转型升级成败的高端产业领域,今后仍要尽可能地利用国际增长极特别是国际高端产业增长极的辐射带动作用,但更为重要的,则是必须加快建设国内的现代化增长极体系,带动全国及各类地区在快速提高以企业为主体的科技创新水平,加快高端产业发展,深化实施"一带一路"倡议,建设经纬国内、连通世界的经济带网络,形成自主发展与开放发展紧密结合、内循环与外循环融为一体的运行发展机制等方面,取得决定性的胜利。

---

①苗圩:《提升产业链供应链现代化水平》,《经济日报》,2020年12月9日。

二、建设三大"造血型"增长极

增长极的首要特征就是作为区域经济系统的高效"造血器官"，具有增殖物质财富的强大功能并带动区域整体实现持续的经济增长。增长极理论的创始人法国经济学家佩鲁最早提出的区域增长极被称作"推动型单位"，实际上就是以创新型企业为骨干力量的快速发展的经济部门[1]。后来，法国地理学家布德维尔等将佩鲁的"推动型单位"落实到一定的地理空间，提出了产业聚集于中心城市的增长极观点。区域发展的长期实践和增长极理论的演变都表明，骨干企业、产业集群、支柱行业是多种类型增长极中最主要的"造血型"增长极，是带动经济增长的主要"引擎"。现阶段，为了在国内外特殊发展环境中实现经济的持续、稳定、高效发展，建设现代化水平更高的骨干企业、产业集群、支柱行业这三大"造血"增长极，是保证国民经济的稳定增长机制不至于在不利因素冲击下受到损害，并有效带动国家和地区高质量发展的首要战略重点。

（一）建设现代化的骨干企业

以大型、特大型企业和企业集团为主的骨干企业是快速消化吸收国内外创新成果，高效率组织自主创新并将创新成果转化为高端产业优势和经济增长的主力军，是对行业和国家经济发展产生"不可或缺"的深远影响的"行业先锋"[2]。国家在"十四五"期间更加强调"促进各类创新要素向企业集聚"[3]，发挥企业的创新极作用。近年来，华

---

①陈秀山、张可云：《区域经济理论》，商务印书馆，2003年12月，第197页。

②陈春花、赵曙明、赵海然著：《领先之道》，机械工业出版社，2020年4月，第4页。

③《中华人民共和国国民经济和社会发展第十四个五年规划和2035年远景目标刚要》，《甘肃日报》，2021年3月13日。

为等企业搏击于国际市场、企业命运与国家经济兴衰紧密相关的大量事实说明,国家在宏观上必须根据内外环境的新变化,创新和提升以往实施的大企业战略的内涵、目标和实施方式,把培育和发展大型企业特别是发展大型跨国公司、大型科技领军企业作为经济发展的重大战略目标,从体制机制、特殊政策、组织结构、技术创新、经营管理、人员素质、文化实力等方面采取配套性很强的措施,全面增强大企业的创新优势、国际竞争优势和对其他企业的辐射带动功能。要以全国500强企业为骨干,以进入世界500强企业为战略重点,吸收各行业100强中战略前景看好的部分企业和经济欠发达省市的一批骨干企业进入国家级增长极行列,使作为国家级增长极的企业数量保持在1000个左右,形成世界一流的骨干企业队伍,使其在国家和地区经济增长、科技创新、参与国际竞争方面占据稳定的优势地位。各地区立足自身条件,培育主业突出和创新能力、市场竞争力快速增强的大型企业和企业集团,择优支持成长力强大的科技型企业,形成更多的世界500强、全国500强、行业100强、科技创新100强等各类大企业。促进创新能力较强的中小企业通过联合、并购发展成大型企业。继续发挥以国有资本经营为纽带的企业重组优势,将规模不足的若干企业合并成更大企业,快速组建参与国际竞争的大型企业。鼓励、支持本地企业与国内外实力强大的企业、单位发展联合、协作关系,参与跨国的企业兼并、参股、投资活动,通过"双赢"的道路加快规模和实力增长。

支持骨干企业增强整合全球资源、牵头组建创新联合体,依靠创新实力挺进国际价值链高端、主导和引领产业结构升级、带动更多企业发展的综合优势和核心竞争力。发挥企业集团更适于采用复杂的集成技术、实行更为严格的标准化管理等优势,发展成套和配套产品,形成较长的产品链条优势,在大型、成套产品和链条化系列生产方面增强竞争力。提倡和推广华为等企业集中优势力量开发"卡脖子"新业务以应对国际竞争环境恶化的经验，支持大企业突破更多的"卡脖子"技术难点，开发和生产具有战略意义的先进技术产品，形成战略优势强大的新业务领域。

（二）建设五大类新型支柱行业

能够带动经济持续增长并抗击外部干扰的新型支柱行业主要是前后项关联效应强的主导行业、规模巨大的支柱行业和战略性新兴行业。"十四五"需要重点建设的新型支柱行业，应当是以先进制造业为主导，包括用高新技术改造的部分能源、原材料产业、装备制造业和信息、金融、商贸物流、旅游等新兴服务业在内的五大类行业组成的群体。这五大类行业建设的主要目标，是实现各行业由大变强和由低端向高端的智能化、现代化升级，有效弥补国内产业链的缺损环节，引领和支撑国家产业体系增强配套能力和抗干扰能力，保持较快的总量增长和结构升级速度。

（1）建设强大的能源工业。我国未来发展对能源的需求量将进一步增大，能源工业必须长期保持稳定增长，并实现以新能源占比不断增大为主的结构合理化。因此，电力、煤炭、石油天然气、新能源等行业，仍将是带动国民经济持续增长和保证人民生活水平提高的重要领域，同时也是带动关联产业走向高度信息化和绿色化的重点领域。

（2）建设先进的原材料、新材料工业。"十四五"期间，国内发展特别是建筑、机械、能源、家电、军工等下游行业发展以及受疫情影响的国际市场，对资源、原材料产品的需求将保持巨大规模，原材料、新材料产业的支柱地位难以为其他产业所取代。原材料产业一方面要压缩低档产品的过剩产能，另一方面要开发和生产高档产品和新产品，发展新的分支行业，加快技术和结构升级，在增长总量、结构性供给能力和科技创新等方面发挥更强大的支柱功能。

（3）建设智能化、绿色化的先进装备制造业。包括金属加工业、通用和专用设备制造业、汽车等运输设备制造业、电子设备制造业、人工智能产品制造业等在内的先进装备制造业，是增长速度和技术进步最快、规模持续扩大、前后向带动力强劲、战略功能极为重要的主导性产业群。这些产业的主营业务收入约占工业主营业务收入的30%，增加值约占全国 GDP 的 10%，是辐射带动众多行业和整个国民经济发展、加快产业结构升级的主要增长极。要健全这些行业的产业链，提高上中下游各环节的智能化、数字化、网络化、绿色化制造水平和经营效益，增强供应链安全性，稳步向国际价值链高端挺进。

（4）发展以"新基建"为主导的建筑业。传统建筑业一方面存在产能过剩的突出问题，另一方面在能源、交通、水利、环保等基础设施建设领域仍有巨大的发展空间，尤其是在新型建筑领域需要获得更大发展。应当在调整传统建筑业内部结构、优化有效产能的同时，加快5G 基站、新一代通信网络、云计算中心、大数据中心、工业互联网、物联网、大型科研设施、超级计算中心、智能交通和智慧城市设施等"新基建"产业的发展，形成满足国内需求、推动数字经济和高科技发展、提高国际竞争力的优势。

（5）发展新兴服务业。商贸物流、信息服务、金融、旅游业约占国民经济总量的 30%。以技术研发、设计、成果转化、信息以及北斗系统定位、导航等为主的科技服务业，以及跨境电商、外贸综合服务、知识产权等生产性服务业，以比传统服务业更快的增长速度带动服务业与制造业融合发展，成为知识密度不断提高、在经济总量中占比越来越大的新兴服务领域。要进一步扩大这些产业的规模，加快其结构升级，使之发挥带动整体经济转型升级的支柱功能。

(三)加快产业集群的升级

产业集群是带动区域和行业发展的"块状"增长极，是加快和优化区域经济发展、以聚集促进创新的经济空间组织形式。经过近几十年的发展,传统的企业"扎堆"式的产业集群已经普遍演变、升级为规范化的"园区"型产业集群。这些规范化的产业集群主要包括在政府推动下形成的经济技术开发区、产业园区、中外合作园区、自由贸易试验区等具体形式。今后要适应经济转型发展的需要,调整各类产业集群的布局和发展规划,合理拓展产业集群发展、升级的地域空间;提供更好的公共设施、公共服务,促进知识、技术、经验在产业集群内扩散;以创新和复制自由贸易试验区经验为导引,推进全面制度创新,深化体制改革,营造高质量的营商环境,吸引越来越多的国内外企业进入集群区;加大能源、交通、通信、"新基建"、科技研发、生产性服务等方面的基础设施建设力度,提高城市、城市群、经济带等经济聚集区的软硬环境质量;建设高质量的研发中心、科创中心、重点实验室等科技辐射中心,营造激励创新的制度氛围,增强创新的外溢效应,促进高新技术型产业集群较快成长;促进松散式、"扎堆"式产业集群和老工业区向以高技术企业为主导、以产业链为主要纽带的高效产业集群过渡,使产业链成为各类产业集群升级换代的核心推动力;重点支持设立在主要省会城市和大中城市的国家级经济技术开发区、高新技术产业开发区、自贸试验区和省级经济技术开发区实现智能化、综合化升级换代,规范并促进地、市、州、县的各类开发区、产业园区发展,促进诸如生物医药港、芯片城、光谷、智慧化工园区等地方特色高新技术产业集群快速成长。

三、建设增长极体系的主导力量——高质量的多级中心城市

城市是区域增长极的主导形式和增长极体系的主导力量。我国城市化发展已经取得举世瞩目的成就,但城市的质量和功能与世界一流水平还有相当大的差距。"十四五"时期增强增长极体系主导力

量的主要任务，是在进一步增强各类城市自身发展能力和辐射带动腹地的功能的同时，集中建设战略意义极为重要的超大型和特大型城市、省会城市、省域副中心城市和具有快速成长能力的特色城市，以重点城市建设带动形成多级区域中心城市网络，全面提升城市的产业载体能力和智能化、宜居化水平。

在我国，一级中心城市应当是全国城市中规模最大、经济地位最重要、辐射带动范围超过全国半数省区市并且具有较强国际辐射能力的超大规模中心城市；二级中心城市是规模和经济实力仅次于一级城市、辐射带动范围是三个及以上省域范围的城市；三级中心城市是辐射带动范围主要在省域但同时能够辐射相邻省区市一定范围的城市，包括全国多数省会城市、部分计划单列城市和省域副中心城市。此外还有仅在地、州、市域范围内发挥辐射带动功能的小区域中心城市，以及辐射带动县域经济发展的小城市或中心镇。

不同等级的中心城市形成相应区域的经济核心，各类区域的经济核心只有形成网络式的空间结构，才能使高等级城市的经济能量快速传导到低等级城市，低等级城市的要素合理地聚集到高等级的城市，使不同等级的城市之间形成越来越发达的分工协作关系，带动区域一体化发展。

多级中心城市建设的首要任务是建立和完善城市创新体系，将各级中心城市建设成科技主导型或科技引领型的区域增长极，全面增强城市的创新能力和将创新转化为高质量发展的能力。集中力量建设一批急需发挥特殊增长极功能的重点城市，如知识增长中心城市、外向产业发达城市、高加工度工业城市，以及新的交通枢纽城市、国际竞争力强大的港口城市、重要的国防工业城市、云数据中心城市等。加强以"新基建"为引领的城市基础设施建设，推动以智能化为主的城市信息化发展，使传统城市跨入智能化和产业高端化的新阶段。

合理扩大城市规模,以城市新区和开发区、产业园区建设增强城市承载新型产业的能力,优化城市内部结构,形成产业承载力不断增强的多中心、网络化城市空间格式。以探索和推广自贸试验区经验为引领,提高城市营商环境,增强吸引外部投资和聚集高质量经济要素的能力,促进高等级城市向全球城市、国际城市发展,带动增强城市和城市体系的国际竞争力。提高城市的文化、教育等知识服务能力,建设学习型城市,为城市的可持续发展储备更加雄厚的知识、技术和人力资本。深化城市之间的职能分工,突出全球城市、国际城市、港口城市、内陆枢纽城市、经济带支点城市、科创中心城市、金融中心城市、沿海沿边城市等战略功能,强化城市之间的功能互补,同时促进高等级城市面向低等级城市和欠发达地区增强辐射带动力。

四、建设发达的城市群

城市群是单个城市发展能力和综合实力在国土空间上的集群分布形式和职能上的集成体,是带动区域发展和参与国际竞争的战略性地域单元。进入新世纪后,全国城市群呈快速崛起之势,以城市群为核心的多板块区域结构形式和区域间全面分工协作的发展格局基本形成。至"十三五"末,全国已形成12个国家级城市群和一批初具规模或正在形成中的城市群,其中如珠三角和长三角两个城市群已具有世界级城市群的规模和实力。今后建设更加发达的城市群,将使全国的城市发展能力和国民经济系统的组织结构水平获得质的提高,城市和城市群将成为高质量发展和经济结构升级的先行区,并将更加有力地带动国家和地区的高质量发展,增强经济结构抗击外部干扰、保持稳定和高效运行的功能。

建设发达城市群的思路可以概括为以下几方面:促进每个成员城市完善城市职能,形成城市与城市之间职能的正向叠加和优劣互补;增强核心城市的经济实力和辐射带动能力,加快其产业和城市功能升级,有效带动其他成员城市发展;促进核心城市与其他成员城市的产业通过优劣互补和优化组合,发展成为规模大、科技创新能力强、占领较大份额国内外市场的优势产业群,将区域内相对分散的经济要素集聚成高效发展的产业密集区;建设城市群的知识增长中心,形成以研究型大学和科技研发机构为主导,包括各类大学、职业技术学校、文化艺术机构、知识中介服务机构、企业孵化器、科技产业园区的知识生产聚集区,增强城市群的知识资本增殖能力;规划和组织城市群的宜居示范区、绿色发展示范区建设,引领、提高城市群各成员城市的宜居水平和生态文明水平。

五、建设贯通全国东西南北的大型经济带

经济带及其相互交织形成的轴带网络是区域经济发展的又一种有效的空间组织形式,同时也是提高区域经济的开放程度和国际化水平的重要依托条件。我国经济地理学界对经济带作为区域的"发展轴""生长轴""驱动轴"的构成要素、基本规律、聚集—扩散的极化发展特征及其在大区域范围的"跨越性"特征等均作了全面而深入的论述①。在落实交通强国战略中,要优先建设支撑大型经济带发展的交通通道设施,促进形成贯通全国东西南北的大型经济带,形成有效组织、覆盖国内主要地区并延伸到国外的经济带网络,发挥经济带和经济带网络连贯不同区域、穿越天然障碍、对冲区域两极分化、辐射带动越来越广泛的地域范围共同发展的功能,弱化以至消除境内外各种天然屏障和社会因素对经济发展、产业布局和对内对外开放的阻

---

①张文尝、金凤君、樊杰主编:《交通经济带》,科学出版社,2002年2月,第12—42、61—67页。

隔、障碍作用,推动极化发展与相对均衡发展、内向发展与开放发展的有机结合。

近年来,"一带一路"倡议及有关政策、规划的实施,推动了贯通全国东西南北大型跨国经济带建设,正在将各种形式的增长极联结成统一的整体,加快了城市、城市群、经济中心、边远地区等各类区域的融合发展。"十四五"及以后若干年,全国应当重点建设东西向亦即横向的三条一级经济轴带和南北向亦即纵向的四条一级经济轴带,形成"三横四纵"的一级经济轴带网络框架,与国际轴带网亦即"一带一路"轴带网连成一体,形成经纬国土、连通世界的布局和功能特点,发挥辐射带动和有效组织"双循环"经济运行、协调和推动国内外大区域发展的战略功能①。

(一)建设东西向的三条主轴经济带及其主要分支轴带

1. 提高陇海兰新经济带(丝绸之路经济带国内段)建设水平

进一步加强丝绸之路经济带国内区段亦即陇海兰新经济带的交通通信设施建设。规划和实施一批铁路、公路、管道、航空、通信等重大建设项目,形成通畅的交通大通道和致密化、便捷化的交通通信网络。以郑州、西安、兰州、乌鲁木齐等中心城市为节点,分别建设向两侧地区延伸的若干分支轴带,提高丝绸之路国内经济走廊的一体化水平,使陇海兰新沿线与全国其他大型经济区、城市群相通相融,为沿线节点城市扮演国家级大型增长极并在丝绸之路经济带中发挥战略支点作用提供不断扩大的舞台。依托节点城市和分支轴带,培育发达的区域分工协作体系和产业配套体系,以不断增强的区域集成优势参与国际合作和市场竞争。

---

① 安江林著:《增长极体系与跨国经济带建设》,中国财政经济出版社,2020年7月,第190—191页。

2. 促进长江—雅鲁藏布江经济带（长江—雅鲁藏布江—南亚经济带国内区段）的形成和发展

长江经济带是仅次于沿海经济带的国土整体开发的第二轴心区，是将东、中、西部三大区域连成一种新的区域经济共同体的带状增长极。长江经济带在发挥东段和中段自我发展优势并逐步趋于融合的同时，应增强对西段的带动、促进作用，形成以成渝城市群为核心的长江上游经济发达区，发挥辐射周边和向西延伸开发的功能。建设水陆空协调配套的长江—雅鲁藏布江—南亚综合运输大通道，形成成都—拉萨和中印、中尼相通的通道网，将成渝、川西地区与雅鲁藏布江沿岸地区连成一体。进一步向印度、尼泊尔、孟加拉国境内延伸川藏地区的辐射功能，为形成"长江—雅鲁藏布江—南亚"跨国经济带奠定基础。制定和实施川藏—雅鲁藏布江经济带的开发、发展规划，将这一地带建设成西藏和南亚地区的重要经济中心，促进长江上游经济带与雅鲁藏布江经济带的衔接、融合。

3. 建设粤桂黔滇经济带（中缅印孟走廊国内段）

"粤桂滇缅印经济带"或"中缅印孟经济走廊"的主轴带走向大致为"广州—南宁—贵阳—昆明—拉萨—曼德勒—达卡—加德满都—新德里—伊斯兰堡"，将珠江三角洲城市群与南桂昆城市群、雅鲁藏布江地区与中南半岛、南亚等国连成一体，成为与海上丝绸之路经济带基本平行的陆上跨国经济带，是最终形成中国—东盟—南亚经济合作区和自由贸易区的重要基础。我国推动这一经济带形成和发展的主要举措，就是加快建设这一经济带的国内区段，即粤桂黔滇经济带，使之发挥对国外地区的示范、引领、辐射、带动作用。要建设贯通粤桂黔滇四省区的现代化交通网，为华南与西南地区的一体化发展提供基础支持。推进南贵昆三省区与周边国家的互联互通，完善口岸配套设施，建设北部湾等沿海港口城市的后方通道，形成连接内陆并延伸到国外的国际走廊。建设粤桂黔滇城镇—产业密集带,并促其与越、老、缅、印、孟、尼诸国的城镇连通、融合。依托重要节点城市建设一批分支经济带,扩大辐射带动范围。

(二)建设南北向的四条主轴经济带及其主要分支轴带

1. 建设哈大—东部沿海经济带

为了促进"一带一路"轴带网络尽快形成,应当加强"东北亚—中国东部沿海"这一大型跨国经济带的建设。该经济带的国内区段即哈大—东部沿海经济带是我国参与、推动东北亚区域合作体系的战略基地,不仅可以带动我国东北地区发展,加强与俄罗斯远东地区的经济合作,而且能够将丝绸之路、长江经济带与海上丝绸之路连成一体,辐射带动国内外更大区域的发展。

建设哈大—东部沿海经济带需要进一步提高沈哈、京津冀、辽中南、山东半岛、东陇海、长三角、海峡西岸、珠三角、北部湾等城市群的融合发展水平。重点建设京津冀—东北通道、京津冀—长三角—海峡西岸通道、京港通道,以及各个城市群内部的城际交通网,提高城市群的空间组织水平。促进山东半岛、辽东半岛、渤海湾、长江口两翼(苏、沪、浙)、福建、两广、海南等重点海港区的建设和发展,提升大连、天津、青岛、上海、厦门、广州、海口等港口城市的经济中心和海运枢纽功能,合理布局港址泊位,形成以海陆交通线为纽带的功能齐全的沿海港口密集带。促进哈长城市群成长,增强其辐射带动东北地区和东北亚区域发展的功能。全面落实京津冀城市群发展规划目标,带动环渤海城市群在东、北、西、南四个方向进一步扩展空间范围,发挥辐射带东北、华北、西北地区和亚太地区的国际经济中心功能。深化东北亚—中国东部沿海经济带沿线各区段之间的产业分工,提高其产业配套水平和一体化发展水平,逐步实现哈长城市群、环渤海城市群与长三角、珠三角城市群的融合发展。

2. 建设辐射功能更加强大的京广经济带

京广经济带实际上自近代以来就已形成并发挥作用，新中国成立以来获得了更快发展，并与沿海经济带趋于融合。今后建设功能更加强大的京广经济带的重点主要包括：建设结构合理、规模更大、功能更加健全的京津冀城市群，增强京广经济带北端城市群的聚集和辐射能力，形成京广经济带与哈大经济带、沿海经济带的交汇、融合区；建设结构合理、功能更加强大的中原、武汉、长株潭三个城市群，强化其交通枢纽功能、产业载体功能和城镇网络延伸功能，在京广经济带的中段形成城市群连绵区，发挥全国第四大增长极的功能；以京九沿线地区为衔接、过渡地带，提高京广经济带与沿海经济带的融合度，逐步形成京广—沿海均衡发展区。

3. 建设呼兰成昆经济带

呼兰成昆经济带是俄罗斯—蒙古国—中国西部—泰国—新加坡这一大型跨国经济走廊即俄蒙中泰新经济带的国内区段。该经济带以包兰铁路、兰渝—宝成铁路、渝黔北（海）铁路、成昆铁路等重要交通线为轴心，北端从内蒙古呼和浩特—包头城镇群开始，中经银川、兰州、重庆、成都等中心城市，南端分两条支线分别到北海和昆明。将呼兰成昆经济带建设成为驱动跨国经济带发展的区域增长极和战略基地，重点主要有：建设包头、呼和浩特、银川、兰州、成都、昆明等中心城市及其辐射带动的城市群、都市圈，使之分别成为所在区段的经济中心；在呼兰成昆沿线建设向两侧延伸的分支轴带，逐步拓展主轴带的宽度和辐射范围；加强包兰、兰渝、渝北（海）、成昆等铁路及其配套设施建设，同时规划、建设与铁路大体平行的呼兰成昆高速公路，提高铁路、公路、航空、管道等设施的现代化水平和运输能力；与蒙古国和俄罗斯共建中蒙俄经济走廊；与老挝、泰国、缅甸、越南、柬埔寨、马来西亚、新加坡等国家共建中国—东盟七国经济走廊，形成发达的大湄公河流域经济体,使俄蒙中泰新经济带全线贯通并加快发展。

4. 建设北疆—南疆经济带

在新疆的西部建设从阿勒泰、布尔津经克拉玛依、库车、喀什的北疆—南疆经济带，是增强新疆在中西亚和南亚地区经济中心地位的战略性工程。这一经济带沿国际交通线向北可延伸到哈萨克斯坦和俄罗斯的西伯利亚地区，向南延伸则是中巴经济走廊，是西伯利亚—中国新疆—南亚这一大型跨国经济带的核心区段。建设这一经济带将中巴经济走廊与丝绸之路经济带连成一体，沟通陆上和海上丝绸之路，其造福中巴和俄罗斯、中亚国家的互利合作前景非常广阔。目前北疆—南疆经济带所依托的交通条件尚显薄弱，必须加快建设乌鲁木齐、奎屯到阿勒泰、喀什到红其拉甫达坂的铁路和高速公路,进一步提高奎屯、乌鲁木齐到喀什的交通网络水平，促进沿线城镇和城镇群发展。

六、建设一体化经济网络区

比经济带更高一级的增长极形式是达到较高发展水平的一体化经济网络区,其主要特点是拥有发达的交通通信网络、城镇网络、产业链网络、商贸网络、科技创新和协作交流网络，是由高度聚集性增长极过渡到较大范围均衡发展的区域共同体的中间形态的增长极形式。

一体化经济网络区以其一体化水平的不同和经济空间组织功能的差异,分为两种不同的类型:第一种是以较发达的城市群或城市组团为核心、以城市群或城市组团所在的一定地域空间为近辐射范围的相对发达型经济网络区。如以京津为核心的京津冀地区、包括沪苏皖浙在内的长三角地区、以珠三角城市群为核心的粤港澳地区、以长江中游城市群为核心的湘鄂赣大部分地区、以成渝城市群为核心的

四川省东半部和重庆市大部分地区等，就属于这种类型的经济网络区。这种网络区一般是由大型城市群在空间上的逐步扩展和一体化升级而形成的，其最大的特点是能够在相当大的范围内发挥极化发展与均衡发展相结合的功能。这种网络区的内部结构越是合理，网络的密度越高，网络区范围越大，其组织经济运行发展的效率和效益就越高，所在区域的均衡化、一体化发展水平也越高。第二种是以交通网络和主要的经济带网络为骨架构成的能够覆盖更大范围甚至全国范围的经济网络区，这种网络区主要依赖交通网络和经济带网络的连接、贯通作用，将更多的城镇、城市群和更大的区域组织成为粗线条的经济网络结构，只具有初步的一体化水平。这两种一体化经济网络的建设可以实现相互结合，即在建设粗线条的、覆盖全国的交通通道网络和经济带网络的同时，分期、分批建设以城市群为核心的发达型经济网络区，并推动这些发达型经济网络区逐步扩展并相互融合成为越来越大的发达网络区，最终过渡到全国性的发达型经济网络区。这样，一方面能够在不同的地域范围将各种增长极的聚集效应集成为"一加一大于二"的效果，形成整体性更强的极化发展功能；另一方面能够发挥经济网络的整体关联功能，将各级各类增长极的聚集效应转化为扩散效应，产生相对均衡发展的效果。全国和各级各类地区根据各自的增长极发育水平和经济发展的实际情况，分类建设经过努力能够实现的一体化发展网络，就可以有效制约地区分化的趋势，提高经济发展的空间组织水平和区域协调发展水平。

"十四五"及以后时期，通过建设主要的城市群和"三横四纵"的轴带网络以及分布于省市域的二级、三级经济带网络，可以在全国和各大区域搭建起具有初步一体化水平的经济网络骨架。依托这个骨架的支撑、带动，在相对发达的东部地区和中西部条件相对优越的地区，推动京津冀、长三角、粤港澳大湾区、长江中游、成渝等城市群实现空间扩展和一体化升级，率先形成一批发达的地区性一体化经济网络区。再进一步推动地区性一体化网络区相互融合，依次过渡为整个东部地区一体化、东部与中部部分地区一体化、东中部与西部部分地区一体化、全国一体化等发达的经济网络区，最终实现全国经济的较高均衡发展目标。

七、建设以经济带网络为骨架的国家增长极体系

在各种类型增长极构成的区域增长极体系中，企业等"造血型"增长极是基础，中心城市是主导，经济带网络是空间布局结构的骨架，各类增长极既发挥各自的特殊功能，同时也以系统性关联的形式发挥整体性功能。在全国建设"三横四纵"的经济带网络，可以将20多个城市群和国家的一、二、三级中心城市连成一个整体，并通过建设一级轴带两侧的二级、三级等分支轴带，将市州域和县域的经济中心纳入到经济带网络中。这种体系格局，对深化区域之间的分工协作、弱化区域分化的负作用、促进区域之间互动融合发展具有关键性的推动作用。

（一）区域增长极体系的基本模式——三大增长支柱、三级集聚系统、一体化发展网络

将全国的城市群和多级中心城市纳入经济带网络，自然也就将各级区域的产业集群、重点行业和骨干企业等"造血"增长极纳入到了经济带网络中。通过加强经济带和经济带网络建设，发挥经济带网络的空间组织功能，能够以"纲举而目张"的方式推动全国的城市、城市群、产业集群、行业、企业的互动发展，形成"纲""目"一体、宏观与微观协调发展的关联机制。在这种增长极体系中，有三种类型的增长极相互之间形成功能互补且相互交叉、渗透的耦合关系。

第一种是以高速、高效的价值增殖为主要功能的增长极，这类增

长极包括骨干企业、支柱行业、产业集群这三种具体的类型,可以把它们称之为"造血"型增长极。因为它们能够实现自身的快速、高效增长并带动行业和地区的经济总量持续、稳定增长,对区域经济起"造血""供血"的基础支撑作用,是增长极体系和所在区域经济系统中的"三大增长支柱"。

第二种是以经济要素的聚集为主要功能的增长极,这类增长极包括中心城市、城市群、经济带三种具体的类型,它们都是以经济聚集促进创新和提高效率、效益,以创新驱动发展的主要载体。其中,城市群与中心城市相比、经济带与城市群相比,后者比前者的规模、空间范围和聚集效应均高出一两个等级。由于在一定的区域空间范围形成这三个级别不同的经济聚集体,区域经济便能够通过"三级集聚系统"逐层提高聚集水平、创新水平和效率、效益水平,使区域经济的发展能力即使在不增加投资的情况下也能得到质的提高。

第三种是以一体化的网络式发展为主要功能的增长极,这类增长极包括上一节所述的两种具体形式:以较发达的城市群或城市组团为核心、以城市群或城市组团所在的一定地域空间为近辐射范围的相对发达型经济网络区;以交通网络和经济带网络为骨架的覆盖更大范围甚至全国范围的粗线条的、只具有初步一体化水平的经济网络区。这两种形式的网络区都是由高度聚集性增长极过渡到较大范围均衡发展的区域共同体的中间形态的增长极形式,但是前一种的极化发展特征相对较为突出,后一种则具有更明显的均衡发展特征。通过建设这两种形式的网络区,促进它们的功能互补和融合发展,就可有效制约地区分化的趋势,消减极化发展的负作用,带动提高区域间的协调发展水平。

以上三种类型的增长极及其所包含的具体形式之间,存在着以下几种结构关系:第一种是纵向层次结构关系,即较大的增长极包含着较小的增长极、较小的增长极又包含更小的增长极、较大的增长极又包括在更大的增长极系统之中。譬如,城市群包含着中心城市,中心城市包含着产业集群,产业集群包含着支柱行业和骨干企业等,形成"大极"包含"小极"、"极"中有"极"的层次结构关系。第二种是横向并列关联关系,即空间上并列存在的不同增长极之间,存在着竞争关系、相互协作或联合的关系等。第三种是相互交叉、渗透、融合的关系。如在行业式增长极中,包含着一定数量的骨干企业;在中心城市式增长极中,包含着一定数量的骨干企业、支柱行业、产业集群;在城市群中,包含着一定数量的中心城市;行业式增长极的大量企业,又往往分布在不同的中心城市之中;等等。

根据对以上三种类型的增长极及其相互关系的分析可以看出,国家、省域甚至市州域等大区域的增长极体系,都具有"三大增长支柱、三级集聚系统、一体化发展网络"的基本构成要素及其相互耦合的结构关系等共同特征[①]。所以,"三大支柱、三级集聚、一体化网络"应当成为全国以及各级地区增长极体系的基本模式,同时也应当成为各级各类区域实现高质量发展的一种重要战略途径。在"十四五"及以后的发展中,建设"三大支柱、三级集聚、一体化网络"增长极体系,是实现高质量发展的一条稳健而富于创新的道路,也是有效组织和推动国内国际双循环、抗击外部干扰、增强国民经济既开放又安全的发展能力的一种优越机制。

(二)全国最高层级增长极体系的结构特征

按照"三大支柱、三级集聚、一体化网络"的增长极体系模式,可以将全国最高层级的增长极体系框架概括为"500 强企业、400 多个

[①]安江林著:《增长极体系与跨国经济带建设》,中国财政经济出版社,2020年 7 月,第 190—191 页。

产业集群、五大类支柱行业、20个中心城市、15个大型城市群、7条主轴经济带、八大经济网络区、多层次区域增长极体系",其结构特征体现为以下八个方面:

(1)近期内作为国家级增长极的骨干企业以全国500强企业为主体,其中以进入世界500强的企业为骨干中的骨干。对全国主要行业100强企业和经济欠发达省市的一批骨干企业进行考察、筛选,将其中发展能力和战略前景看好的企业选入国家级增长极行列,经过10年左右的重点扶持发展,使作为国家级增长极的企业数量增至1000家左右,形成一支数量较大的世界一流骨干企业队。这些企业要在国内外同行业领域成为科技领先、增长快速、体制机制先进灵活的先锋和典范队伍,在参与国际竞争和带动国家、地区经济增长等方面占据稳定的优势地位。

(2)以219个国家级经济技术开发区、156个国家级高新技术开发区和几十个其他类型的国家级开发区、自贸试验区为主体,同时将重要港口城市的临港产业密集区和经过改造、提升的老工业基地等纳入到国家级产业集群队伍中,形成400多个国家级的产业集群。产业集群要以国家级和省市级的支柱行业、骨干企业为主导力量,健全产业链结构,建立和完善科技创新体系及其配套条件,成为在国际价值链中占据高端位置、在国际市场竞争中具有实力优势的产业集聚区。

(3)建设现代化的能源工业、先进的原材料和新材料工业、先进装备制造业、以"新基建"为主导的建筑业和新兴服务业共5类支柱行业,使这些行业发挥总量增长快、经济支柱稳固、科技创新领先、国际竞争力强大的优势。其中,这5类行业之中分别包含的新能源产业、新材料产业、高端装备制造业、"新基建"产业和知识密集型服务业,要通过优先和重点扶持发展,逐步成长为该行业领域的主导力量。

（4）以北京、上海、天津、广州、深圳、重庆、武汉、成都、沈阳、郑州、西安、南京、长沙、杭州、青岛、宁波、厦门等为主体，形成20个左右的国家级中心城市。国家级中心城市要各有侧重地提高以科技创新为主导的综合创新能力和国际竞争力，增强其在全国、大区域和所在城市群的辐射带动能力。

（5）以长江三角洲、粤港澳大湾区、环渤海、中原、长江中游、成渝、哈长、海峡西岸、北部湾、关中、黄河上游等城市群为主体，形成15个左右的国家级城市群。国家级城市群及其近辐射区域要率先实现先进工业化、高度信息化和相对均衡发展，并沿主要的经济带向更远的区域延伸辐射带动范围。

（6）建设哈长—沿海经济带、长江经济带、京广经济带、陇海兰新经济带、呼兰成昆经济带、粤桂黔滇经济带、北疆—南疆经济带共7条主轴经济带，形成基本贯通和覆盖国土空间的大型带状经济区网络骨架，将沿海、沿边地区与内陆地区及各地区的主要城市、城市群组织到经济带网络之中，形成经纬国土、连通世界的经济空间组织体系，为提高区域分工的广度、深度和内外循环的效率、效益水平提供基础支撑。

（7）依托主要城市群的辐射带动功能和大型经济带的串联、贯通功能，以主要的城市群为核心，分别和分期形成东北、华北、东部沿海、华南沿海、华中—中原、西南、陕甘宁青、新疆共8个大型的一体化经济网络区。近期内主要建设条件相对成熟的京津冀网络区、以长三角为核心的东部沿海网络区、以粤港澳大湾区为核心的华南沿海网络区、以长江中游为核心的华中网络区、以成渝城市群为核心的川渝网络区共5个发达型经济网络区。同时促进西北和云贵等地区城市群的发展，为这些地区形成发达型经济网络区准备条件。随着全国经济的更大发展和城市群普遍成长等条件的成熟，促进各个发达型网络区逐步扩大范围并实现相互融合,形成发达型的八大网络区,并使其逐步连成统一的、发达型的全国经济网络区,实现全国经济的现代化和高度一体化均衡发展目标。

（8）全国的增长极体系自然包括下属各级地区的增长极体系,如东、中、西部和东北四大板块的增长极体系,包括港澳在内的30多个省级行政区的增长极体系,以及省域下属的市州、县市旗等区域的增长极体系。国家增长极体系通过经济带、城市群、省域中心城市等主要构成要素和交通网、产业链等中介关系,与四大板块和省市域的增长极体系层层相通,形成多层、多元关联的系统体。

（三）以增长极体系建设落实新时期的发展战略目标

建设国家和地区的"三大支柱、三级集聚、一体化网络"增长极体系,是落实中共中央提出的"十四五"期间全面建成小康社会和建设社会主义现代化国家的一系列重要战略目标的一种战略实施方式。

"十四五"发展最基本的战略目标就是实现高质量发展,而高质量发展必须有素质精良的经济生力军担当领军之责,作为国家和地区发展的"引擎"提供强大牵引力。尤其是一批顶尖的"引擎",必须发挥好类似"全球最大的金融服务中心、贸易服务中心、航运物流中心和高科技产业中心"等不可取代的功能,为国家的"长远大战略服务",并以强大的综合优势率先"步入世界发达经济体之列"①。"三大支柱、三级集聚、一体化网络"增长极体系是国家和地区国民经济系统中发展能力最强、发展活力最旺盛的经济"引擎"和经济生力军,它通过产业链、供应链、创新协作链和经济社会关系网,发挥对其他经济体的需求拉动、供给驱动、方向引领、创新辐射、标准示范、氛围濡

①张思平著：《深圳奇迹——深圳与中国改革开放四十年》,中信出版集团,2019年4月,第152、172页。

染作用,将自身高端化、智能化、绿色化发展的能力、活力和效果广泛传导给其他经济体,带动高端产业规模越来越大、技术越来越先进,使各类产业的设施基础、技术基础被带向高级化,产业之间的供需链条实现现代化,产业结构走向高度化。同时,增长极体系也从其他经济体的运行发展中获得自身进一步发展的推动力,向聚集水平更高、扩散能力更强、辐射带动范围更大的新水平跃升。由此形成增长极体系带动国民经济高质量发展,国民经济高质量发展推动增长极体系健全、升级的良性互动机制。

"三大支柱、三级集聚、一体化网络"增长极体系是组织国内国际双循环的一种创新方式。各类增长极带动辐射范围内的其他经济体,形成相应的分工协作体和相应的竞争优势,参与相应范围的经济循环。具有一级优势的经济体,譬如具有国际竞争力的骨干企业、支柱行业、产业集群、中心城市、城市群等,依其优势参与国际和国内的经济循环,只具有二级优势的经济体依其优势参与全国范围的经济循环,仅具有三级优势的经济体在省域或略大于省域的范围实现经济循环,经济带、城市群还可以分别组织跨行政区的带状经济区和块状经济区内部的经济循环。增长极体系则带动国民经济整体同时实现国际、国内、省域等不同圈层的经济循环,某个圈层的市场出现了饱和或运行障碍,增长极体系就可以带动经济循环向其他市场分流,形成经济循环在不同圈层的市场进退自如的机制。

(原载《甘肃社会科学》2021 年第 4 期)

建立健全"带群结合"的区域协调发展机制

一、经济带与城市群的互动结合及其产生的主要优势

（一）我国的大型经济轴带和轴带枢纽型城市群

我国在长期的发展过程中特别是在"一带一路"倡议的推动下，正在形成以沿海经济带、丝绸之路经济带、长江经济带等为主干的贯通东西南北并延伸到周边国家的"三横四纵"的七条一级经济轴带及其重要的分支经济带，这些大型经济带在国内许多地区形成相互交叉、融汇的"结节点"，这些"结节点"多为大型的城市群。这类城市群在推动经济轴带发展和轴带网络形成中处于关键性的地位，可以称为"轴带枢纽型城市群"，其所在地区往往是综合条件相对优越、经济聚集效益高、创新能力积累和经济增长较快的大区域经济中心，或者是具有形成大型城市群的巨大潜力的地区。其中主要的枢纽城市群有：丝绸之路经济带从东到西分别与东北亚—中国沿海经济带、京广经济带、呼兰成昆（呼兰渝北）经济带、北疆—南疆经济带形成交汇点，处于交汇点上的枢纽型城市群有苏北—鲁东南城市群、中原城市群、关中—天水城市群、黄河上游城市群、环天山城市群；长江经济带从东到西分别与东北亚—中国沿海经济带、京广经济带、呼兰成昆经济带形成交汇点，处于交汇点的枢纽城市群有长三角城市群、长江中游城市群、成渝城市群；粤桂黔滇经济带从东到西分别与东北亚—中国沿海经济带、京广经济带、呼兰成昆经济带形成交汇点，处于交汇

点的城市群有珠三角城市群和南贵昆城市群。

还有一些城市群虽然不是几条一级经济带交汇的枢纽，但却形成了向四周延伸的辐射型分支经济带。这类城市和城市群可以称为"辐射型轴带枢纽"，如东北亚—中国沿海经济带上的哈长城市群、环渤海城市群，京广经济带上的长株潭城市群，丝绸之路经济带上的关天城市群，呼兰成昆经济带上的呼包鄂城市群等。

（二）"带群结合"是点、线、面结合的经济聚集形式

经济轴带和"轴带枢纽"城市群是构成经济带网络的两种最主要的经济载体，二者紧密相连、相辅相成，是区域经济由点状的和条带型的空间分布形式过渡到网络型均衡分布的重要机制。单一的经济轴带主要依靠沿交通线的纵向联系，加快经济要素的流动，发展沿线城市和城市群的"串联"式分工与合作，形成产业和城镇的带状集群，这与单个城市的孤立发展相比是一种巨大的进步。但是纵横交织的经济带和枢纽型城市群则同时依靠纵向、横向和辐射型的多向性经济通道，能够加快经济要素在360度的区域空间流动并实现优化配置，发展多条经济带沿线城市和城市群之间的"并联"式分工与合作，将远距离、大范围的不同区域连成整体，在经济联系、区域分工与合作、经济要素流动和配置、带动区域经济增长和均衡发展等方面，比点式和"串联"式的城市、城市群有更高的效率和效益。

（三）带群结合的主要优势

带群结合的经济空间组织具有多方面的重要优势，其中最主要的是能够发挥经济带与城市群的双重增长极优势，使区域发展不仅有更加强大的推动力，而且有良好的协调机制。

经济带依托交通线和其他基础设施的通达功能，将沿线的城镇、中心城市和城市群串联成带状的城市和城市群集合体，从沿海到内地到边疆的一条条狭长地带上分布的城镇、中心城市和城市群，能够

更为便捷地建立和发展产业互补、产业配套、商品交换和互利合作关系，使沿线的城市和城市群的功能得到加倍式放大。枢纽型城市群一方面依靠成员城市之间结成地域团块的紧密联系，使单个城市在聚集经济要素、承载产业发展、培育创新能力、优化贸易和投资环境、辐射带动周边地区、加强与其他城市之间的分工协作和经济技术联系等功能得到放大；另一方面将伸向东西南北的各条经济带联结成网络，产生出汇聚和集成多条经济带的功能。经济带与枢纽城市群形成带群结合的空间组织，使经济带增强了串联、聚集沿线城市和城市群的优势，同时也使城市群增强了聚集、集成成员城市和多条经济带的功能，这样就使带群结合的空间组织兼具带状和块状的多重聚集效应，能够更快地发展成为投资效益高、创新能力强、增长速度快、发展水平高、辐射范围广大的相对发达地区，在国内、国际经济循环和区域协调发展中发挥主导性的带动作用。

二、增强陇海兰新沿线五个城市群的轴带枢纽功能

（一）苏北—鲁东南城市群

由于"一带"与"一路"建设、发展的强力拉动，以连云港市为中心的苏北—鲁东南城市密集区正在形成一个位置和战略功能独特的城市群。该城市群是丝绸之路经济带东端与东北亚—中国沿海经济带中段的交汇点，同时也是"一带"与"一路"的会合区，以及环渤海城市群与长三角城市群衔接、融合地带。苏北—鲁东南城市群应当在以下几方面健全其轴带枢纽的结构和功能：进一步加强基础设施建设，形成联结中国与中西亚、欧洲、亚太、非洲的海陆交通枢纽，有效组织和加快要素的全球流动；重点发展国际物流产业和临港型炼化、盐化、医药等加工业，发展壮大海洋产业和配套型服务业，使城市群成为战略意义更加重要的产业聚集区；发展与丝绸之路经济带沿线地区的

产业配套和经济合作,增强丝绸之路经济带的出海发展功能,推动丝绸之路经济带与海上丝绸之路经济带在交汇、融合中更快发展;以产业链为主要纽带,发展城市群各成员城市之间的分工合作,形成青岛、日照、盐城、临沂、徐州、淮安等沿海、近海城市链,成为辐射带动苏、鲁、豫、皖相邻地区发展的增长极;以"一带"与"一路"为主要载体,逐步扩大区域分工合作范围,促进环渤海城市群、长三角城市群和中原城市群融合为一体化的环渤海—长三角—中原经济发达区。

(二)中原城市群

以郑州为中心的中原城市群是丝绸之路经济带与京广经济带呈十字形交叉的轴带枢纽,辐射范围主要包括河南、河北、山西、安徽、山东五省和陕西、重庆、湖北等省的部分地区。中原城市群应当从以下几方面增强和发挥其轴带枢纽功能:

第一,以丝绸之路经济带和京广经济带为直接通道,强化大区域的经济聚集功能,向四周延伸辐射能力,在交通、物流、科技创新、战略性新兴产业、经济总量、吸引外资、文化发展等方面,发挥国内一级增长极的综合功能。发挥带动中部地区崛起和促进中部与东部融合发展的功能,逐步形成包括豫、皖、苏、鲁、冀、晋、陕七省的均衡发展区。

第二,沿京广经济带辐射经济能量,并与环渤海城市群和长江中游城市群形成南北呼应、逐步融合的态势。将邢台、邯郸、安阳、鹤壁、新乡、许昌、漯河、驻马店、信阳等沿线城市纳入京津冀—中原—长江中游城市群连绵带之中,深化城市间的分工协作,以联动发展的形式共同带动中部地区崛起。沿陇海经济带发挥战略支点和"经济泵站"的功能,并与苏北—鲁东南城市群和关中—天水城市群形成东西融合发展态势,共同辐射带动丝绸之路经济带全线发展。提升郑州、洛阳、开封、三门峡、运城、商丘、淮北、宿州、菏泽等丝绸之路节点城市的功能,强化对丝绸之路经济带的战略支撑作用。沿郑州—济南—烟台、郑州—太原—呼和浩特、郑州—宜昌—重庆、郑州—合肥—上海等分支经济带与山东半岛、晋中、呼包、成渝、长三角等城市群连成城市网络,联网辐射带动全国发展。

第三,优化城市群内部的分工协作格局,以区域专业化和产业集群化的布局原则,发展壮大先进制造业、战略性新兴产业、现代服务业,培育一批在国内和国际市场有较强竞争力的先进制造业骨干企业,建成具有全球影响力的物流中心和全国重要的商贸中心,面向国内外延伸产业链,逐步发展成为世界级的产业聚集区。

第四,增强国家自主创新示范区的引领带动功能,完善郑洛新国家自主创新示范区等区域创新平台功能,促进各类创新资源的有效集聚和高效集成。在重大科技领域取得创新突破,依靠不断增强的科技创新实力和专业创新优势融入全国和全球创新网络,实现由经济聚集区向创新聚集区的升级。

第五,完善连接国内主要城市群的综合运输通道,形成布局合理、设施先进的现代综合交通枢纽体系。建设郑州航空港经济综合实验区,提升郑州新郑国际机场区域枢纽功能,形成连接全球重要枢纽机场的空中通道。依托交通通道网和交通枢纽设施,建设联结东西南北的开放型、物流主导型经济示范区,推动交通物流融合高效发展。建设航空港、铁路港、公路港等重要物流园区,以及河南自由贸易试验区、跨境电子商务综合试验区、物流及商贸中心等平台,将区内、国内合作与国际合作紧密相结合,增强区域经济的空间组织功能和要素流动的驱动、疏通、配置功能,发展成为全国的开放发展示范区。

(三)关中—天水城市群

以西安为核心的关中—天水城市群是丝绸之路经济带国内区段的重要经济中心,同时也是国内重要的辐射型轴带枢纽地区。该城市群通过主要的交通通道,可以形成西安—临汾—太原、西安—延安—包头、西安—庆阳—银川、西安—汉中—成都、西安—安康—重庆、西安—南阳—武汉等多条分支经济带, 是将中西部的广大区域组织到丝绸之路经济带的分工协作体系和要素集散体系之中的战略支点。关天城市群应当在以下几方面增强其轴带枢纽功能:

第一,以丝绸之路经济带为直接通道,以呼兰渝北(北部湾)经济带为重要的间接通道,发挥连通周边省区的辐射型轴带网功能,促进国内外经济要素流动和优化配置。扩展和深化与兰州、乌鲁木齐、银川、呼和浩特、包头、太原、郑州、连云港、青岛、武汉、宜昌、重庆、成都等中心城市及其腹地之间的分工协作, 带动形成发达的区域产业配套体系和经济要素集聚—扩散体系。

第二,发挥科技、教育、文化和高端制造业等方面的优势,发展成为辐射国内中西部地区和中西亚地区的科技—高新产业—文化产业聚集区,增强占据高端分工地位、发展高端产业、吸引高端企业和高端人才的国际竞争力,带动中西部地区的国际贸易、金融、文化发展。

第三,承接国内外产业转移,注重对引进的科技成果进行消化吸收和再创新,对进口资源进行深度加工并实现多环节增值,增强带动西部地区产业升级和转型发展的能力。

第四,提高面向西、南、东、北全方位开放的广度和深度,发挥国内一级增长极和国际重要增长极的综合功能。组织周边地区以各自的分工优势和总体的集成优势参与国际市场竞争, 带动西部地区特别是西北地区与中亚、西亚、南亚、欧洲开展广泛合作。

(四)黄河上游城市群

以兰州为中心,包括银川、西宁两个省会城市在内的的黄河上游城市群是丝绸之路经济带与呼兰成昆经济带呈十字交叉的轴带枢纽,是推进西部大开发的重要战略基地。该城市群在国内和国际的不同圈层区域范围均有坐中连四的地理位置优势和四面八方的出国、出海通道，有利于面向国内外各类地区发展门类更多的特色优势产业。黄河上游城市群应当在以下几方面增强其轴带枢纽功能：

第一，增强兰州市在丝绸之路经济带中承东带西的经济中心和产业基地功能，发挥综合条件好、发展潜力大，科技、文化实力和人才、人力资源较为雄厚，对西部民族地区发展具有广泛带动和示范作用等优势，在科技创新、战略性新兴产业、经济总量、吸引外资等方面，持续增强国内一级增长极的综合功能。

第二，与周边城市群共同促进中蒙俄经济走廊与呼兰成昆经济带贯通、融合并形成俄蒙中泰新跨国经济带。以丝绸之路经济带和呼兰成昆经济带为直接通道，同时加强兰州—西宁—拉萨、兰州—重庆—贵阳、兰州—固原—庆阳等次级经济带的建设，以经济带为主要组织形式，辐射带动甘肃、宁夏、蒙西、青海等省区的产业升级和高质量发展，不断扩大东西南北各个方向的国内和国际合作空间。

第三，促进呼兰成昆、兰渝黔桂、兰渝湘粤、甘青藏等交通大通道的现代化、智能化建设，有效组织和带动甘宁青地区与海上丝绸之路经济带和粤桂滇缅经济带的融合发展。发展与西藏以及与印、孟、尼等南亚国家的经济合作，推动以兰州为起点的"甘青藏印经济带"的形成和发展。在重点发展面向中亚、西亚市场的优势产业的同时，注重发展面向海上丝绸之路经济带沿线的特色产业，使产业构成走向多元化和高加工度化。提高城市群内部及其与周边省区的互联互通设施水平，提高与关天城市群、呼包城市群和成渝城市群的融合度，形成发达的兰州—银川—西宁经济核心区和覆盖甘、陕、宁、蒙、青、渝、川地区的轴带网络。

（五）环天山城市群

以乌鲁木齐为中心的环天山城市群是丝绸之路经济带与北疆—

南疆经济带呈十字形交叉的轴带枢纽，是推进向西开放发展的战略前沿。该城市群尚处于形成之中，核心城市和主要成员城市的规模、经济实力以及相互之间的经济联系有待进一步提高和增强。今后应当从以下几方面增强城市群的轴带枢纽功能：

第一，增强在丝绸之路经济带中承内连外的战略功能。以丝绸之路经济带主轴带和北疆—南疆经济带为直接通道，发挥向西开放的门户、前沿和进出口大通道等优势，强化在新疆、中亚、南亚这一区域的经济中心功能。带动建设环准格尔盆地、环塔里木盆地等区内重要分支经济带，以"三环"（环天山、环准格尔盆地、环塔里木盆地）城市链为主体，形成独具特色的全疆城镇空间组织体系。依托陇海兰新、蒙甘新、川青新、新藏等主要交通通道，分别与东中西部主要地区特别是全国主要的城市群地区建立稳定的轴带型经济联系，形成面向国内和周边国家的现代商贸物流网络。依托北、西、南部的出国通道，带动形成向俄罗斯和中亚、南亚等邻国延伸的分支经济带，促进中巴经济走廊建设和中哈俄经济合作区的发展。逐步形成环天山城市群与区内外主次经济带相辅相成的互动发展机制，有效推动"一带一路"在中国西部以及中亚、南亚地区的轴带体系建设。

第二，增强城市群的聚集—扩散功能，辐射带动全疆的产业升级和转型发展。加快建设"三通道"（能源、交通、通信等综合大通道）、"三基地"（大型油气生产加工和储备基地、大型煤炭煤电煤化工基地、大型风电和光伏发电基地）和"五大中心""十大进出口产业集聚区"等战略工程的步伐，在科技创新、战略性新兴产业、经济总量、吸引外资、文化发展等方面，发挥国际区域增长极和国内重要增长极的综合功能。

第三，加强霍尔果斯、阿拉山口等口岸城市建设，增强城市群发展的外向推动力，使口岸城市成为城市群和外向经济带发展的重要

引擎。

三、增强哈大—东部沿海沿线四个城市群的轴带枢纽功能

贯通我国东北三省的哈大经济带以环渤海城市群为接合点,与沿海经济带连成一体,使丝绸之路经济带主副轴带的东端与海上丝绸之路经济带实现衔接、融合,成为"一带一路"轴带体系中具有重大战略意义的国际性大型经济轴带。该轴带从北到南依次有哈长城市群、环渤海城市群、长江三角洲城市群、珠江三角洲城市群绵延相连,其轴带枢纽功能极为重要。

(一)哈长城市群

哈尔滨和长春两市处于东北亚—中国沿海经济带和丝绸之路经济带副轴带(西北欧经莫斯科、新西伯利亚到俄罗斯远东沿海)的交叉位置,在中国东北地区和中、俄、朝三国比邻的东北亚地区处于核心地位。以哈尔滨和长春为"双星式"中心的哈长城市群应当从以下几方面增强轴带枢纽功能:

(1)提升哈、长两市在国际大区域的经济和文化实力,成为高端企业、高端人才和先进科研开发机构等经济社会要素的聚集地,在东北亚地区发挥高科技、先进制造、国际贸易、现代农业、金融、文化的辐射功能和交通枢纽功能。

(2)以东北亚—中国沿海经济带和丝绸之路经济带副轴带为直接通道,形成城市群与经济轴带相辅相成的互动发展机制。要依托经济轴带提升核心城市和城市群的聚集—扩散能力,以吸引要素聚集来促进创新升级和经济增长,以创新升级和经济增长强化对国内外腹地的辐射带动功能。进一步加强互联互通设施建设,深化两个核心城市、成员城市及黑龙江、吉林、蒙东等地区的产业分工,依靠建立发达的产业关联关系优化城市群内部结构。面向东北亚地区提高开放发展水平,增强在国内外大区域的辐射、带动、示范力度,推动中国东北和俄罗斯远东地区向一体化的经济合作区过渡。

(3)在带动东北地区高质量发展中实现重大突破,在经济总量、科技创新、战略性新兴产业、农业现代化、吸引外资、文化发展等方面,增强国内一级增长极和国际区域增长极的综合功能,使东北亚地区成为"一带一路"轴带体系的有机构成部分和跨国经济合作区的典范。

(二)环渤海城市群

环渤海城市群是东北亚—中国沿海经济带的经济中心和国内最大、最重要的辐射型轴带枢纽地区,是东北亚—中国沿海经济带、京广经济带、丝绸之路经济带和京津—呼包经济带的直接和间接的交会区。该城市群以北京、天津两市为双星式的内核,范围包括京、津两市和辽宁、河北、山东三省。环渤海城市群包括了三个次一级的城市群,即以北京、天津为核心的京津冀城市群、以沈阳为核心的辽中南城市群和以济南、青岛为核心的山东半岛城市群,主要成员城市有40多个。三个次级城市群在进一步发展中,将形成组织结构合理、分工协作紧密、交通网发达的一体化城市群,发挥国家一级增长极和世界经济增长极的功能。环渤海城市群应当在以下几方面增强其轴带枢纽功能:

第一,分类建设环渤海城市群的三个次级城市群。重点建设京津冀城市群,发挥其带动全国参与全球竞争和率先提高环渤海地区经济现代化水平的功能。在实施核心城市和主要成员城市的功能疏解、空间优化、产业转移、产业重新组合、产业布局调整、基础设施升级等重大措施的同时,深化、优化城市群内部分工,形成更加高效、合理的组织结构,提高吸纳优质经济要素、创新体制机制、占领世界高端分工地位的综合能力。建立更加高效的城际、区际协作网,提高优劣互补、优优叠加的效益和一体化水平。依托已有的经济轴带并向外延伸更多的经济轴带,增加辐射带动大范围腹地的通道和载体。以要素的高效聚集和高质量组合激发创新动力,形成"提近带远"的良性循环。建设经济实力更加强大的辽中南城市群,增强其工业体系完善,工业化、城市化水平高和产业聚集水平高的优势。增强陆、海互促互补的区位—交通优势,以内向与外向的紧密结合提升经济增长能力。建设战略地位日益重要的山东半岛城市群,增强海、陆丝绸之路经济带的战略枢纽地位。发挥面向国内外市场的开放发展优势,以不断增强的经济实力支撑"一带一路"发展。发展山东半岛城市群与辽中南、京津冀、中原、苏北—鲁东南、长三角等城市群的分工协作,提高与这些城市群的融合度,促进东北亚—中国沿海和陇海兰新沿线城市群连绵带的形成。

第二,更快提升京、津两个核心城市在世界大都市分工格局中的地位和政治、文化影响力,成为世界高端企业、高端人才和国内先进科研开发机构等高端经济社会要素的聚集区,发挥高科技、先进制造、国际贸易、金融、文化的辐射功能和海陆空交通枢纽功能。

第三,以东北亚—中国沿海经济带和京广经济带为直接通道,以紧密相连的丝绸之路经济带和京津—呼包经济带为主要的间接通道,在科技创新、高端产业、经济总量、政治影响、文化发展等方面,发挥全方位、大范围、国际化的辐射带动作用,推动"一带一路"轴带体系发展。

第四,依托伸向四周的辐射型经济带,直接带动周边的辽宁、内蒙古、河北、山西、河南、山东等省区的产业升级和高质量发展,直接和间接带动全国主要地区参与国际竞争和国际分工,发挥国内一级增长极的综合功能。以辽中南城市群为基地,以哈大经济带为载体,向东北亚地区延伸辐射范围,支撑东北老工业基地振兴和东北亚多国合作发展;以京津冀城市群为基地,通过京津—呼和浩特—乌兰巴托通道向呼包地区和蒙古国、俄罗斯延伸辐射范围,支撑中俄蒙走廊地区的合作发展;通过京广经济带向南扩大辐射范围,带动以河北和华中、华南地区为主的京广沿线及两侧腹地的发展,促进京津冀与中原两大城市群趋于融合;以山东半岛城市群为基地,以沿海经济带和丝绸之路经济带为主要通道和载体,面向东亚扩大开放,辐射带动环太平洋地区发展,同时辐射丝绸之路经济带沿线的中原、西北以及中西亚等国内外区域,增强向西开放发展能力。

第五,探索并逐步形成"一群"(环渤海城市群)驱动"四带"(东北亚——中国沿海经济带、京广经济带、丝绸之路经济带、京津—呼包经济带)、"四带"促进"一群"的良性循环发展机制,开创城市群与经济带良性互动发展的新模式。要把城市群的产业聚集功能、创新源泉和创新驱动功能与经济带的经济能量传导功能、创新成果扩散功能结合起来,在国内外高效集散和配置经济要素,带动经济增长,增进共同利益,提升合作发展水平。

第六,在建设环渤海地区各省市中心城市与成员城市间的1—2小时交通圈、实现区域同城效应的基础上,构筑紧密连接京津冀、辽宁、山东三大区域间的一体化综合交通网络,改善环渤海城市群内部各区域合作的设施条件,提升地区经济一体化水平。

(三)长江三角洲城市群

以上海为核心的长江三角洲城市群是全国经济最具活力、开放程度最高、创新和辐射带动能力最强的增长极,是东北亚—中国沿海经济带与长江经济带、海上丝绸之路交会而成的国内最大、最重要的轴带枢纽地区,在带动国内发展和"一带一路"轴带体系建设中具有不可替代的战略核心作用。长三角城市群应当从以下几方面强化其轴带枢纽区的综合功能:

第一，顺应世界科技革命和经济发展趋势，发挥面向全球、辐射亚太、引领全国的世界级城市群综合功能。提高面向世界的互联互通水平和开放发展水平，在全球要素流动、配置中发挥枢纽作用。提升在全球价值链和产业分工体系中的位置，在资源配置效率、辐射带动能力和国际化、市场化、法治化等方面不断攀登新的水平。提升利用外资质量，集聚国际化人才，形成在亚太乃至全球有重要影响力的国际金融服务体系、国际商务服务体系、国际物流网络体系，以不断增强的实力和竞争力参与国际合作。

第二，适应新时期高质量发展需要和担当"一带一路"轴带体系核心支撑点的需要，确定和调整城市群的重要功能定位。在改革开放和创新驱动发展上不断开创新局面，增强新优势，与环渤海、珠三角城市群形成协调配套改革和融合发展的城市群连绵带，带动沿海经济带加快结构升级和综合实力增长。以长江经济带和丝绸之路经济带为主通道，向中西部地区延伸辐射范围，形成并扩展多圈层的区域分工—协作网，发挥全国最大增长极和主要经济中心的功能。在科技进步、高端产业、经济总量、文化发展、进出口和吸引外资等方面，直接带动江苏、浙江、安徽等广大腹地的现代化发展。

第三，增强重要国际门户和国际航运枢纽的职能，面向环太平洋经济带、环印度洋经济带、环非洲经济带和欧洲沿海地区，扩大和深化国际合作领域，驱动"一带一路"轴带体系向五大洲延伸发展。建设连通国内和国际的枢纽型、网络化的基础设施体系，形成内外联网的轴带体系，发挥城市群驱动国内外区域发展的引擎功能。

第四，建成全球重要的现代服务业和先进制造业中心。重点发展高技术和高附加值产业，提升以技术、品牌、质量、服务为核心的国际竞争力。发展具有国际领先优势的先进制造业产业集群，形成以服务经济为主导、智能制造和多产业门类综合配套的现代产业体系。实行以创新驱动分工、以分工推动结构升级的产业政策,不断提高产业体系内部的配套水平和产业体系向外的延伸发展能力,使产业链不断向国内外各类区域延伸。

第五,建成在全球具有重要影响力的科技创新高地。立足科技人才资源优势,面向国际国内聚合创新资源,瞄准世界科技前沿领域和世界先进水平,在国际性重大科学发展、原创技术发明和高新科技产业发展等领域不断取得重大突破,在全球创新网络中占据更为重要的分工位置。建立健全以企业为主导的产业技术研发创新的体制机制,支持企业利用国内外创新资源和创新成果发展新产品和新兴产业。在实施创新驱动发展战略方面为全国提供经验和样板,在国家创新驱动发展进程中发挥引领和支撑作用。

（四）珠江三角洲城市群

以广州为中心的珠江三角洲城市群是海上丝绸之路、东北亚—中国沿海经济带与京广经济带、粤桂黔滇经济带的交汇点,也是我国人口集聚最多、开放程度最高、创新能力和综合实力最强的轴带枢纽地区。该城市群应当从以下几方面增强其轴带枢纽区的综合功能:

第一,优化提升香港、澳门、广州、深圳四大核心城市的综合功能,使之成为带动珠三角、泛珠三角和全国发展的核心引擎。以东北亚—中国沿海经济带、海上丝绸之路经济带、京广经济带、粤桂黔滇经济带为直接通道和载体,在科技创新、战略性新兴产业、经济总量、进出口和吸引外资等方面,直接辐射带动广东、海南、福建、江西、湖南、广西等泛珠三角区域的现代化发展,并通过多条经济带带动华南、中南、西南地区和全国经济发展,增强驱动"一带一路"轴带网络发展的实力。

第二,进一步增强世界级城市群的功能,成为世界新兴产业、先进制造业和现代服务业基地和具有全球影响力的国际科技创新中心、"一带一路"建设的战略支点、国际交通物流枢纽、国际文化交往中心、内地与港澳深度合作示范区、宜居宜业宜游的优质生活圈。面向全球市场发展先进制造业和现代服务业,带动世界大区域发展,成为全球最繁荣、最具活力的经济中心。广州市要发展成为影响力不断扩大的国际城市,成为驱动海上丝绸之路经济带发展的主引擎。香港要提升为全球重要的现代服务业中心之一。澳门要成为世界最具吸引力的旅游休闲中心和区域性商贸服务中心。城市群各个成员城市要发挥面向东南亚的位置优势、侨乡优势和拥有或临近优良海港的优势,提高引进资金、先进技术和管理的能力,并将引进优势迅速转化为输出优势,形成引进—输出的良性循环,率先赶上以致超过世界高收入国家和地区的发展水平。进一步增强华为等一批跨国经营企业的竞争优势,带动更多企业在全球范围内进行产业整合,实现从国际产业链的参与者向主导者转变。

第三,进一步提升城市群的科技创新与技术研发能力,加快发展高技术产业和战略性新兴产业,实现产业结构的高度化升级,在全国率先由要素驱动为主向要素驱动与创新驱动相结合转变。以科技创新为主动力,全面增强综合经济实力,在经济总量增长、产业结构升级、外向和民营经济发展、实现经济社会现代化等方面,不断开创新道路、新经验。

第四,以构建新型交通运输体系为主要依托,促进珠三角城市群在空间结构和功能目标上实现升级。进一步优化海陆运输布局,健全核心带动与轴带延伸相结合的辐射方式,形成海陆经济融合发展的示范区。充分发挥香港国际航运中心和吞吐量位居世界前列的广州、深圳等重要港口的优势,增强港口和海运实力,成为国家海运和临港产业发展的重要支柱。完善粤港澳大湾区至泛珠三角其他省区的交通网络,为大湾区带动中南、西南地区发展拓宽传输通道,提高湾区与广大腹地的经济一体化水平。

四、增强长江沿线两个城市群的轴带枢纽功能

在长江沿线的三个大型城市群中，长江三角洲城市群的枢纽功能在上节中已作了论述，本节只论述长江中游城市群和成渝城市群两个城市群的建设。

（一）长江中游城市群

以武汉为中心的长江中游城市群是长江经济带与京广经济带的交汇区，是我国内陆地区最大的轴带枢纽地区和全国第四大增长极，具有承东启西、连南接北、辐射全国和提振中西部地区的战略中枢功能。长江中游城市群应当在以下几方面强化其轴带枢纽功能：

第一，提升武汉、长沙、南昌三个中心城市的经济聚集功能和辐射带动能力，带动城市群由国家级增长极向世界级增长极跃升。武汉市要借助两大经济带的通道和载体优势，高效聚集优质经济要素，增强科技创新实力和经济增长能力，成为经济实力和辐射力大幅度提升的国际城市。长沙市和南昌市作为下级城市群的经济中心，在科技创新和产业结构升级中与武汉市形成合理分工、紧密配套的关系。武汉、长沙、南昌三市要不断强化功能互补，结成"三星一体"的核心，发展成为具有全国突出优势和世界影响力的产业聚集区和科技创新基地。

第二，长江中游城市群与长江、京广两大经济带要探索、完善"互利协同"的发展模式，提高城市群与经济带的一体化发展水平。要适应两大轴带发展的需要，科学规划城市群及其主要成员城市的功能模式，促进城市和城市群的产业体系面向轴带辐射区的发展需要发挥优势。一方面要沿京广经济带向北延伸辐射范围，与中原城市群趋于融合，同时沿长江经济带向西延伸辐射范围，与成渝城市群相融

合,增强对长江上游、雅鲁藏布江流域和南亚地区的辐射力;另一方面向东、向南延伸辐射范围,寻求与长三角、珠三角城市群一体化发展的分工位置,逐步扩大向环太平洋等国际区域的辐射范围。依托武汉—襄樊—西安、长沙—怀化—贵阳、长沙—桂林—南宁、南昌—赣州—厦门、南昌—鹰潭—福州等主要分支轴带,与丝绸之路经济带、海上丝绸之路、粤桂黔滇经济带及其分支轴带连成网络,辐射带动河南、陕西、重庆、贵州、广西、广东、江西、福建、浙江、安徽等地区的产业升级和综合发展,促进中部地区崛起和中部与东部的融合发展,逐步向发达的沿海—中部城市群连绵区过渡。不断探索和健全经济带与城市群互利、互动的结合方式,增强深度参与国内和国际分工的产业优势和城市、城市群的综合功能优势。

第三,调整城市群内部城镇、交通、产业聚集区的空间布局,为产业发展和城市群内部结构关系合理化、"紧固化"创造有利条件。创新鄂、湘、赣三省各地区、各成员城市之间深化分工合作和融合发展的体制机制,增强各地区、各成员城市在资源、产业等方面的互补、契合效应,形成分工深化促进协作升级、协作升级进一步推动分工深化的良性循环。不断创造城乡统筹发展的新经验,创新并不断完善城市群与经济带一体化发展的成功模式,引领、带动中部地区更快崛起。

第四,优化城市群的产业结构,发挥产业升级和经济转型的引擎作用。重点发展壮大先进制造业、现代服务业、战略性新兴产业和现代农业,形成布局合理、特色鲜明、优势突出、配套紧密的产业体系,成为具有全球影响力和高端产业竞争力的现代产业基地。

第五,建设内陆开放示范区,面向国内、国外扩大开放,实行外向发展与内联发展的紧密结合,提高新型开放发展水平。依托两大经济带主通道和对外联通网络,畅通内外联系,发展全球合作和国际交往,提高对外贸易和吸引外资水平,推动开放型经济向更广泛的领域扩展,增强城市群整体的国际影响力和国际竞争力。

（二）成渝城市群

以成都、重庆为中心的成渝城市群是长江经济带与呼兰成昆经济带的交汇点和西部最大的轴带枢纽区，在带动大区域发展、驱动"一带一路"等多条跨国经济带和更多分支轴带发展中具有重大的战略支撑作用。成渝城市群应当在以下几方面强化其轴带枢纽功能：

第一,成都、重庆两个核心城市要发展成为特色突出、聚集—辐射力迅速增强的国际都市，迅速提升综合经济实力和经济辐射力。发挥核心城市与二级、三级成员城市的梯次辐射带动功能，促进一批大中小城市较快崛起，增加百万以上大城市数量，增强城市群的产业载体功能。优先建设以高速铁路、城际铁路、高速公路为骨干的城际交通网络，形成核心城市间、核心城市与周边城市间、相邻城市间一小时通达的功能。以交通通信和产业链为主要纽带，深化各城市间的分工协作，"加固"各成员城市间的联系，推动松散式的空间结构向紧密型的城市群有机体过渡。

第二,进一步加强城市群对外通道建设，依托交通大通道促进以长江—雅鲁藏布江经济带和呼兰成昆经济带等"一带一路"重要轴带发展，发挥驱动轴带发展的引擎作用。完善向东出海的川渝汉沪通道，增强与海上丝绸之路互动发展的能力。依托兰渝、宝成、西康至襄渝、兰新等干线铁路，拓展连接丝绸之路经济带的通道，增强面向西北地区和中西亚、欧洲的辐射力。依托成昆、成贵、渝昆、渝桂等铁路通道，形成贯通川渝黔滇桂并延伸至东南亚的陆上通道，增强面向西南地区和东南亚的辐射力合作发展能力。促进川藏铁路、川藏高速公路建设，依托川藏通道向雅鲁藏布江地区延伸经济轴带，面向西藏和南亚地区发挥辐射作用。共谋共建俄蒙中泰新经济带国内段即呼兰成昆经济带，将呼包城市群、黄河上游城市群与成渝城市群和南贵昆城市群连成一体,加强西北与西南地区以及西北、西南与俄蒙、东南亚各国的经济合作,提升成渝城市群的轴带枢纽地位。

第三,重点建设城市群内的两个核心城市和成渝发展主轴,以及沿长江城市带、成都—德阳—绵阳—乐山城市带和川南城镇密集区、南充—遂宁—广安城镇密集区、达州—万州城镇密集区。合理布局和重点建设国家级和省级经济开发区、高新技术产业开发区、综合保税区、出口加工区等产业集群,增强产业转移承接能力。在科技创新、高端制造、"两化"融合发展、吸引外资、经济增长等方面,以不断增强的优势直接带动西南地区和引领西部大区域的现代化发展,促进"一带一路"轴带体系建设,发挥国内一级增长极和国际重要增长极的功能。

五、增强呼兰成昆沿线两个城市群的轴带枢纽功能

在呼兰成昆沿线的四个枢纽城市群即呼包鄂城市群、黄河上游城市群、成渝城市群和南贵昆城市群中,黄河上游城市群和成渝城市群已分别在前面两节中作了论述,本节只论述呼包鄂城市群和南贵昆城市群建设。

(一)呼包鄂城市群

以呼和浩特、包头、鄂尔多斯为核心的呼包鄂城市群是京津—呼兰成昆经济带的重要支点,同时也是京津—呼兰成昆与呼包—西安、呼包—太原等重要分支经济带交汇的枢纽地区。该城市群应当通过以下主要途径增强其轴带枢纽功能:

第一,以京津—呼兰成昆经济带和呼包—西安、呼包—太原等经济带为直接通道,实现与京津冀、晋中、黄河上游等周边城市群的融合发展,在促进西北、华北地区经济发展和建设中蒙俄经济走廊中发挥经济中心的分工职能。深化与银川、兰州、西安、太原、京津等周边

城市之间的分工协作,促进大区域产业配套体系的形成和升级,增强对大区域经济发展的组织、带动功能。

第二,发挥资源条件优越和产业聚集度高、产业结构较合理的优势,增强城市群综合经济实力。依托煤炭、天然气、钢铁、稀土、农牧业等资源优势,建设竞争力不断增强的资源型产业和加工业、服务业。通过产业链延伸、传统产业升级、承接产业转移等途径,提高产品精深加工水平,重点发展装备制造业、高新技术产业、农牧产品加工业以及现代服务业、旅游业等产业,形成资源型产业与非资源型产业紧密关联、合理配套的产业体系,支撑区域经济持续较快增长。

第三,发挥毗邻蒙古国和与俄罗斯接近的区位优势,面向北部、东部和西部扩大开放,促进中蒙俄经济走廊与呼兰成昆经济带贯通、融合并形成俄蒙中泰新跨国经济带,带动西北、华北地区与中西亚、俄蒙、东亚开展经济合作,提升外向发展实力。发掘城市群作为轴带枢纽的潜力,积极探索并完善城市群与经济带相辅相成、良性互动的发展机制,增强"一带一路"轴带体系中的战略支点功能。加快贯通东西南北的综合运输网络建设,提高与周边地区和俄、蒙等国的互联互通水平,增强综合交通枢纽功能和大区域物流中心功能。

(二)南贵昆城市群

以南宁、贵阳、昆明为"三星式"经济中心的南贵昆城市群是粤桂黔滇经济带与呼兰成昆(包括呼兰渝北)经济带在西南地区相交叉而形成的大型轴带枢纽,是推进"东盟10+1"战略和驱动海上丝绸之路经济带发展的重要基地。南贵昆城市群包括三个次一级的城市群,即以南宁为核心的北部湾城市群、以贵阳为核心的黔中城市群和以昆明为核心的滇中城市群。南贵昆城市群应当从以下几方面增强其轴带枢纽功能:

第一,三个次级城市群要顺应城市群扩展、升级的基本趋势,通过有效的转型、发展、升级途径,逐步形成区域特色鲜明、组织结构合理、分工协作紧密、内外部交通网发达的大型城市群,发挥国家一级增长极和国际区域增长极的功能。在提高内外互联互通水平和促进三个次级城市群进一步发展的基础上,建设连通省际主要地区的城市链和分支经济带,为三个次级城市群融合为更大的南贵昆城市群奠定基础。

第二,推动粤桂黔滇经济带的发展并使其扩展为粤桂滇缅印跨国经济带,推动呼兰成昆经济带发展并使其扩展为俄蒙中泰新跨国经济带,依托跨国经济带建立、健全与西南、西北、华南地区和东南亚、南亚各类城市的互利合作关系,稳步向国内外延伸辐射范围,提高辐射强度,带动形成发达的跨国经济合作区。深化城市群内部分工,加强和提升南、贵、昆三个核心城市及其带动的省域城市群之间的产业配套关系,提高与珠三角城市群、成渝城市群和长株潭城市群的融合度,依托外通内联的轴带网络增强城市群的经济实力。以不断增强的经济、科技、文化实力,驱动粤桂滇缅印经济带和俄蒙中泰新经济带的延伸和升级,增强"一带一路"轴带体系的战略支点功能,健全城市群与经济带的互动互补发展机制。

第三,建设兼具内外向发展优势的北部湾城市群。以南宁为核心的北部湾城市群是珠三角城市群和黔中、滇中城市群的接合部,是辐射中国西南、华南地区和中南半岛各国的国际区域增长极。要增强南宁市产业集聚、国际合作、金融服务、信息交流、商贸物流、创业创新等重大功能,提升其经济总量、先进制造、国际贸易、金融和海陆空交通等方面的辐射力,成为华南、西南地区和东南亚、南亚这一大区域的重要经济中心。建设以南宁为枢纽的陆海空航运体系,加强与周边省和东盟国家的互联互通。依托主要陆、海通道,形成沿南宁—百色—曲靖、南宁—河池—都匀、南宁—桂林、南宁—北海—海口、南宁—凭祥等主要轴线的区域性分支经济带，将区内和周边的各级中心城市和重点镇纳入城市群体系中，增强要素流动和产业聚集水平。北部湾城市群要增强在粤桂滇缅印和俄蒙中泰新城市链中的地位和作用，与广州、海口、长沙、贵阳、昆明等城市建立发达的分工协作网，促进区域产业配套体系升级。面向以东南亚为主的海上丝绸之路经济带扩大开放，带动西南、西北地区与沿线国家开展经济合作。

第四，建设区域经济中心地位更加重要的黔中城市群。以贵阳为中心的黔中城市群是贵州省发展条件最优越、经济实力最强的重点城市化区域。该城市群在国内的战略定位要突出西部地区新的经济增长极的功能，在新型城镇化、内陆开放发展和生态宜居等方面开创新道路，形成新模式和新经验；在国际区域发展中的战略定位要突出跨国经济带重要支点的功能，加快与滇中城市群和北部湾城市群的融合发展，成为粤桂滇缅印经济带和俄蒙中泰新经济带交叉的枢纽地区。在城乡统筹发展、产业协调发展、基础设施互联互通、生态环境建设、扩大开放与合作等方面实施一批重大工程项目，增强综合发展能力，使城市群及其近辐射地区的经济总量、城镇化率和居民人均收入实现快速增长。优化城市群空间结构，增强贵阳市的核心地位，强化贵阳中心城区和贵安新区的综合经济功能，提高产业聚集水平和辐射带动能力。推进贵安综合保税区、国际旅游休闲度假区、电子信息产业园、高端装备制造产业园和大学城等重要平台建设，提高承接产业转移和开放发展能力。建设连通贵阳与周边主要城市的高速交通网，形成一小时通达的核心经济圈。依托主要交通线形成贵阳—安顺、贵阳—都匀—凯里、贵阳—遵义、贵阳—毕节等省内经济带，将省内区域性中心城市和小城镇纳入到以贵阳市为核心的辐射状轴带网络之中。

第五，建设支撑中缅印孟走廊发展的战略支点——滇中城市群。

以昆明为核心的滇中城市群是沟通华南、中南、西北等主要地区和面向东南亚、南亚,连接太平洋和印度洋的跨国经济轴带枢纽,同时也是中国西南和东南亚、南亚这一大区域的经济中心,在形成粤桂滇缅印经济带和俄蒙中泰新经济带南区段的城市链条中,发挥着承内开外的战略支点职能。该城市群的建设和发展应当突出以下重点:将昆明建设成为国际性的大都市,发挥其带动城市群发展的核心功能和辐射更大区域的综合功能;带动建设东连黔、桂和珠三角地区,西通缅甸、印度、孟加拉国的南宁—贵阳—昆明—瑞丽经济带,形成滇中、滇西向国外延伸发展的城镇链和产业聚集区;建设成都—昆明—磨憨经济带,形成北连川、渝和西北地区,南通越南、老挝、泰国、缅甸等国的城镇链和产业聚集区;建设以昆明、曲靖、武定、楚雄、玉溪为主的核心层城市圈,提高人口和产业聚集水平,重点发展高技术产业、现代农业、先进制造业、化工、冶金、生物、物流等产业,形成对全省和周边地区具有较强带动、辐射功能的城市群核心区;建设基本覆盖云南全省的第二层城市圈,培育边远地区的经济中心,发展各地特色产业和新兴产业,承接产业转移,加快城乡一体化发展。

（原载国务院发展研究中心《经济要参》2022 年第 3 期）

企业如何才能成为区域经济的增长极

近年来,我国经济发展中如何培育、建设区域经济增长极的问题日益突出,解决好这一问题有可能为调整经济结构、转变增长方式、促进区域协调发展、加快新型工业化进程提供新的思路,开辟新的途径。

综观国内外区域增长极形成、发展、演变的历史及其重要经验,可以总结出增长极的这样几种主要形式:骨干企业;支柱行业;产业集群;中心城市;城市群;交通经济带或经济轴带;经济网络;多种增长极相互联结的体系。在这些增长极类型中,骨干企业亦即企业式增长极是其他各种增长极的基础,是区域经济增长能力的主要承担者和主要的造血细胞,因而可以称得上是区域和行业的"造血极"。通过改善市场竞争环境、加强政策引导和采取特殊支持措施等途径,推动骨干企业全面提高自身素质,成为聚集经济要素、吸收科技创新和社会文明成果、创造新的生产力和提高物质财富增殖水平的先进经济实体,是提高行业素质、增强区域经济实力、培育和建设区域增长极的一项基础性战略任务。

增长极理论的创始人法国学者佩鲁认为,增长极的真正极核和真正主体是富于创新优势的企业,他的这一理论反映了现代经济增长的一条重要规律——创新推动下的非平衡发展规律,以及这一规律发挥作用的一种重要形式——企业式的极化发展。

企业是按照市场经济法则从事生产经营的基本经济单位,是现代社会的基本"造血细胞"。现代真正意义上的企业是资本主义机器大生产产生以后才出现的，其中近代公司制企业产生在 16—17 世纪。经过数百年的发展演变，公司制企业的组织结构、功能和制度规范进一步完善，规模空前扩大，在现代社会经济发展中占据着绝对的统治地位。这种不断发展、完善的公司制企业，本质上具有整合经济和社会资源、聚集经济和科技实力、组织社会化生产经营、形成创新能力、通过市场竞争实现优胜劣汰，通过以非平衡发展为主的形式提高社会生产力水平的多种功能。尤其是具有创新优势的企业，乃是各种增长极的真正"极核"和增长源泉。聚集经济要素——形成创新能力——创新带动企业发展——企业发展辐射带动区域或行业发展，这是企业能够成为区域或行业增长极的真正"极核"和真正主体的基本规律和机制，也是社会化大生产条件下生产力加速发展的重要规律和机制。

企业能够在区域经济发展中发挥增长极的作用，有其普遍性的规律和一些特殊的机制，这些规律和机制可以总结为这样几个方面：高效率聚集经济要素；特殊的发展动力；创新成为发展的本质力量；追求大企业优势。

一、高效率聚集经济要素

高效率聚集经济要素，形成微观增长点，是企业能够成为区域增长极的基本特征。企业是经济要素的集合体或聚集体，企业的创建及其运行、发展的本质特征是聚集经济要素，形成社会的微观经济系统，为社会发展生产和增殖物质财富。企业的杰出领导人即所谓的企业家，就是善于发现和引进创新要素、使经济要素实现新的组合、在配置稀缺资源方面能够作出判断性决策的创业者和组织管理者。有效聚集经济要素是企业形成和增强创新能力，实现自身发展并能够成为区域或行业的微观增长点的基础功能。

构成企业的基本经济要素包括：企业从事生产经营的设备、设施、工具、资金等物质要素；以劳动力和企业财产所有者为主的人的要素；专利、商标、劳动经验、信息、文化等精神要素。企业的经营目的、组织结构、制度体系、经营管理方式及其相互之间的关联关系，是企业聚集经济要素、形成创新能力和经济增长能力的主要构造机制。企业按照特定的生产经营目的要求并在市场机制的作用下，通过自身的组织结构、制度体系、经营管理方式等机制，对各种社会和经济要素进行选择、吸收、聚集、组合，形成内部组织结构关系不断合理化的物质转化系统，将输入的各种资源转化为产品和产品的销售收入，发挥创造国民财富、承担社会责任、推进社会文明发展的职能，成为现代各种微观经济组织中增殖物质财富最快的组织形式。

现代企业与传统企业相比，由于具有更为广阔和深厚的市场基础，具有更为发达、便捷的经济社会联系和更为进步、健全的体制和机制，其配置资源、吸收利用社会进步成果的效率和效益也高得多。不仅是企业生产经营直接需要的资金、原料、劳动力、技术和管理人才、专利成果、设备和设施、市场信息等重要资源，而且社会上一切先进的科技和文化成果、一切进步的因素、一切信息和机遇等等，只要能够直接或间接地给企业带来利润、带来成本的节约和综合素质的提高，都会迅速地被善于经营的企业吸收、消化、运用，转化为企业的创新能力和经济实力。企业的文化体系、组织结构、制度体系、经营管理越是先进、合理，企业把分散在社会各个领域的经济要素、社会资源、进步成果等聚合成自身创新能力和转化为自身经济实力的能力就越强，企业的发展就越快。企业的生命力在于创新，而要素的聚集则是产生创新的基础。能够成为区域或行业增长极的企业，其聚集经济要素的效率显著地高于一般企业，这种企业从聚集经济要素到形成创

新能力、经济增长能力和综合发展能力,具有以下几方面的特点:

(1)聚集经济要素遵循着量变引起质变的规律。企业对经济要素的聚集在数量上达到一定程度,即产生某种质的变化,这种变化突出表现为企业创新能力的形成。资本的积累和积聚达到一定程度,能够使企业投资能力发生重大变化,企业必然会在先进技术的研究开发、人才引进和培养、设备更新、信息收集和处理、企业文化建设等方面扩大投入,形成并增强科技创新和综合创新的优势。企业通过兼并、重组、投资建立新的分支机构、扩大经营范围等,就能够更大规模地聚集外部要素,扩大自身规模,实现外部交易的内部化,就可以减少市场风险和交易成本,将越来越大的市场份额控制在企业内部的交易中,从而由非垄断性企业转变为某种垄断性企业,获得垄断性利润或超额利润。

(2)企业系统对外部要素具有更高的转换能力。企业是一种特殊的社会系统,其内部组织结构、制度体系和经营管理方式是将外部环境因素和各种经济要素转换成为企业创新过程和运行、发展过程的基本构造机制。企业聚集经济要素的基本方式是合理配置资源。企业聚集的物质要素、人才和人力要素以及技术、信息、文化、管理经验、专业知识等精神要素相互关联、相互作用,特别是人与人、人与物的相互作用更为重要。有些要素要形成科学、合理的比例,有些要素要形成某种特殊的结构,有些要素的组合则产生某种特殊的机构,譬如建立起各种技术攻关或新产品开发课题组,成立新的事业部、职能处室或新的分公司,建立和健全营销网络、管理信息系统、产学研合作的技术创新组织、与其他企业之间的战略联盟等,能够使企业以节约为原则形成和增强创新能力。作为增长极的企业,在其生产经营实践中或外部环境条件发生变化的情况下,原有的创新功能发挥不良或需要形成新的创新功能时,则能更快地通过管理机构作出新的决策,并组织高效的决策执行活动来调整要素聚集方式和要素的结构形式,形成新的创新功能或使整体创新功能增强和完善,使自己始终处于主动发展的状态。

(3)要素聚集能够激发企业人员的创造智慧,产生创造行为,形成企业的创新过程,推动企业的创新型运行和发展。企业在实现要素聚集的过程中,人这种要素始终处于决定性的、支配的地位。由于人具有主动性、创造性能力,不同要素之间、要素与社会需求之间、要素聚集与社会环境变化之间的内在联系不断被企业的职工和管理人员所认识,形成他们的创造灵感、创造智慧、创造的动机和实践,产生新技术和新产品开发、机构改革、改进管理、企业文化建设等创新行为。譬如,企业调查了解市场行情实际上就是聚集信息要素的一种形式。企业从广大的时间和空间范围上获取的市场信息量越多, 就越容易发现并筛选出有重要价值的信息。通过对丰富的市场信息、社会信息的加工处理, 企业能够了解不同的市场需求以及市场需求与社会许多领域之间的重要联系, 特别是发现其中对企业发展有重大意义的联系,从而形成创造性的管理决策和生产、技术、营销措施,生产出比以前更为先进、优质、文明的产品。

(4)以增强开放性推动企业提高要素聚集能力。开放性是企业产生聚集功能的基本属性, 作为增长极的企业比一般企业具有更强的开放性。企业是建立在社会分工协作基础上的开放型经济组织,开放性是企业以社会为资源的源泉,利用社会力量实现自身发展,有条件成为区域或行业增长极的基本属性。企业是社会化大生产和市场经济条件下的微观经济组织,具有以经济属性为主的综合社会属性。它通过以商品交换为主的形式, 从外部社会系统中获取自己所需要的资源,又把产品(包括服务)提供给社会的消费者;它从消费者购买本企业产品的费用中亦即企业的销售收入中收回生产经营成本并赚取利润,同时又以上缴税费和兴办慈善事业、捐赠等形式将其获得的一部分利润返还给社会;它以有偿或无偿的形式从全社会吸收各种有用的知识、信息等精神要素,吸收经济发展和社会进步的一切积极成果,同时又以自己的生产经营行为、产品的技术和文化内涵、企业形象以及吸收劳动力就业等形式,将自己创造的精神成果和产生的社会影响反作用于社会。企业的内部组织结构及其经济社会功能,以及企业的财产、经济实力等,来之于社会又回归于社会。企业内部的组织结构关系和企业的各种内在、外在特点,以及企业的行为等,体现着全社会的经济关系、政治制度、思想意识形态及其彼此间相互联系的结构特点。企业受积极、进步的社会关系的综合作用较强,它就易于形成科学、合理、进步的内部结构关系和行为特点,体现着社会进步、发展的要求;反之,受消极、腐败的社会关系的作用较强,则体现社会消极、倒退的趋势。企业以配置资源的形式聚集社会进步成果和经济实力的主要途径是市场,此外还有其他非市场的途径。企业生产和经营什么商品、用什么方式生产经营这些商品以及怎样聚集自身所需要的经济要素、在一定时段内聚集多少、所聚集的经济要素形成怎样的结构和比例等,归根结底是由市场需求所决定的,并且是在市场竞争的推动下不断改变的。企业经营活动所覆盖的市场范围越大,其配置资源和聚集经济实力的能力也越强。遵循市场法则、适应市场需求、面向市场开放,是企业生存和发展的首要条件,也是企业与其他经济组织相比能够实现极化发展,发挥区域或行业增长极功能的重要特征。

二、特殊的发展动力

能够成为区域或行业增长极的企业,在发展动力方面与一般企业相比有许多特殊性,这种企业激发其内在动力,感知和转化外部动力的能力比一般企业更为强大。全面增强发展动力是企业能够成为增长极的最突出的特点。

(一)追求利润的内在推动力

追求利润最大化是企业成为区域或行业增长极的内在推动力。企业生产经营的主要目的是盈利,在合理、合法的范围内追求利润最大化是企业实现自我发展的主要利益动机。出于这样的利益动机,企业主动地开发利用自然界和社会的各种资源,以最节约、最有效的方式将人、财、物、信息等要素组织成为有秩序、有计划的生产经营系统及其运行、发展过程,把社会文明成果转化为自身素质的提高,最大限度地增殖物质财富和精神财富,成为现代社会发展、进步的主要微观基础。追求盈利是企业作为微观经济组织的本质属性,追求合理、合法前提下的利润最大化是企业生存和发展的根本推动力,是企业在市场竞争环境中获得生存权的第一需要(马克思语)。企业成员特别是企业财产的所有者和企业的经营管理者受到企业利润最大化目标的强烈吸引,主动、持续不断地为实现发展目标而探索、实践、思考、谋划、行动,是推动企业发展的最主要也是效率最高的一种动力,亦即人们所说的企业的活力。有了这样的动力、活力,企业就能很好地适应内外部环境条件的变化,机动灵活地趋利避害,实现合理增长、自我发展、自我完善和自我约束,使企业创新能力的增强、增长能力的提升和企业规模的扩大永远没有止境。企业追求合理、合法的利润最大化,从直接的、表面的效果看是发展了企业自身,而从本质、从长远看则是增强了地区、国家的经济实力和整个社会的文明水平,是为社会作出了企业的最大经济贡献。

由于市场竞争的普遍作用,任何一个企业,如果它不追求最大化的利润,其他企业就会取而代之,使它只能获得次大化的利润;在次大化的利润范围内,如果这个企业再不追求利润的最大化,又有其他企业会取它而代之;如此循环,这个企业就会被越来越多的企业取而代之,直到最终失去生存权。当然,追求利润最大化不是企业获得发展的唯一的甚至也不是最高形式的推动力量。由于市场经济是法治经济和不断走向更高社会文明的经济,所以企业追求最大化的利润必须是合理、合法的,否则它就会因损害其他经济主体的正当利益甚至违背国家和国际的法律法规而失去生存、发展的资格,这种状况如不改变,企业同样要被淘汰出市场。所以,企业为了实现健康的发展,还必须具有其他方面的动力,如追求科技进步、人员教育、经营信誉、社会责任、社会荣誉、文化成就、职业道德等方面的最好成就,这些方面的动力对增强根本动力、保证企业的规范经营、全面提高企业素质都具有重要的作用。

企业追求盈利的属性随着社会结构关系的演变和发展而发展变化,并且在社会关系的作用下派生出日益进步和丰富多样的其他属性,其中,优秀的、高素质的企业,正是在社会关系和自身属性的变化中,成为社会进步成就的聚集点和社会文明的辐射源。这些企业能够主动适应社会发展的要求,用更为进步的价值观看待盈利、财富、经济实力等,与其他利益主体建立更加进步的利益关系和社会关系,主动改变自身的不良因素,生长和创造优良的因素,吸收、消化、转化、创新全社会的物质文明和精神文明成果,把社会经济系统发展进步中最先进、最优秀的成就吸收进来,转化成自身素质的不断提高,特别是转化为企业管理层和员工素质的提高。聚集社会发展进步的优秀成果,这是社会推动企业、造就企业和企业适应社会发展要求、接受社会进步作用的重要机制,也是企业发挥增长极功能的根本性基础。

优秀的企业还通过发挥自身的各种优势,包括发挥自身的经济优势和发挥有助于社会政治进步、社会环境改善、科技进步、思想道德水平提高、文化艺术发展、物质和精神财富增加等多方面的优势，使其优良的素质逐渐被社会所认可，成为经济发展和社会进步的带头组织。它不仅向社会提供优质、廉价的产品和服务，提供不断增加的税收和其他形式的物质贡献，而且提供高素质的人才、先进的科学技术、独特的文化艺术创造、丰富的思想理论和优良的职业道德，成为经济发展和社会进步的重要物质财富源泉和精神财富源泉。这就是优秀企业成为社会进步成就的辐射源的重要机制。

(二)市场竞争产生的外部推动力

企业间的公平竞争是产生企业式增长极的外部推动力。企业的生存法则是平等竞争、优胜劣汰，由此决定了企业的发展只能是非平衡发展，极化发展是企业非平衡发展的一种典型形式。正是由于这种平等竞争、优胜劣汰的非平衡发展，才使近代以来的社会生产力出现了加速度的发展趋势。

企业配置资源和聚集经济实力的能力越强，企业发展就越快，同时其科技和经营管理等创新成果的溢出效应也越大，对区域和行业的直接、间接带动影响作用也越大。在一定的区域范围内，譬如在一个县、一个城市、一个省、一个国家、若干个国家以至全球等不同层次的范围内，以及相应的行业内，能够以最快的速度、最有效的方式和恰当的广度、深度来吸收、消化、运用高质量的经济社会资源和先进的科技文化成果的企业，就成为该区域范围内竞争力最强和发展最快的企业，因而也就会成为该范围内规模最大、创新成果溢出效应最大、带动区域和行业发展能力最强的企业，而在这方面表现最差的一批企业则被市场竞争所淘汰。由此造成企业发展的极大反差：强者愈强，弱者愈弱。正是由于这种反差的作用，加快了先进生产力的产生、扩散和落后生产力的淘汰，加速了全社会生产力的发展。大而强的企业由此必然成为该区域或该行业内的企业式增长极，即成为该区域或相应的行业内技术进步的策源地、新生产力的发源地和带动区域、行业经济增长的"发动机"。

区域范围大小不同,发挥增长极功能的企业的大小也有差异。在较小的区域内,譬如在一个乡镇的范围内,一个或数个创新能力和经济实力最强、发展较快的企业,哪怕只是小型的企业,就可以成为该区域的增长极;而在较大范围的区域,譬如在县域范围,一个或数个创新能力和经济实力最强的中型企业,则能够成为该区域的增长极;而在地市或省及省以上的更大范围,往往是创新能力和经济实力最强的大型、特大型企业,有条件成为企业式的增长极。在一个经济大国和全球范围内,能够成为增长极的企业主要是一批实力强大的跨国公司。

(三)法人地位产生的产权推动力

法人地位是企业发展成为区域或行业增长极的重要制度条件,同时也是企业发展壮大的重要推动力。企业能够成为区域或行业的增长极,法人地位产生的产权推动力是重要的因素。

法人企业是现代企业的主要形式,法人制度在现代企业制度体系中占据着主导和支配的地位。现代企业作为市场竞争的主体,它必须是独立的组织,有自己独立的财产,能够以自己的名义取得财产权利和承担财产义务。正是由于企业具有这种法人地位,企业才能通过法人制度中的有限责任制度等,最广泛地利用社会资本同时也使自己的资本社会化来从事生产经营,当它需要资本时它就能够从全社会范围内筹集到资本,当它不需要过多的资本时它的资本也能够以有偿的形式被其他主体所利用。这就在制度上保证了任何一个法人企业都可以通过资本运营的方式,开发和利用全社会的资源,形成"聚集经济要素——扩散经济能量"的运行功能。

作为增长极的企业,往往能够通过运用经营创新的措施,把法人制度提供的有利条件利用到极致的地步,从而实现自身的更快发展。

三、创新成为企业发展的本质力量

富于创新优势的企业也就是生命力最强盛的企业, 生命力最强盛的企业才能成为区域或行业最主要的增长极。相反,没有创新能力的企业或者创新能力相对薄弱的企业, 则是难以生存下去并且必然会被市场竞争淘汰的企业。与其他微观社会组织相比,企业由于其追求利润最大化的利益动机、适应市场变化的动态式组织结构及其所处的竞争环境等,能够较快形成创新能力。

可以说,一切创新目的得以实现的重要机制,就是创新要素的有效聚集,企业则更是这样。

(1)个人创新能力的形成和创新活动的进行,是创造性的兴趣、目标、灵感、思维方式、经验、知识、体质,以及支持创造的物质条件等要素实现特殊聚集的结果。一般来说,在自己和他人的实践经验和各种知识、信息、物质条件等要素聚集的基础上,个人创造性思维能力的高度聚集和发挥,就可以形成创新活动,产生创新或创造的成果。

(2)群体创新要素的聚集,如人才、知识、经验、管理、设施诸要素的聚集、组合,尤其是各种人才的聚集和组合,并在群体创造性思维能力的高度聚集和良好发挥的条件下, 即可产生群体的创新活动和创新成果。

(3)企业、单位、行业、地区、国家等各种社会组织系统的创新目的的实现,则需要大规模的、更加多样的创新要素的聚集,如大量的人才、信息(包括知识)、资金、设施以及进步的制度、合理的利益关系、科学的组织管理等要素实现有效的聚集、组合。

企业创新有其特殊性,但也是以创新要素的有效聚集为基础条件的。

（1）企业创新是以技术创新为主的综合创新。对生产企业来说，创新的基础和重点一般是技术创新，技术创新能力往往代表着企业的核心竞争力。随着经济社会发展水平的提高和市场竞争的升级，社会环境和市场结构变化速度加快，企业就通过内部的综合创新措施来形成新的组织结构、制度体系和经营管理方式，研究和开发新的更先进的技术成果，以求与变化了的社会环境和市场结构相适应，以便更有效地通过资源配置的形式聚集经济要素和社会进步成果，实现更有效率和效益的运行、发展。

（2）具有创新优势的企业能够实现更快的发展。企业是在竞争中生存和发展的，企业在技术、产品、管理、营销、文化、经验等方面的单项创新以及由单项创新转化成的集成创新必须具有竞争优势，保持一般化、低水平创新能力的企业，在竞争升级的情况下仍然难逃被淘汰的命运。企业仅仅满足于单项的创新，往往难以形成综合的竞争优势，因此必须不断寻求集成创新的有效途径，善于将单项创新进行聚集和组合，从综合创新中"孵化"出具有新质的先进生产力，如先进的技术、工艺、管理模式，优质的产品，杰出的人才，以至使企业整体发生革命性的更新等。创立品牌、增强品牌效应是企业集成创新的一种重要形式，它把技术、管理、营销、体制和制度、文化等方面的创新集结成为名牌产品，实际上形成了企业内部的一种特殊的增长极——产品增长极或品牌增长极。产品增长极，特别是品牌增长极，乃是企业作为区域增长极极核的"核中之核"。品牌战略是企业追求成功的发展和垄断性优势的最基本、最常用的战略。一些大公司实行多元化经营战略，发展成为多种业务的混合联合公司，更有利于形成集成创新的优势。譬如有的大公司由于内部包含着众多的生产经营部门，具有某种控制市场的能力，其盈利的增长不依赖某一种或少数几种生产经营业务，这种企业的集成创新也往往由原来的多部门、多种业务的分散创新逐渐演变为综合性、集成性的整体经营创新,有的甚至演变为更具有综合性、集成性的金融创新,成为以运营资本为主要业务的创新实体。

(3)体制和机制变革能够加速创新和发展。要素的聚集,譬如资本数量的增加、企业规模的扩大、管理经验和职工劳动经验的积累、技术研究开发成果的增多、企业获取外部信息量的增加等,必然会与原有的体制、运行机制发生摩擦或冲突。作为增长极的企业,更善于通过改革体制和机制,使企业的创新潜力得到更大、更快的释放。

(4)创新与发展相互转化,形成"创新——发展——再创新"的良性循环。企业出于追求利润最大化的利益动机和主动参与市场竞争的需要,在实现了一种创新转化为发展的目标后,往往会聚集更大规模的创新要素,组织更卓越和更大规模的创新活动,实现更高质量的综合发展目标,产生更先进的生产力,形成更大的经济实力。人实现创新能力的动机、企业利润最大化的动机以及市场竞争的优胜劣汰都是无止境的,企业"创新——发展——再创新"的过程也是无止境的。作为增长极的企业,其顽强的生命力就在于它具有把创新能力转化为经济实力的增强,以增强了的经济实力支持创新水平的进一步提高的良性循环式运行发展特点。

四、大型企业具有成为增长极的特殊优势

近代以来,企业的发展显示出无止境的规模扩张和不间断的结构优化、升级的趋势,体现为"要素聚集——资本增殖——规模扩张——更大规模的要素聚集——更大规模的资本增殖——进一步的规模扩张"的循环上升特点。追求大企业优势是企业能够成为区域或行业增长极的重要特点。

现代大企业(包括大型企业集团),特别是一批左右世界经济发

展的跨国公司,富可敌国,是国家、地区、行业的经济支柱和综合实力的体现者,其极化发展特征使其在国家、地区和行业的发展中成为其他企业难以取代的战略支撑力量。全球100多个最大的经济实体中,约有一半为大型跨国公司。一批实力强大的跨国公司甚至成为拥有超市场权力的"商业帝国",在世界经济结构中扮演着"特殊王国"的角色,成为最能组织和管理全球性生产经营的国际经济发展中心。

大型企业最有条件成为区域和行业的增长极,其极化发展的功能主要有:

(1)区域的经济支柱。大企业比中小企业更易于降低成本,提高经济效益,扩大盈利水平,实现规模化生产经营。其中实力强大的公司通过企业间的合并和兼并,强化资本运营,迅速积聚有效资产,实现规模的超速扩张,成为国家、地区和行业经济增长的主要力量,能够带动提高区域整体经济运行质量和经济增长速度。在能源、矿产、原材料、装备制造、铁路、航空、通信等基础产业领域和金融、商品零售、外贸、旅游、旅馆等服务领域,大型企业能够形成强大的核心竞争力和市场开拓能力,为社会提供大批量、多种类的产品和服务,形成越来越复杂的生产分工体系和不断延伸的产业链条,带动众多的中小型企业和相关行业发展,甚至带动形成日益发达的产业集群。世界多数发达国家和主要的发展中国家,都是以大型企业为国家的经济支柱力量的。韩国从20世纪60年代初期到90年代中期成功地实现了工业强国的发展目标,其主要战略措施之一,就是扶持大企业发展,三星、大宇、LG、现代、双龙等30家大型工业企业的产值占到了韩国工业总产值的80%左右,是名副其实的经济支柱力量。我国东部沿海地区经济快速发展的成功经验之一,就是走"名牌兴企、大企业兴市"的道路,依靠大企业及其名牌产品带动区域整体发展。青岛市可以看作"名牌兴企、大企业兴市"的典型,被誉为"名牌城市",海尔、海信、青岛啤酒等 10 家拥有名牌产品的大企业的经济总量占青岛工业经济比重的 50% 左右,年销售收入、工业增加值、实现利润占全市总量的 40% 以上。广东省拥有名牌产品的企业(大多数是大企业)仅占省级规模企业总数的 0.5%,其完成的产值却占全省的 6.1%,对全省工业总产值增长贡献率达到 12.7%,拉动全省工业总产值增长 2.4 个百分点,TCL、美的、格兰仕、康佳等一批拥有名牌产品的大企业不仅是广东省的经济支柱,而且在世界上代表着中国工业企业的形象。我国西部地区经济发展同样是以大企业为支柱的。与沿海地区的大型骨干企业多为改革开放后成长起来的拥有名牌产品的企业不同,西部多数省区市的大型骨干企业多为能源、原材料企业和资源转化型产品生产企业、传统名牌产品生产企业。西部的一批老工业基地城市,一两个或少数几个大型企业的产值、销售收入、利税等占到全市总量的 60%—80%。如甘肃的金昌市、嘉峪关市,四川的攀枝花市、德阳市、绵阳市,云南的个旧市、玉溪市,贵州的六盘水市等,就属于这类少数大企业左右经济全局的城市。这些城市的形成及其经济实力的快速增长,大企业作为增长极发挥了决定性的作用。

(2)自主创新的主导力量。大企业更有利于聚集技术创新因素,形成强大而持续的科技创新能力和集约化生产经营能力,能够生产有重大技术进步意义的专利产品和物质产品,保持技术领先地位并推动生产经营方式的不断改进。由于科技创新的投入一般具有周期长、数量大、见效慢、风险高的特点,规模和实力较差的企业往往难以承受,而大型企业则能够集中优势的财力、物力、人才、智力,承受短期的利润损失,形成战略性的科技研发能力,在基础研究、应用研究、新产品和新工艺开发领域长期领先于国内外同行业,获得更丰厚的产品销售利润,甚至在产品利润方面长期占有垄断性优势。

(3)行业的发展基地和骨干力量。一定数量的大企业的存在有利于保持行业的合理集中度,带动行业优势的增强和行业规模的扩大,甚至使一般的行业较快发展成为地区或国家的主导性、支柱性行业。竞争性行业的合理集中度,大致体现为少数大企业的产值、利税、资产等占行业总量的50%—60%。大企业要成为行业的发展基地和骨干力量,应当具备这样的条件:企业所在地集中了行业的主要生产能力,在地区、全国以至世界同行业企业中成为第一、第二或至少在排名的前列;企业具有巨大的发展潜力,是行业的主要增长源和主要的创新力量;企业是行业产业链的核心环节;企业是行业文化的领路人。

(4)先进发展方式的示范基地。大企业在与国内外竞争强手的较量中,更有利于创造先进的发展方式和文化模式,淘汰落后的发展方式和文化模式,从而成为行业和地区先进发展能力的辐射源,带动行业、地区甚至国家提高综合素质。

(5)国际化生产经营的领导力量。大企业有利于吸收、整合并有效利用全球资源,带头追赶甚至创造国际先进的科技水平和生产经营水平。

(6)区域的主导性财源。大企业同时也是国家或地区的大财源,能够通过以财政为主的途径反哺区域经济社会发展相对缓慢的领域,主要是反哺农业和农村,支持和带动经济社会整体更快发展。

(7)体制、机制和管理创新的辐射源和示范点。大企业的体制、机制和管理活动比中小企业复杂得多,在参与大范围、全局性的市场竞争和全社会的发展、变化过程中,经常承受着体制、机制不适应外部环境的多种压力,经常需要进行体制、机制的革新以增强发展动力,快速响应市场,由此就成为体制、机制和管理理论创新最全面和最快的经济主体。

(8)企业家的学校。杰出的企业家是建设企业式增长极的重要条件。经济学家罗斯托根据熊彼特的创新理论认为,经济成长需要有一批像熊彼特所说的那种"富有创新精神"的、"不怕冒风险的"领头人物,他们能打破旧的传统,开辟新的道路。罗斯托在这里表述了一个重要的观点:企业在经济发展中的创新极化作用往往体现为企业家发挥创新精神的"人极"作用。大企业能够培养、锻炼出数量可观的企业家人才。具备一定企业管理基础知识的人才,经过在大企业的经营管理岗位上的实际工作锻炼,成为具有实际管理才能的企业家后备人才。一个地区的大企业数量越多,企业家后备人才的队伍就越庞大。当然,中小型企业也能够培养、锻炼出优秀的企业家人才,但中小型企业的内部组织结构和经营管理工作相对简单,其培养、锻炼的企业家人才虽然也有许多的长处,但同时也具有视野相对狭窄、参与重大战略决策的机会不多、缺乏管理国内外大范围生产经营活动和复杂业务的能力等缺陷。充分发挥大企业的企业家学校的功能,就能够产生出越来越多的杰出企业家,由他们创办出更多的极化式发展的优秀企业,企业式增长极的辐射功能就更为健全。

(原载《环球市场信息导报》2010 年第 6 期)

第四部分
工业经济理论研究

中国能源体系转型的紧迫性及其基本道路

能源产业是保证现代经济社会持续发展和国家安全的重要基础产业，而能源短缺和能源生产、消费所造成的环境污染则已成为全人类面临的严重危机之一。不论是发达国家还是发展中国家，走出这种危机的共同道路就是推动以石化能源为主导的传统能源体系转变为以可再生能源为主导的清洁能源体系，并带动传统的工业主导型经济转变为低碳型、生态效益型的知识主导型经济。中国经济今后能否持续、健康发展，我国政府能否兑现到 2020 年单位国内生产总值二氧化碳排放比 2005 年下降 40%至 45%的承诺，在很大程度上取决于能源体系能否成功而较快转型。因此，必须顺应世界能源转型、经济转型的共同规律和基本趋势，立足国情特点，制定和实行科学、可行的能源转型战略并使之成为新时期调整经济结构、转变发展方式和实现经济持续、较快增长的战略重点，在清洁能源及相关产业领域形成并逐步增强有自主知识产权的科技创新实力和国际竞争优势，以能源转型带动新一轮经济快速增长，开创中国能源革命和低碳经济发展的新道路、新局面、新时代。

一、我国能源体系的主要问题

我国的能源供给和能源消费结构严重不合理，尤其是过多地依赖煤炭资源，带来水资源破坏、矿区生态环境恶化、温室气体和二氧化硫等污染物排放严重超标等环境危害，同时面临着交通负担过重、资源供给难以为继等问题,是发展低碳经济、循环经济的主要障碍。与世界平均水平相比,中国的石油天然气和一次电力在一次能源中的比例过低,煤炭在一次能源生产总量中的比重由20世纪80年代的75%上升到2004年以后的81%以上,远远高于世界26%左右的平均水平。我国电力的结构特征是以火电为主、水电为辅,核电和其他新能源发电比重过低。1995年以来,火电在总装机中的比重约为75%,发电量的比重在80%以上;水电在总装机中的比重维持在24%左右,在发电量中的比重约18%,核电装机的比重为1%,风电装机比重近年来上升较快,太阳能、生物质能发电比重很小。

(1)化石能源特别是煤炭的使用带来大量的二氧化硫和烟尘排放,是造成大气污染的主要来源。2000—2008年全国煤炭消费量由14.11亿吨增加到28.11亿吨,增长了近1倍;二氧化碳、二氧化硫等工业废气排放量由13.8万亿立方米增加到22.95万亿立方米,增长了1.8倍。而发达国家近十几年来工业废气排放量则呈持续下降趋势。1990—2002年,美国二氧化硫排放量下降了23.71%,英国下降了73.05%,日本下降了14.39%,德国下降了88.58%,法国下降了56.43%,意大利下降了62.51%。中国由于二氧化硫排放造成的酸雨不仅给本国造成严重损失,还殃及到邻近国家。

(2)不合理的能源结构特别是电力结构是造成二氧化碳等温室气体排放量快速增长、阻碍低碳经济发展的主要原因。我国经济发展中的碳排放强度即生产单位国内生产总值的二氧化碳排放量显著高于世界平均水平。2004年我国碳排放强度约是世界平均水平的3.43倍,化石能源的二氧化碳排放总量为13.7亿吨,仅次于美国。2007年我国能源行业二氧化碳排放占全国总排放量的比重接近90%。1980—2003年,中国能源生产结构中煤炭比重由71.4%%上升到79.8%,2004—2008年以后,这一比重一直在81%以上。2005年全球一次能源消费构成中煤炭仅占 27.8%,中国则高达 74.1%,2008 年上升到 74.9%。以煤为主的能源生产结构和消费结构使得中国在降低单位能源的二氧化碳排放强度方面比其他国家面临更大的困难。电力部门是我国碳排放的主要生产部门，而煤电则是电力部门碳排放的主要领域。1980—2005 年我国电力生产的碳排放增长迅速,2005 年碳排放相对于 1980 年增长了 5.57 倍,占化石能源利用碳排放的比例由 1980 年的 21.07% 增长到 38.73%，其中煤炭发电的碳排放占发电碳排放的比例由 79% 增长到 97%。我国电力构成中火电占到 75% 以上,1991—2005 年煤电占火电的比例在 90%—96%。2007 年煤电占全部发电量的比例达到 80.9%，而世界各国的平均比例为 41.6%。煤电比例过高是造成二氧化碳大量排放的主要原因。减缓电力生产的碳排放增长速度是减缓全国二氧化碳排放增长速度的主要领域，其中主要应当降低火电尤其是煤电比例和发电煤耗。不论是发展中国家还是发达国家，二氧化碳的排放量都是随着经济总量的增长而增加。今后随着经济的发展,我国能源消费和二氧化碳排放量必然还要持续增长,碳排放的形势相当严峻,出路只能是降低化石能源在能源生产总量中的比重，实现能源体系由化石能源主导型向清洁能源主导型的根本性转变。

（3）大量消耗以煤炭、石油为主的化石能源和化石原料的化工、冶金、电力等行业在工业体系中比重过大，是高碳型经济难以转变为低碳经济的重要原因。如 2007 年主要的煤炭消费行业的煤炭消费量占全国煤炭消费总量的比例分别是：电力 51%，采掘业 6.83%，石油及化学工业 14.66%，建材等非金属矿物制品业 6.66%，黑色冶金 8.7%，这 5 个行业的煤消费量占一、二、三产业各行业煤炭消费量的 87.85%,其工业增加值占全国 GDP 的 18.57%、占全部工业增加值的 39.89%，而电力行业的煤炭消费占各行业消费总量的一半还多。近十年来的统计数字表明，我国单位国内生产总值电耗高于世界平均水平的 1 倍到 1 倍半，高于 OECD 的 3—4 倍。其中，火电厂发电煤耗高于发达国家和中等发达国家 10%—18%，钢铁、水泥、乙烯、合成氨、造纸等产品的能耗分别高出 15%、30%、60%、35%、80% 以上。

（4）"十一五"以来各地大力发展风电、太阳能发电和水电等清洁电力，使为之调峰、配套的火电项目和火电规模急速扩大，原本没有布局火电项目的风电、水电基地附近，日益严重地受到煤电的污染，并且引起了煤炭长途运输的新难题，清洁能源的发展反而带来了更大规模的化石能源消耗。

（5）煤炭运输越来越成为制约经济发展的重大难题。东部地区建设必需的本地电源仍以煤电占绝对优势，造成了大规模、远距离的东煤西运、北煤南运，所运原煤中有效的碳元素不到 1/2，实际上等于每年将原煤中包含的数以亿吨的土石和杂质运送几千公里，而且随着电煤运量的不断增长，运输通道建设的任务紧迫而繁重，所造成的交通拥挤、事故频发和运力、资源的浪费与日俱增。一旦电煤运输受阻，往往造成灾难性的后果，使经济运行面临着巨大的风险。

二、能源结构调整的战略方向和战略途径

未来 20 年是中国实现快速工业化和城市化的发展阶段，社会需求增长仍将拉动高耗能工业较快增长，能源短缺现象将更加严重，而能源减排的压力也将成倍增加。目前中国人均能源消费量还不到发达国家人均水平的 1/3 和美国的 1/5，如果达到这个水平，全国能源生产总量将要比现在增长 2—4 倍，若能源结构不实现重大转变，以 2007 年的 25.86 亿吨煤炭消费量为基数，每年的煤炭生产总量必须分别达到 78 亿吨和 130 亿吨。这样的煤炭消费规模不论从环境的承受能力还是从运输线的承受能力来看，都是难以想象的。2030 年以

后,中国将进入经济较发达的后工业社会,实现各类产业的高效益、低排放甚至零污染以及全社会的生态文明将成为主要的发展目标,加快能源结构向清洁化方向转变是实现新型工业化和后工业化目标的重要条件。因此,在今后的三四十年间,依靠扩大开发化石能源来缓解能源短缺的道路已难以走通,必须从能源开发的多元化、能源技术的重大突破和能源体系清洁化等方面寻找出路。

从能源技术进步的趋势看,未来能源开发和能源结构调整的战略方向应当是:以自主研发和推广节能技术、提高能效技术、化石能源高效和洁净开发利用技术、先进核能开发利用技术、可再生能源规模化开发利用技术、大型水电工程技术、先进可靠的电力输配技术、氢能与燃料电池开发技术等为主要途径,加快先进能源技术的产业化步伐,实现以能源产业构成多元化和能源生产、消费清洁化为主要特征的可持续发展目标,发电装机结构向高效、清洁化发展,扩大水电、核电、风电、太阳能发电以及多种可再生能源生产,相对降低一次能源中的煤炭消耗和以煤电为主的火电比重,根据能源技术进步的总体状况,分阶段实现能源结构调整和能源体系转型并带动低碳经济、生态型经济发展的战略目标。

根据能源科技专家预测,氢能将是人类最终应对能源短缺、实现能源生产和能源消费清洁化的主要能源。但是,我国大规模开发氢能在 21 世纪的前 50 年内还难以占有重要地位,在 2050 年前后,占主导地位的清洁能源有可能是太阳能和核聚变能,氢能在太阳能和核聚变能获得大规模开发利用之后有可能成为主导性能源。但是 2030年以前,太阳能还难以取代传统能源的主导地位,因为在技术上和产业的成熟性方面克服太阳能发电、供热的间歇性等缺陷尚需较长时日。目前可控核聚变能在工业上大规模生产的技术还处于研究与开发阶段,估计这个阶段将要延续到 2050 年前后。而在 2030—2040 年前后的几十年间,以大规模开发利用核裂变能(即人们习惯上所说的"核能")为主,同时以尽可能地扩大开发利用太阳能、风能等可再生能源为补充,是更为现实的能源结构调整途径。2030年至2050年前后的20多年间,能源结构变化的大致趋势可能是:太阳能将获得快速发展,但是否有条件成为主导型的清洁能源产业,取决于太阳能技术的进步和成熟状况;风能的开发利用在能源总量中的比重也将显著提高,但风能在开发的总规模方面由于受到资源状况的限制,难以成为主导性的清洁能源产业;这期间核能、太阳能、风能和一定规模的氢能这四种清洁能源的总规模可能会超过化石能源居主导地位,四种清洁能源与清洁化的化石能源将成为能源结构多元化的主要角色。2050年以后,核聚变能、太阳能的开发利用将成为能源体系和能源可持续发展的主要角色,随后氢能的开发将加快步伐并逐渐成为主导性能源产业。21世纪后半期,能源生产和消费将最终实现清洁化。

根据能源科学技术进步和能源结构演变的上述趋势,我国能源结构调整和能源体系转型的主要阶段及相应的措施大致为:

2020年以前,能源结构调整的主要任务是推广节能技术,实施综合节能措施,关停能耗高、污染重的小火电机组,在现有技术水平上努力扩大水电、核电、气电、清洁煤发电和新能源发电的比例,同时推动核能、可再生能源及燃料电池等关键性能源技术获得重大突破,为清洁能源的更大规模产业化奠定基础,形成以煤为主但煤炭比重逐步降低的多元化能源产业体系。

2021—2030年,依靠先进能源技术研究开发所取得的成果,更大规模地开发利用核裂变能,同时尽可能快地开发利用太阳能、风能等可再生能源,争取使核电在发电中的比重达到15%左右,风能、太阳能等可再生能源实现规模化生产,电动汽车、氢能燃料电池汽车和分布式电站实现商业化应用,清洁能源在能源体系中的比重较快提高,煤炭在一次能源中的比重、煤电在电力结构中的比重持续下降。

2031—2050 年,新增的能源需求主要由可再生能源和核能提供,核裂变能技术实现革命性进步并支撑核能成为快速增长的支柱性能源产业,太阳能、风能成为成熟的清洁能源产业,核裂变能与太阳能、风能等清洁能源比重达到 50%以上,初步取代化石能源居主导地位,煤炭在一次能源中的比重降低到 40%以下,能源体系主要由清洁能源与清洁化的化石能源构成,初步实现"能源可持续发展"目标。

2050 年以后,大规模开发利用核聚变能和氢能,能源生产和消费实现高度化的可持续发展目标。

三、能源结构调整的战略重点——加快发展以核能为主的清洁能源

(一)加快发展核能产业

从我国"富煤缺油少气"和水力资源并不富足的实际条件来看,实现上述能源转型目标所面临的难度是很大的。水电是今后清洁能源发展的重点之一,但与我国电力发展的巨大规模相比,水力资源的蕴藏量十分有限,有关部门预计 2030 年水电装机容量达到 270GW 也就基本上到了开发的极限。风能、太阳能是理想的清洁能源,但在相当长的时期内还难以作为成熟产业发挥主力能源的作用。燃气发电受到国家产业政策的支持,其环境效益虽较好,但仍属大量排放温室气体的传统电力生产方式,且资源条件难以支撑很大的发电规模。以煤电为主的火电在今后三四十年内仍将是主要的发电方式,能源结构调整的努力只能使煤炭等化石能源的比重在相对意义上降低,能源需求的持续增长仍将拉动化石能源在绝对数量上大幅度增长。

困难同时也是潜力之所在。如果能够在能源技术和有关体制、机制、政策等方面实现重大突破,使清洁能源、可再生能源实现超常规

的快速发展，则能源结构调整的力度就可极大地加强，对发展低碳经济形成强有力的带动作用。而清洁能源实现超常规发展并有效带动能源转型的战略突破口就在核能的开发利用上。

核能的开发利用已经有 60 多年的历史，其技术已达到既成熟又先进的水平，并且具有安全、清洁、经济等多方面的突出优点，是目前唯一达到大规模商业应用的清洁能源。至 2011 年，全球共有 442 座核电站运行，核电占世界总发电量的比重约为 17%，在 OECD 国家占 23%，主要的工业发达国家核电的比重都很大。法国的核电量占总发电量的 80%，立陶宛 73%，比利时 58%，保加利亚和瑞典等国为 47%，乌克兰 44%，韩国 38%，日本 32%，德国 31%，英国 28%，美国 19%，加拿大 13%。按正在运行的核电机组数量排序，依次是：美国（104）、法国（59）、日本（54）、英国（35）、俄罗斯（29）、德国（19）、加拿大（14）。其中，法国、美国、日本三国的核电装机容量占全世界的 57%，有 19 个国家的核发电量占其总发电量的 25% 以上。国际原子能机构预测，到 2030 年全球核电装机容量将占到全球总发电装机容量的 40%；核发电量达到 3.522—5.551 万亿度，占全球总发电量的 12%—14%。

2011 年中国核电装机容量为 13 台机组 1080 万千瓦，占发电装机容量的 1.04%，在世界 30 多个有核电的国家中排名倒数第一。但全国已核准的在建核电机组达到 28 台，占世界在建核电机组装机容量的 46%，成为世界上在建核电规模最大的国家，核电发展滞后的状况正在发生重大变化。

2011 年 3 月日本福岛核电站事故发生后，全球笼罩在核事故的恐惧之中。一些国家宣布终止核电发展，日本、法国等则实行降低速度、进行安全检查的政策，美国正在准备新建 20 多座第三代核电项目也遇到了民意障碍，支持兴建新反应堆的公民从原来的 49% 下降到41%。近年来核电复苏刚刚迈出一小步,就进入了低潮。然而,人类面临的能源危机和能源体系转型的迫切性也因此更加加剧了。60多年来,尽管发生了几起严重的核事故,但从科学技术和核产业发展所提供的事实依据来看,核电仍是清洁、安全的能源,核能开发仍是未来能源发展的主要形式和主要趋势。核电的清洁性、安全性、经济性早已是很明白的事实,而且如果不加快发展核能,人类要实现减排、要最终走出能源危机也实在找不出其他更可靠的道路。但是核恐惧的心理因素一直是核电发展的重大障碍。煤矿事故和温室气体排放死伤多少人,人们似乎都不认为它会造成世界性的、普遍心理上的威胁,而核事故污染即使处于健康所允许的数值范围内,人们都会感到惶惶不可终日。第三代核电站的安全性与第二代相比有着数量级的高差,它虽然不具有万无一失的安全性,但它发生核事故的概率在统计学上却是几乎可以忽略的。然而令公众提心吊胆的是,一万年内也许只发生一次的事故,譬如恐怖分子用飞机撞击核电站等,谁能保证明天就绝对不会发生呢?所以每经过一次较大的核事故,核能开发的安全性标准和核安全的技术保证能力就会得到显著的提高,而核电发展的心理障碍却似乎较以前反而增加了一层。

长期以来,核电站等核能生产企业的建设和运行一直能够确保环境的安全,在正常运行工况下能够使公众和工作人员所受到的辐照剂量保持在尽可能低的水平,在事故工况下则保持在可接受的限值内,其安全性高于其他许多工业行业,甚至高于普通的化工厂。在中国,核工业的安全记录一直高于全国平均水平。核电既不产生烟尘、二氧化硫和氮的氧化物,也不产生二氧化碳,是重要的高科技、低碳型工业行业。核电燃料链的温室气体排放只是煤电的百分之一、水电的八分之一。核电产生的放射性环境影响也大大小于煤电。有关的技术研究表明,100万千瓦燃煤电厂所释放到环境的放射性剂量,是

同等规模核电机组的 100 倍。核电站释放的放射性有害气体引起的人均辐射剂量比乘飞机旅行或看电视引起的辐射剂量还要低。对公众产生的辐射程度,煤电燃料链为核电燃料链的 50 倍。对电站工作人员产生的辐射程度,煤电燃料链约为核电燃料链的 10 倍。经合组织的统计表明,生产百万千瓦能量的事故死亡人数,核能产业链是 0.73,天然气产业链是 7.19,石油产业链是 9.37,煤炭产业链是 12,三种化石燃料产业链分别是核能产业链的 9.8 倍、12.8 倍和 16.4 倍。美国的有关资料表明,煤电为美国提供 50% 的电力,却排放 80% 的二氧化碳;核电提供 20% 的电力,不产生任何碳排放。美国因化石燃料发电厂排出的颗粒物污染,使 60 多万人哮喘病发作,5.9 万人患支气管炎,4000 多人患肺炎,9700 人患心脑血管病,3 万多人因病过早死亡。仅美国东北部两座煤电厂带来的环境污染,每年就会使数万人患哮喘病,数十万人患上呼吸道疾病,其中有 70 人因病过早死亡。瑞士的一家名叫"保罗谢勒"的专业研究所从实验分析中得出结论说,仅就污染造成的健康损害来看,化石燃料是能源生产中最危险的领域。由于技术、管理落后等原因,"煤电杀手"在我国的事故和污染劣迹大大超过了美国,仅百万吨煤炭生产的煤矿事故死亡人数,中国就相当于美国的 40 多倍。因此,要使电力工业显著降低对环境和人们健康的危害,以较大份额的核电取代煤电是最明智的选择。近年来我国政府和企业分别独立对我国沿海核电站的环境辐射程度进行了监测,结果是:核电站对周围环境没有产生辐射影响,环境仍保持着天然本底水平。今后新建的第三代核电站,可以在失去供电以及没有人工操作的情况下自动为反应堆降温数天,其安全系数比第二代反应堆高出 10 倍。福岛核事故后,我国进行了对已建和在建核电项目的安全大检查,没有发现其中有安全隐患。但是,鉴于福岛核事故的教训以及人们心理上的接受状况,核电发展的步伐暂时可能要放缓一些,核电以及

其他核工业项目的安全标准要进一步提高,相应的安全措施将会更加健全。

各国的核专家普遍认为,福岛核事故虽然使核电发展暂时处于低潮,但还不至于改变全球核电发展的趋势和格局。福岛核事故从反面推动了世界核工业安全标准的大幅度升级,国际原子能机构因此牵头制定了更加严格的核安全规范和安全审查制度,并要求各成员国严格遵守和执行。大多数核能国家在吸取福岛核事故教训、重新评估核能的安全性和经济性后,仍然坚持发展核电的能源道路,一方面大幅度提高核电建设的安全性成本,另一方面加快开发和应用安全水平更高的第三代、第四代核反应堆技术,推动核电较快增长并向更高水平发展。国际原子能机构预计,未来20年,世界将新增90—350座核电站。这期间,核技术的进步可以使核工业生产特别是放射性废物处理、处置变得更为安全。高放废液最终处置的先进技术——“分离—嬗变法”,已成为世界核能界研究开发的一个热点,这种技术可使放射性核素嬗变成稳定的、没有毒性的核素,同时可以产生中子和可观的能量,长期以来作为核电站产生的废料的锕系核素由此不仅不再是具有毒性的废料,而且还可当燃料使用。科学家估计到2030年以后,分离—嬗变技术将逐步发展、成熟到可以把核废料处理得非常干净的程度。

现代的核电站和乏燃料后处理厂等核工业设施,由于设计有多层保护设施,即使受到外界强烈攻击的情况下,也能够保证反应堆安然无恙。第四代核电技术甚至可以使核电站成为非常安全的生产系统,在任何情况下都不会出现核临界事故。像苏联切尔诺贝利和日本福岛那样的核事故不可能再发生。

风能、太阳能在发电、输电等技术上的不成熟以及其技术进步前景的尚不明朗,使人们无法将其确定为主导性的清洁能源产业,而能源短缺和能源结构不合理引起的危机(这种危机不单是产业性、能源安全性的危机,更严重的是它可能引发世界性的对抗和冲突),不允许我们在能源结构调整的决策上长时间举棋不定,也无法回到更多发展化石能源的道路上去。从中国的国情来看,应当综合考虑未来经济发展、能源转型、环境保护、应对气候变化等多方面的需要,充分听取科学技术专家的意见,确定在更高安全标准上坚定发展核电的能源道路。

今后几十年,中国核能产业要扮演主导性清洁能源的角色,能源和经济发展的战略思路必须进一步更新。必须成功地解决核能开发利用的一系列重大难题,包括实行更高的核安全标准的技术难题,不失时机地相继实现核电发展的几个阶段性战略目标,使核能成为传统能源体系过渡到清洁能源体系的可靠桥梁。要掌握先进的核电技术,实现先进核电机组建设的自主化目标。要在以下三个重要阶段上依靠自主掌握的先进技术,保证核电发展成为主导性的清洁能源产业:

第一阶段——"十二五"时期到 2020 年。在基本实现第二代改进型大型压水堆核电站国产化目标后,较快实现第三代先进核电技术的消化、吸收和再创新,保证在 2020 年前后能够大规模推广应用具有自主知识产权的第三代核电技术,即比目前引进的 AP1000 技术更先进、更安全、装机容量更大的 CAP1400 和 CAP1700 技术,形成初步的技术优势,支撑核电在整体上实现"扩大投入—扩大产出"的良性循环;保证先进核电技术稳步扩大出口,以扩大出口进一步增强核电产业的经济实力;加快研发以快中子反应堆为主的第四代先进核电技术,缩短第四代核电技术由试验堆向商业化应用堆转化的周期,占领可持续发展的先进核电技术的制高点。

第二阶段——2021—2030 年。主要依靠推广应用安全标准更高的、具有自主知识产权的第三代先进核电技术,保持核电和核工业整体以较快速度发展,核能产业实现高效益良性循环,并以此为支撑,达到"以三养四",即以研发和推广应用第三代核电技术形成的经济和技术实力为支撑,加快第四代核电技术的研发和推广,不失时机地掌握具有自主知识产权的第四代核电技术,即快中子堆及其核增殖技术,实现核电技术的革命性提升,为2030年以后核电更快和在更高水平上的大发展奠定基础。

第三阶段——2030—2050年。依靠推广应用第四代核电技术,实现核能开发利用的革命性重大进步,核裂变成为高效、清洁和几乎永远用不完的绿色能源,核能产业成为高科技、高效益、大规模、微污染甚至零污染的支柱性产业;自主掌握核聚变能开发技术,核聚变能的开发利用进入或接近大规模、商业化时期,中国成为世界上清洁能源技术的领先国家,率先告别能源短缺和能源污染的传统能源时代,进入以能源文明为重要标志的新历史时期。

(二)促进风能、太阳能等清洁能源产业走向成熟

风能、太阳能、氢能等可再生能源目前和今后相当长时期内还难以大规模取代化石能源,而只能作为补充性、辅助性能源发挥作用。只有解决好以下问题,才能加快可再生能源的产业化步伐,发挥主力能源的作用:

(1)攻克和提升关键技术,拓展技术创新领域,形成先进的技术支撑体系。风能、太阳能、氢能等可再生能源开发利用的关键技术虽然已经取得了重大进展,美、德、日、法等发达国家在这方面居领先地位,中国也奋起直追,加快了关键技术的引进、吸收和再创新步伐,国内成长起了一大批优秀企业,使可再生能源占一次能源的比重迅速提高。但是,就世界可再生能源开发利用的总体进展而论,发达国家现已掌握的关键技术仍难以支撑可再生能源全面产业化。太阳能光

伏发电技术至今尚未解决好高效太阳能电池的开发问题，太阳能并网发电技术正处于开发阶段，光伏电站的建设和运行尚处于试验阶段。专家预测，太阳能要成为主力能源，关键技术的攻关和先进技术群的形成还要走15—20年的路程。风电技术与太阳能技术面临的问题大体相同，目前主要应当在高效、大规模风电机组的研制、生产上取得重大突破。氢能实现全面产业化面临的技术难题更多，其中最主要的是获得分解水制氢的先进、实用技术，使可以取代石油的氢燃料的生产、储存、运输达到大规模和低成本。2011之后的20多年间，要针对可再生能源开发利用的战略难点，加大技术研发力度，在集中攻克关键技术的同时，扩展技术研究开发的领域，解决好可再生能源高效、廉价、大规模开发利用的技术难题，形成支撑可再生能源全面产业化的先进技术体系。

（2）降低生产成本，增强商业竞争力。风能、太阳能、氢能等可再生能源利用的成本虽然在不断降低，但仍大大高于化石能源的成本，如太阳能发电成本是火电的2—3倍，氢能的生产成本是汽油的4—6倍，风能虽然接近火电成本，但若将其储能、并网等环节的成本加进去，仍然远高于常规发电成本。成本过高是可再生能源产业走向成熟的关键性障碍。有关专家和机构估计，要经过20余年的过渡期，即到2030年前后，风能、太阳能有可能进入大规模商业化应用阶段，而氢能实现商业化应用则需要更长时期。在这期间，应当以技术进步为主要途径，配合实施必要的扶持、激励政策，降低风能、太阳能、氢能等主要可再生能源的生产成本，依靠市场竞争力的提升获得快速发展。

（3）为可再生能源产业走向成熟创造多方面的有利条件。任何新兴产业的发展都不可能是孤立的，可再生能源也是如此。风能、太阳能、氢能利用技术的重大进步和产业成本的大幅度降低，需要其他领域提供必要的条件。首先需要其他产业的技术提供与可再生能源利用技术相交叉、融合、配套的条件,如材料技术、智能电网技术、储能技术,新型汽车、飞机等交通工具的发明制造技术等,要获得相应的发展。其次是需要有进步、合理的体制和政策,包括直接促进可再生能源发展的体制、政策和合理限制化石能源发展的体制、政策,以及促进相关产业、配套产业发展的体制、政策等。再次是提供基础设施方面的必要条件。

(三)对传统能源产业进行清洁化改造

可再生能源、清洁能源发展壮大并取代化石能源的主导地位需要经历 20—30 年的过渡时期,在这期间,化石能源在绝对程度上还将扩大规模,保持一定的增长水平。但对化石能源产业必须进行清洁化改造,使之由高碳行业转变为低碳行业、清洁生产行业。

对化石能源产业进行清洁化改造的基本途径,是提高能源转化效率,开发低碳燃料,研发和推广二氧化碳的捕集、利用、封存技术,逐步实现化石能源产业及冶金、建材、化工等重污染行业的低排放、零排放目标。其中主要的改造领域有:

(1)研发、改进和推广煤制氢、煤制油、煤制气、清洁煤发电等洁净煤技术和石油、天然气制氢技术,将传统的化石能源生产企业改造为轻污染甚至零污染的清洁能源生产企业。其中最主要的是研发和推广超临界发电技术(USC)、整体煤气化联合循环发电技术(IGCC)、燃煤增压流化床(PFBC)锅炉联合循环技术等洁净煤发电技术,使占煤炭消费 40%以上煤电生产实现清洁化。

(2)研发和推广先进的以燃料电池技术为主的化学电源技术。化学电源亦称电池,是将化学能转化为电能的装置。其中对能源革命意义重大的是可以重复充放电循环使用的二次电池和燃料电池。燃料电池是通过电化学反应将燃料和氧化剂反应生成的化学能转换成电能的发电装置,被称为是继水力、火力、核能之后的第四代发电装置及替代内燃机的动力装置。研发和推广先进、成熟的化学电源技术,尤其是燃料电池技术,包括电池制造技术、电池材料技术、储氢技术等,是大规模利用氢能、太阳能、风能等清洁能源,推动洁净煤技术发展,加快清洁能源取代煤炭、石油、天然气等化石能源的进程;发展低排放、零排放汽车和其他交通工具,引发能源领域一系列重大技术进步、带动发展一大批新兴产业的重要途径。

(3)研发和推广先进的煤炭洗选技术、高效燃烧和转化技术、脱硫脱氮技术、气化燃料电池技术、粉煤灰利用技术等,将传统的煤炭开发利用企业改造为清洁化生产企业。

(4)研发、引进和推广先进的二氧化碳分离、收集、利用、封存技术,有效降低传统能源行业和冶金、建材、化工等行业二氧化碳排放量,最终实现所有行业二氧化碳的接近零排放。

(四)建设多种能源产业相对集中分布和配套发展的大型、特大型综合能源基地

调整能源结构,推进能源革命,在能源基地建设方面必须形成新的观念和新的战略思路。能源基地建设新思路的核心,是适应能源资源分布特点和新能源取代化石能源的结构演变趋势,调整全国能源产业布局,在全国范围内优化配置煤炭、石油、天然气、核能、水能、风能、太阳能、生物质能等能源资源,在西北、西南和华北等地区建设一批煤电、水电、核电、风电、太阳能发电企业相对密集布局并逐步走向多种能源配套发展的大型、特大型综合能源工业基地。主要包括:在重点煤炭产区建立推广应用清洁煤技术的大型煤电基地;在西北、西南水力资源富集地区建设大型水电基地;在风能、太阳能富集地区建设风电、太阳能发电基地;按照新的安全标准,选择条件优越的地区建设内陆核电基地;推进各类基地主导电力与辅助电力的协调、配

套,注重在火电基地或其附近布局风电、太阳能发电和适量的核电项目,为传统电力基地逐步过渡为清洁电力基地创造条件;促进煤电基地、水电基地、风电基地、太阳能发电基地和核电基地形成彼此关联、配套的综合电力基地,如蒙晋陕火电—风电—太阳能发电综合基地、甘宁青水电—风电—太阳能发电—核电—火电综合基地、新疆火电—风电—太阳能发电综合基地、川黔滇水电—核电—火电—太阳能发电综合基地等。建设跨大区的特高压电网、智能型电网,实现以上各类基地不同发电形式的并网并将并网电力输送到中东部负荷中心地区,形成由西部、北部向东部、南部适量输煤和大规模输电相结合的能源通道。逐步增强和完善综合能源基地内不同发电形式之间的协调、配套功能和智能型特高压电网的"打捆"输电功能,弥补水电、风电、太阳能发电的间歇性缺陷,持续提高水电、核电、风电、太阳能发电的规模和比重,相对地降低煤电的比重,促进核电、风电、太阳能发电等清洁能源的更快发展和传统能源基地的清洁化改造。

(五)建设清洁能源逐步取代化石能源主导地位的试验和示范基地

全国在未来几十年内大规模发展清洁能源产业,必须进行能源战略模式、区域发展模式、重要政策措施"三结合"的试验和示范。因此,需要选择一两个省、市作为试验和示范基地,进行高起点的规划、设计和重点建设,探索出一条新能源产业快速成长壮大并以协调发展的方式逐步取代传统能源主导地位,同时有效带动产业结构调整、优化、升级的成功之路,取得经验后在全国范围内推广实行。甘肃、宁夏、内蒙古、新疆等省区都具有这方面的有利条件,其中甘肃省在这方面的有利条件最多。甘肃的风能、太阳能、水能和核能资源极为丰富,煤炭、石油等化石能源也具有相当优势,是全国四大类清洁能源资源和清洁能源资源与化石能源资源形成良好组合的最具优势的地区,有条件建设成为全国多种能源资源优化组合、清洁能源较快取代化石能源主导地位的综合性能源基地。甘肃的核燃料生产规模和乏燃料后处理产业将随着全国核电的发展不断扩大,成为支撑全国核电发展的重要基础产业。甘肃也具有发展内陆核电的多种有利条件,而且风电基地、太阳能发电基地与核能基地可以建在相距不太遥远的同一个区域,如河西地区的西部和北部,形成风电、太阳能发电、核燃料、后处理、核电站等众多新能源企业和科研开发、装备制造、中介服务、生活服务等机构集群分布的特征,成为多种新能源组合发展的综合性清洁能源基地。甘肃的传统能源与新能源之间也具有特殊的组合优势,煤炭、石油、天然气、水电、火电等能源产业长期以来具有支持全省国民经济稳定、持续发展和扩大电力外送规模的传统优势,因而在核电建设期间和风电、太阳能发电走向成熟期间,可以发挥水电、火电等传统能源的优势。在酒泉—嘉峪关和陇东地区新建一批火电项目,在黄河、长江上游地区和内陆河流域新建一批水电项目,形成为风电和太阳能发电提供配套的电力生产能力,同时保证省内的电力需求并持续增强电力外送规模,可以为新能源产业走向成熟和区域经济稳定发展提供基础性支撑,顺利完成新旧能源体系的交替、过渡。

(六)进行传统能源企业转变为清洁能源企业的试验和示范

能源结构调整和能源转型必须有骨干企业发挥支柱和领路作用,因此应当选择一批大型能源企业,进行传统能源企业转变为清洁能源企业的试验和示范。试验和示范企业可以划分为不同的类型,探索不同的转型和发展模式。电力领域的试验和示范企业应主要探索以煤电为主导的传统模式转变为较快发展核电、风电、太阳能发电,逐步降低煤电比重、实现发电厂二氧化碳等污染物零排放目标的发展模式,以及传统电力系统实现高效、安全和智能化的道路。煤炭和石油天然气领域的试验示范企业主要探索传统能源资源开采、加工企业较快发展煤的液化、气化等煤化工产业和洁净煤技术推广应用的模式，以及石油天然气制氢、石油天然气化工厂零排放等发展模式。鼓励、支持一批大型能源企业探索投资新能源、新型汽车、传统能源生产清洁化、储能、节能、碳收集和储存等多元发展、多渠道转型的模式和自主研发新能源技术的模式。政府要对各类试验和示范企业的探索、发展实践及其遇到的问题进行研究和总结，形成有效支持企业转型、发展的政策和其他行政措施，发挥好政策推动能源企业转型发展的作用。

四、以核电为主的清洁能源取代传统能源主导地位的基本途径

核裂变能是 21 世纪前期人类实现能源革命的重要桥梁，发展核裂变能产业并使之成为能源产业体系中的主力能源之一，是中国实现能源结构转变的战略性"桥梁工程"。在未来二三十年内，核裂变能快速发展并在能源产业体系中占据主力能源的重要地位，一方面能够保证在能源体系转型的过程中，能源产业始终适应经济社会发展的需要而持续增长，不至于出现能源短缺和能源结构畸形的严重危机；另一方面能够保证风能、太阳能、氢能、生物质能等一大批清洁能源产业由技术不成熟、缺乏市场竞争力的初期阶段稳步过渡到技术体系先进、完善的商业化应用阶段，顺利实现化石能源主导型的能源结构体系转变为清洁能源主导型甚至完全清洁型的能源结构体系，不至于使这些不成熟的清洁能源产业因其不可避免的成长性缺陷而延误发展、延误能源体系转型的进程。而核裂变能在能源产业体系中逐步占据主力能源地位并保证能源体系转型完成的主要条件，就是依次推广应用第三代、第四代核电技术和核聚变能成熟技术，在半个多世纪的时间内，由现在的以第二代核裂变能技术为主导的阶段，过

渡到核聚变能大规模开发利用的新阶段。在这个过渡时期完成后,能源体系中唱主角的将是核聚变能、太阳能和氢能,核裂变能和清洁化的化石能源将逐步退居到次要地位,推动能源体系转型的"核能桥梁工程"至此将胜利告终。

(一)核电自身的技术进步推动核电达到高度安全、清洁的水平并增强经济竞争力

核裂变发电第一代技术是在 20 世纪 50—60 年代建成的试验堆原型堆核电站技术,如苏联的切尔诺贝利核电站就属于这一代技术,目前这一代技术已基本被淘汰。第二代核电技术是 20 世纪 60 年代以来陆续建设和投产,至今仍处于商业运行阶段的成熟反应堆技术,日本福岛核电站就属于这一代技术,并且已经超过了退役期。这一代技术中正在出现一系列获得重要改进的先进技术类型,被称为"改进型"或"二代加"技术类型,这些技术的开发和应用使第二代反应堆的安全性、经济性不断得到提高。

第三代核电技术包括美国开发的 AP600 和 AP1000 技术、德国开发的小型沸水堆(SBWR)技术、日本开发的简化型压水堆(SPWR)技术等先进压水堆技术和高温气冷堆技术,被称为"革新型"技术类型。这一代技术的主要特点是简化了核电系统,减少了电站设备,具有安全性和经济性双重优点。2007 年我国签订了引进美国第三代核电 AP1000 技术的协议,分别在浙江三门核电站和山东海阳核电站各建设 2 台机组,成为我国第三代核电的自主化依托项目。"十二五"期间,我国将依托这两个项目的建设,全面掌握先进压水堆核电技术,培育国产化能力,培养人才,为在国内推广使用准备条件,并在此基础上自主研发和推广更先进的 CAP1400 和 CAP1700 技术,成为自主掌握先进核电技术的核电强国。

第四代核电技术是以快中子增殖堆(简称快堆)技术为主的先进

核电技术,被称为"革命型"技术类型。该技术实施"傻瓜堆"的设计,从根本上排除了核电站产生重大事故的可能性,其经济性、安全性更加优越,废物量少,不需要厂外应急,具有防核扩散能力。快堆最大的优点是能够充分利用核燃料,将快堆技术和封闭的燃料循环结合起来加以发展,铀资源可以得到更充分利用。快堆在消耗核燃料、产生核能的同时还能产生相当于消耗量 1.2—1.6 倍的裂变核燃料,由此可以使核燃料越烧越多,实现核增殖,核裂变资源因此几乎成为永远用不完的一种能源资源,从而实现能源领域的一项具有革命性的重大技术进步。快堆技术的推广应用能够保证在 2050 年前后以非常清洁、安全、高效的途径,由核裂变能为主过渡到核聚变能为主的能源时代。

核聚变能技术也就是可控热核聚变反应堆技术,即利用氢的同位素氘、氚聚变成氦而释放核能的反应堆技术。该项技术若达到成熟并付诸商业化应用,地球上的氘、氚资源可以满足人类几十亿年的能源需求,能源危机将不复存在。目前国际上多国联合开发的热核试验反应堆已完成了工程设计,估计在 2020 年前建成。可控热核聚变堆技术要经过四五十年的时间,即到 2050 年前后达到技术成熟和经济、实用的目的。

(二)以核能的大规模开发利用为风能、太阳能、氢能等清洁能源的商业化利用提供有利条件

在清洁能源产业中,风电、太阳能发电、生物质能发电等受气候变化和昼夜交替、季节交替的影响很大,不能稳定生产电力,要成为成熟产业还需走很长的路程。在这些产业走向成熟的过程中,必须有其他能源弥补其缺陷并与之形成配套的能源体系,保证持续、安全、稳定的能源供应。

核电具有装机容量大、发电稳定、经济竞争力强、清洁化程度高

等优势，是在今后几十年内唯一能够大规模取代火电的支柱性能源。核能也可以较大规模地取代煤炭、石油、天然气，为供热、制冷和交通工具提供清洁、廉价的能源。研究开发不同功能的中小型核反应堆可以支持风电、太阳能发电规模的不断扩大。核电成本的降低可为大规模海水制氢提供动力，使氢能广泛得到使用，氢能产业有条件持续扩大，逐步减少石油、天然气资源的消耗。风能、太阳能、氢能等清洁能源在关键技术尚不成熟、技术体系还不健全的较长时期内，只有与核能和其他能源形成功能互补、良好配套的能源体系，才能持续、较快地扩大规模，逐步取代化石能源的主导地位。

(三)稳步实现传统能源体系的清洁化转型

通过加快清洁能源发展，相对和绝对压缩化石能源生产量，推动能源产业体系向清洁化转型。2011年前形成的国家能源规划的大致设想是：2020年全国发电装机规模达到17亿千瓦左右时，其中燃煤火电约10.34亿千瓦，约占60%；常规水电3.5亿千瓦，占21%左右；风电1.5亿千瓦，占9%；太阳能发电2400万千瓦，占1.4%；抽水蓄能5300万千瓦、燃气发电5200万千瓦，分别占3.1%和3.0%；核电将达到8000万千瓦，占全国发电装机的4.7%。按这一规划设想，与2009年相比，火电在装机总量中的比重将下降13%左右，风电上升6.7%，核电上升3.5%。但是由于福岛核事故的影响，今后若干年内核电发展的进程将明显要减缓，这种变化已经引起能源专家和能源部门、环境部门的严重担忧。因为要实现按期减排的目标，加快发展核电就不能停步；核电一旦减速，由于核电项目的建设周期较长，由此失去的能源结构调整和按期减排的机会很难挽回。在进行能源结构调整的同时，国家将基本建成连接各大煤电基地、水电基地、核电基地、可再生能源基地与主要负荷中心和分布式电源的具有跨大区能源资源优化配置能力的"坚强智能电网"，为合理开发各种能源资源特别是大规模开发利用清洁能源资源提供输电保证。按照上述设想,2020 年以后就有条件进一步加快清洁能源发展,大幅度压缩化石能源规模,使化石能源发电占比逐步降低到 50%以下。

初步估计,2030 年前后是清洁能源取代化石能源的一个关键时期。这时风能、太阳能技术有可能达到成熟阶段,产业规模将迅速扩大;核电第四代技术达到商业化应用,核裂变能成为用之不竭的清洁能源;核聚变能开发取得重大进展,距离商业化应用也许只有咫尺之遥;廉价而取之不竭的风能、太阳能、核能的长足发展,为氢能开发提供了强大动力,利用海水制氢并通过燃烧氢发电也将不再是遥远的事情;其他方面的能源技术,如储能技术、新能源交通工具开发制造技术等也将取得突破性进展。因此,2030 年至 2050 年,将是清洁能源实现快速发展和核聚变能、氢能开发初现曙光的重要时期,而且由于能源革命的强力推动,新的产业革命将随之兴起,低碳经济、洁净能源的目标可以初步得到实现。2050 年前后,人类有可能看到告别能源危机、实现社会生产清洁化的曙光。

参考资料

1. 马栩泉编著:《核能开发与应用》,化学工业出版社,2005 年 1 月。

2. 清华大学核能与新能源技术研究院:《中国能源展望2004》,清华大学出版社,2004 年 9 月。

3. 吴宗鑫、张作义著:《先进核能系统和高温气冷堆》,清华大学出版社,2004 年 10 月。

4. 周大地、韩文科主编:《2003 中国能源问题研究》,中国环境科学出版社,2005 年 1 月。

5. 王传英、陈世齐:《关于核电发展的几点思考——由美国提出的"第四代核电"引起的话题》,《核科学与工程》,2001 年 9 月第21卷第 3 期。

6. 顾忠茂、黄齐陶:《我国亟需尽快启动快堆核能系统的技术开发》,《中国教育和科研计算机网》,2006 年 5 月 20 日。

7. 中国科学技术信息研究所:《能源技术领域分析报告》,科学技术文献出版社,2008 年 12 月。

8. 谢锋等:《核技术利用与环境管理》,中国环境科学出版社,2006年 7 月。

9. 亚当·皮奥雷:《探问第三代核电站安全底线》,《环球科学》,2011年第 7 期。

10. 马克·菲谢蒂:《能源生产的死亡数字》,《环球科学》,2011年第 19期。

（原载《环球市场信息导报》2012 年第 1 期）

我国核能开发利用的基本阶段、重点领域和安全保障

世界核能开发利用 60 多年来，尽管发生了 3 起严重的核事故，但从科学技术和核产业发展所提供的事实来看，核电仍是清洁、安全的能源，核能开发是未来能源发展的主要形式和主要趋势。核科学技术揭示了核能开发的更加广阔的前景，如核能可永续开发利用而不枯竭，核废料可处理得接近零排放，大的核事故发生概率等于或接近零等等。如果不加快发展核能，人类要实现减排并走出能源危机，目前尚找不出其他更可靠的道路。

一、顺应能源结构演变趋势加快核能开发利用

能源科技专家预测，人类能源发展的基本趋势是逐步取代碳的燃烧，最终进入无碳的永恒"燃氢"时代[①]。因此，氢能的大规模开发利用将是人类告别能源短缺、实现能源生产和消费清洁化的主要途径。但是，以较低的成本和便捷的途径分解水来制氢，以氢为燃料来供热、发电以满足生产和消费的基本需要，在 21 世纪的前 50 年内还难以占有重要地位。这期间充当过渡性主力能源的重要角色之一，就是核裂变能，即人们习惯上所说的以核电为主的核能。核电具有装机容

---

①毛宗强编著：《氢能——21 世纪的绿色能源》，化学工业出版社，2005 年 1 月，第 9—10 页。

量大、发电稳定、经济竞争力强、清洁化程度高等优势,是在今后几十年内唯一能够大规模取代火电的支柱性电源。核能也可以较大规模地取代煤炭、石油、天然气,为供热、制冷、海水淡化、制氢和交通工具提供清洁、廉价的能源。只有使核裂变能在能源产业体系中逐步占据主力能源的地位,才能保证由现在的以化石能源为主导的传统能源阶段,过渡到核聚变能、太阳能和氢能占主导地位的新阶段。

在我国,能源资源的特殊性决定了能源结构调整和能源体系的清洁化转型,必须经历以核电为主的清洁能源取代传统能源主导地位的过程。其中,核能开发的主要阶段、相应的主导技术及其带动其他清洁能源发展的主要阶段和基本进程大致如下:

2020年以前,多数核电站采用第二代大型压水堆核电技术,同时推进第三代先进核电技术的消化、吸收、再创新。新建核电机组全部采用具有自主知识产权的第三代核电技术,即CAP1400和CAP1700等中国自主研发的"三代+"技术,实现大型先进机组设计建造的标准化、模块化、批量化,提高反应堆的安全性、经济性和建设速度。依靠成熟的"三代+"技术,支撑核电在整体上实现"扩大投入—扩大产出—技术升级"的良性循环。加快研发以快中子反应堆为主的第四代核电技术,在第三代核电技术的改进、提高中逐步增加第四代核电技术的先进成分,缩短第四代核电技术由试验堆、示范堆向商业应用堆转化的周期。

2021—2030年,依靠推广应用第三代核电技术,保持核电和核工业整体以较快速度发展,核能产业实现高效益良性循环。同时以更加先进、成熟的技术开发利用太阳能、风能等可再生能源,使清洁能源在能源体系中的比重得到大幅度提高。以改进和推广应用第三代核电技术形成的经济、技术实力为支撑,加快第四代核电技术的研发和产业化进程,具有自主知识产权的高温气冷堆、快中子堆及其核增殖技术达到商业化应用,实现核电技术的革命性提升。

2031—2050 年,核裂变能与太阳能、风能等清洁能源初步取代化石能源居主导地位,新增的能源需求主要由可再生能源和核能提供。大规模推广应用快堆技术与封闭的燃料循环技术结合起来的第四代核电技术,实现核燃料越烧越多的"核增殖"目标,使核能资源成为几乎永远用不完的一种能源资源。从根本上排除核电站发生重大事故的可能性,核生产设施不再需要厂外应急且具有防核扩散能力,核废物量大幅度减少,核能产业成为高效益、大规模、微污染甚至零污染的支柱性能源产业。研发并稳定掌握核聚变能开发技术,核聚变能的开发利用进入或接近大规模商业化阶段,使中国成为世界上清洁能源技术领先的国家。

2050 年以后,大规模开发利用核聚变能,将廉价而清洁的核裂变能、核聚变能和太阳能用于生产更为廉价的新能源,如从海水中分离氘和氚,分解水制氢,开发月球的氦-3 资源等,率先告别能源短缺和能源污染的传统能源时代,进入以大规模开发利用氢能为主要标志的历史时期。

根据上述能源结构演替的预测,我国在今后 30 多年间加快发展以核电为主的清洁能源,就可以为最终解决能源以及能源引起的环境问题赢得时间和提供经验[1]。

二、当前和今后核能开发利用的重点领域

当前和今后我国核能开发的战略重点主要是发展核电、核燃料后处理、核供热、先进核技术的研究与开发、核装备制造等产业,形成

---

[1] 王秀清编著:《世界核电复兴的里程碑——中国核电发展前沿报告》,科学出版社,2008 年 2 月,第 300 页。

技术先进、结构合理、功能健全的现代核工业体系。

（一）核电产业

核电产业是核能开发利用的主导部分。今后几十年，要使核能扮演主导性清洁能源的角色，必须陆续实现第三代、第四代先进核电站和核电机组建设的自主化目标，使核能成为传统能源体系过渡到清洁化能源体系的可靠桥梁。

成功发展核电必须确定正确的核电技术战略。我国的核电技术战略大致为：不断改进第二代核电技术，自主掌握第三代核电技术，积极研发第四代核电技术，主动参与国际核聚变技术的研发。现在国际上和我国国内普遍使用的是比较成熟、通用的第二代技术，其中更先进一些的第二代技术称为"二代+"压水堆技术。第三代核电技术被称为"革新型"核电技术，其主要特点是简化了核电系统，减少了电站设备，具有安全性和经济性双重优点，其中美国开发的 AP1000 技术是目前世界各国新建核电站的首选技术。我国在引进 AP1000 技术的同时，加快了消化、吸收、自主创新的步伐，重视在第三代技术的研发、应用中加进第四代技术的研发成果。由华能集团等骨干企业设计、建设的山东石岛湾高温气冷堆核电站示范工程和石岛湾大型先进压水堆 CAP1400 示范工程，成为世界上第一座具有第四代核电技术特征的核电站，标志着中国在衔接、融合第三代和第四代核电技术并占领核电技术制高点方面走在世界前列。此后，运用第四代核电技术的高温气冷堆核电站将加快商业化推广，而且由于其模块化和经济性、安全性等多方面的优越性，既可以在沿海也可以在内陆地区大量建造。江西瑞金的 60 万千瓦高温气冷堆核电站于近一两年开工建设，从而成为世界上第一座商用第四代内陆核电站。由于第四代核电技术的先进性和固有安全性，可以在内陆地区大量布点大中小型核电站，这将使全国核电站的空间布局更趋合理化，大量的中小火电厂将陆续由先进的核电厂取代。

核电的更快发展将使核燃料的需求成倍增长。应当依托已有的产业实力和基础条件,适度超前扩大铀资源勘探开发、铀转化、铀浓缩、核材料制造等产业规模,保证核产业链的协调发展。要发展铀矿勘探开发、钍资源开发利用、核废料处理处置、核电出口等方面的国际合作,提升全产业链技术水平、自主研发能力和企业综合素质,完善基础设施和对企业的支持措施,增强主要核工业基地的功能。

(二)核燃料后处理产业

核电的快速发展将产生大量的核废料,又称乏燃料,因而需要配套发展乏燃料后处理工业。为了对乏燃料进行再处理,回收其中96%的有用核素,英、法、日、俄等核电大国都建设了后处理工厂。美国政府也曾打算建设大型后处理厂,但由于一些权威核物理学家持相反的意见,认为乏燃料后处理"既昂贵又危险"[1],至今没有形成明确决策。我国解决乏燃料大量积存问题的政策,是在核电发展中采用闭合燃料循环的技术路线。通过建设大型核燃料后处理厂,对核电站卸出的乏燃料进行处理,提取、回收其中的铀、钚等核素,将其制成新的核燃料元件,返回反应堆中使用,实现核燃料闭路循环。后处理可以使一次"燃烧"的核燃料重复使用60多次,原本可用几十年的核燃料能够使用3000多年。经过后处理,最终需要存放于地质储藏点的核废料的体积成倍缩小,其放射性毒性也可大幅度降低。

解决核废料问题的根本出路在于核废料处理处置技术的重大突破。因此,需要密切跟踪国际第四代核电技术和核燃料再循环技术进步情况,注重借鉴国际上诸如高温冶金处理技术与快堆技术的结合

①〔美〕弗兰克·N·冯·希佩尔:《危险的核废料回收》,《环球科学》,2008年第6期,第67—71页。

等研发进展状况,及时权衡利弊,选择最佳的技术路线,放弃不合理的或次佳的技术路线,以确定最佳处理处置方案[①]。解决核废料处理处置问题的根本出路,是依靠先进、成熟的快堆技术,实现核废料的资源化循环利用,排除核事故、核扩散、放射性废料污染环境、核资源枯竭等危险发生的可能,使核电真正成为高效益、成本低、微污染甚至零污染的清洁能源。

(三)核供热产业

核供热的主要领域包括:大规模的工业供热,如煤的汽化、液化,金属冶炼,海水淡化等;居民住宅的供暖;制冷。小型、微型核供热反应堆在为舰船、航空航天器等交通工具提供动力方面有着不可替代的优越性,其应用前景更为广阔。核供热可以大量代替煤、石油、天然气等化石燃料的燃烧,不排放温室气体,减少大量运输,占地少,能够集中产生大量热能,对环境的放射性辐照量仅为燃煤锅炉的1/30。供热核反应堆的建造较为简单,比其他形式的反应堆更安全,不可能发生核临界事故,便于大面积推广使用。核供热能够为工业和居民生活提供清洁、安全、经济的热源,已在许多供热发达国家广泛应用,具有良好的经济效益、社会效益和环境效益。

我国清华大学的核能与新能源研究院经过研究开发和试验,已于80年代后期建成了为该院5万平方米建筑物供暖的小型核反应堆,成为世界上第一座投入运行的一体化自然循环壳式低温核供热堆[②]。清华大学开发的这种反应堆在低温供热方面具有"优异的固有

---

①〔美〕威廉·汉努姆、杰拉尔德·马什、乔治·斯坦福:《巧用核废料》,《环球科学》,2006年第1期,第76—81页。

②马栩泉编著:《核能开发与应用》,化学工业出版社,2005年1月,第245页。

安全性",可以建在居民区附近[①]。中广核等核电企业也正在研发适用于海上和陆地的各种小型核电站,核供热的最新技术成果将加快进入工业应用阶段。

(四)先进核技术的研究与开发

我国提出到 2030 年力争形成能够体现世界核电发展方向的科技研发体系和配套工业体系的目标。虽然 CAP1400 已成为中国第三代核电技术的自主品牌,标志着中国已经稳定地掌握了国际第三代核电的先进技术,但是第三代核电技术仍有继续改进、提高的巨大空间。在第三代核电技术的继续研发、改进、提高中,中国核科技界仍需在技术的先进性、经济成本、安全性和人才培养等方面攀登高峰。

在稳定掌握第三代核电先进技术的同时,要争取在快中子堆技术(第四代)领域取得重大突破,加快快堆技术走向商业化应用的步伐。快堆与热堆相比,最大的两个优点是能够充分利用核燃料和安全性更高。快堆在消耗核燃料、产生核能的同时还能产生相当于消耗量 1.2 倍以上的新的裂变核燃料,即在消耗一定量的铀–235 进行发电的同时,能够使铀–238 转变成钚–239,新生成的钚–239 在能量上相当于已消耗的铀–235 的 1.2—1.6 倍。快堆由此可以使核燃料越烧越多,实现"核增殖",核裂变资源因此几乎成为永远用不完的一种能源资源。快堆基本上排除了发生核临界事故的可能,并且可以使长寿命锕系核素和长寿命裂变产物转变成稳定的、没有毒性的核素,同时产生中子和可观的能量。

国际上处于前沿领域的第四代核电技术种类较多,目前较成熟的反应堆技术包括钠冷快中子反应堆、铅合金冷却快堆、气冷快堆、

---

①张晓东、杜云贵、郑永刚编著:《核能及新能源发电技术》,中国电力出版社,2008 年 3 月,第 86 页。

超高温气冷堆、超临界水冷堆和熔盐堆六种。我国在2011年实现了实验快堆成功并网发电,标志着我国在掌握第四代先进核能系统技术领域取得重大突破。再用大约15年的时间,可以分阶段实现由实验快堆到示范快堆再到大型商用快堆的技术升级。2030年以后,新建核电站将采用以快堆为主的第四代核电技术。

第四代核能系统中的熔盐堆是开发利用钍资源的核电技术,研发这一领域的技术对我国未来核能开发利用有着重大的战略意义。熔盐堆可以在中子反应中将钍元素转换成铀-233,实现钍-铀核燃料循环,还可以燃烧其他反应堆卸出的核废料。这种反应堆安全性能高,核废料少,不存在核扩散危险,用途广泛,灵活性强,是一种环境友好型的核电技术。钍裂变产生的能量相当于等量铀的200倍,因而是一种能量极大的核资源。尤其重要的是,世界上可供开发的铀资源储量有限,几十年内就可能用尽。我国的铀资源储量相对少且多为贫矿,而钍资源却相当丰富,居世界第二位,因而适合于大规模建设熔盐堆核电站。

在21世纪的后半期,核聚变电站技术将走向成熟并得到广泛应用。热核聚变能的利用将更加灵活、安全,小型的反应堆甚至可以直接在交通工具上使用。我国目前在磁约束核聚变研究方面已经取得一系列重要进展,但与发达国家的水平还存在相当大的距离。今后在积极参与世界核聚变能的联合研究与开发中,注重寻求产业发展的新领域、新机遇,同时自主规划和建设相应的研究开发项目,力求较早获得核聚变能开发的先进、实用技术。

(五)核工业设备制造业

未来核工业发展必然带动形成规模巨大的核设备制造行业。核电的主要装备领域包括百万千瓦级压水堆核电站成套设备,气体离心铀浓缩、核燃料后处理、铀钚混合氧化物燃料(MOX)、高性能核燃料元件制造设备等。目前国内已经形成东北、上海和四川三大核电设备制造基地,有 100 多个企业具备了核电设备的生产能力。在自主研发和生产第三代核电站成套设备方面,上述企业已陆续取得成效,如2015 年国务院决定在沿海地区核准开工建设"华龙一号"示范机组,将形成具有自主知识产权的第三代百万千瓦级压水堆核电机型。今后,从反应堆堆芯、蒸汽发生器、反应堆冷却剂泵、稳压器、承压管道、汽轮机、发电机、主蒸汽系统、主给水和冷凝系统、专用安全系统和非安全系统、电力和控制系统,到安全壳、辅助设施、放射性废物处置和存储设备等,都将陆续达到或超越三代核电技术要求,实现自主设计和制造,提升国际竞争力。

核电设备以及核工业的其他设备制造属高端装备制造业,在这一领域取得世界领先地位,不仅使中国有了世界级的核电主打品牌,而且能够带动许多领域的装备制造、工程管理以及冶金、材料、电子信息、科技研发等产业的发展,从而为产业链所涉及的大量企业和许多地区提供难得的发展机遇。核工业的主要企业和科研机构应当与更多的国有和民营企业发展联合、协作关系,使参与协作的非核企业尽快适应核工业生产、管理的特点,成为支撑核电走向国际市场的重要力量。

三、核能开发利用的安全保障

由于核物质具有放射性,核能开发从一开始就是在先进、有效、全面的安全保障条件下进行的。今后几十年,核能开发最主要的安全保障仍然是提高核安全科学技术水平,其次是制定和实行更加严格的核安全法律、法规、标准等规范体系,提高全社会的核应急能力。

(一)核能生产是清洁、安全的行业

核能是清洁、安全、优质的新能源。核科学技术是当代最先进的高科技领域之一，核工业则是具有高度安全保障的文明生产行业。任何工业系统都存在发生事故的可能，而核能生产领域发生事故的可能性比其他能源、其他社会领域发生事故的可能性要小得多。世界商业核电站60多年的运行历程证明，从工业事故、环境损害、健康效应和长期危害的角度看，包括后处理生产在内的核工业系统比化石燃料系统要安全得多。在中国，核工业的安全纪录一直高于全国平均水平。核电既不产生烟尘、二氧化硫和氮的氧化物，也不产生二氧化碳，是重要的高科技、低碳型工业行业。我国能源方面的资料表明，核电向环境释放的温室气体量只是煤电的百分之一，水电的约八分之一。

人们往往认为核能产生放射性物质是它独有的缺点，其实煤炭中也含有微量的放射性核素，而且核电行业产生的放射性环境影响大大小于煤电。100万kW燃煤电厂所释放到环境的放射性，是同等规模核电机组的100倍。核电站释放的放射性有害气体引起的人均辐射剂量比乘飞机旅行或看电视引起的辐射剂量还要低。从向环境中释放放射性物质所造成的辐射程度作对比，煤电燃料链远高于核电燃料链。从对公众产生的辐射照射程度作对比，煤电燃料链为核电燃料链的50倍。从对电站工作人员产生的辐射照射来对比，煤电燃料链约为核电燃料链的10倍。近年来我国政府和企业分别独立对我国沿海核电站的环境辐射程度进行了监测，其结果是：电站对周围环境没有产生辐射影响，环境仍保持着天然本底水平。

尤其重要的是，发展核电是能源生产中大幅度减少人员死亡的主要途径。经合组织的统计表明，生产百万千瓦能量的事故死亡人数，核能产业链是0.73，天然气产业链是7.19，石油产业链是9.37，煤炭产业链是12，三种化石燃料产业链分别是核能产业链的9.8倍、12.8倍和16.4倍。据能源科学家提供的有关资料：煤电为美国提供50%的电力，却排放80%的二氧化碳；核电提供20%的电力，不产生任何碳排放[①]。仅美国东北部两座煤电厂带来的环境污染,每年就会使数万人患哮喘病,数十万人患呼吸道疾病,其中有 70 人因病过早死亡[②]。由于能源结构不合理和技术、管理落后等原因,"煤电杀手"在我国的事故和污染劣迹大大超过了欧美国家。据有关资料,我国的电力、热力、冶金、非金属矿制品等重点煤炭消费行业排放的烟粉尘约占全国烟粉尘排放总量的 80%,以烟粉尘为主的空气污染成为第四大致死因素。全国尘肺病患者总数中,约有一半在煤炭行业。煤炭燃烧所排放的一次性细颗粒物、二氧化硫和氮氧化物分别占污染物排放总量的 62%、93% 和 70%。这些污染物在每立方米空气中每增加 10 微克,就会使人群的死亡率提高 1% 到 8% 不等。仅煤炭燃烧产生的细颗粒物(造成雾霾的主要原因)一项,每年就可使死亡人数额外增加 70 多万。

(二)社会预防核事故的能力在不断提高

人类预防核事故的能力在发展核工业和核科学技术的长期实践中不断提高。1986—2006 的 20 年中,先进反应堆技术和核燃料后处理技术的研究开发推动了核工业的经济性和安全性水平及相应指标实现大幅度升级。取代第二代核电站的第三代反应堆已成为今后核电建设的主流。不会发生任何大事故的、比煤电还要便宜的"第四代核能系统",以及先进的高放废液处理方法"分离—嬗变法"等已经取得重大进展,核能开发由此获得了更加广泛的公众接受和社会支持。尤其是福岛核事故之后, 国际原子能机构牵头制定了更加严格的核

---

①〔美〕亚当·皮奥雷:《探问第三代核电站安全底线》,《环球科学》,2011 年第 7 期,第 63 页。

②〔美〕马克·菲谢蒂:《能源生产的死亡数字》,《环球科学》,2011 年第 10 期,第 93 页。

安全规范和安全审查制度,并要求各成员国严格遵守和执行。

核反应堆等所有的核设施均推行全范围、全过程的质量保证体系,以确保设计、施工、调试、运行的质量和安全。我国的核安全工作已与国际正式接轨,核应急工作处于世界先进水平。国家从核工业项目的选址、设计、建造、运行直至将来的退役准备等各个环节,都依照一整套非常严格的核安全、核应急法规和标准进行管理。我国核工业以往没有出现过2级及以上的事件、事故,目前核电站发生放射性物质大量泄漏事故的概率,已达到每堆年10的负6次方次这样低的水平(每堆年10的负7次方次就是不可能发生事故的零概率)。尽管如此,国家还在继续加强核安全保障和核应急能力建设。《中国的核应急》文件提出了我国核应急的基本目标、方针政策和法制、体制、机制建设,提出"建立全国统一的核应急能力体系"、"核事故应对处置主要措施"和加强"核应急科技创新"、"核应急国际合作与交流"等任务,在核安全和核应急领域向世界更高水平攀升[①]。

(三)核安全的技术研发不断取得新的进展

科学技术是保障核安全的根本性手段。核能开发的安全标准和核安全的技术保证能力一直处于快速提高的过程中。现代核技术的进步可以使核工业生产特别是放射性废物处理、处置变得更为安全。如近年来核科学家正在研究开发的高放废液最终处置的先进技术——"分离—嬗变法",可以把乏燃料中的铀、钚等核素分离、提取出来继续作为核燃料利用,将高放废液中的所有锕系元素特别是次锕系元素和长寿命裂变产物比较彻底地分离出来,通过中子反应使之嬗变成短寿命或稳定的、没有毒性的核素,使核废物的辐射危害延

①中华人民共和国国务院新闻办公室:《中国的核应急》,《经济日报》,2016年1月28日。

续时间由几十万年缩短到千年以下①。科学家估计到 2030 年以后,分离—嬗变技术将发展到可以把核废料处理得非常干净的程度。

第三代核电站的安全系数比第二代反应堆高出了一个数量级即 10—100 倍。这种核电站按照"非能动"的原则进行设计,排除临界事故的机制不再是依赖人的主观努力和规章制度的严密性,而是依赖自然规律的作用。今后新建的这类核电站可以在失去供电以及没有人工操作的情况下自动为反应堆降温数天,其所具有的多层保护设施,即使在受到外界强烈攻击的情况下也能够保证反应堆安然无恙。第四代核电技术甚至可以使核电站在任何情况下都不会出现核临界事故,像苏联切尔诺贝利和日本福岛那样的核事故不可能再发生。预计再经过十几年的时间,一个包括先进的分离—嬗变技术的第四代核燃料循环系统将会建立起来,使核能的安全性、经济性及与环境的协调性达到比第三代核电站再高一个数量级的水平。有关资料显示,作为第四代反应堆较成熟堆型的钠冷快中子反应堆,可与若干座压水堆和相应的后处理厂、MOX 燃料元件制造厂以及若干中小型核反应堆按照产业链关系组成"快堆—后处理厂—热堆"相对集中分布的"核能园区",在实现核增殖和锕系核素嬗变方面取得极好的规模效益。这方面的技术若取得重大突破,核工业将成为近乎没有最终废料的清洁行业。应该说,第四代核电技术实现大规模商用时期,能源产业的可持续发展和绿色化、安全化目标就可得到初步实现。

（原载国务院发展研究中心《经济要参》2016 年第 32 期）

---

①王大中主编:《21 世纪中国能源科技发展展望》,清华大学出版社,2007 年 11 月,第 191 页。

甘肃工业结构调整的战略重点与支柱产业培育

新时期甘肃工业结构调整的基本思路,应当是充分发挥科技、教育方面的相对优势和体制改革方面的潜力,加快国有企业的改制和改组,大力推进非公有制经济发展,重新组织和建立具有技术密集和制度创新特点的工业优势,以高新技术和先进适用技术改造、提升传统产业,培育技术密集度高、规模效益良好、产品竞争力强、增长速度快的石油化工、有色和黑色冶金、建筑建材、机械电子、医药、农产品加工等支柱行业群和新材料、生物医药等高新技术产业群,培育发展一批具有较强竞争力的大型企业集团,建设以各种工业园区为主的新型工业聚集区,在10—15年的时间内,基本实现工业结构高度化和工业强省的目标。

一、工业结构调整的方向和重点

(一)工业结构调整的基本方向

甘肃工业结构调整的基本方向,就是在正确认识新时期国内外经济社会发展的趋势和国家在近20多年的重要战略机遇期内的重大战略部署,依据变化了的条件重新审视甘肃的省情特点和老工业基地的战略地位、发展机遇的基础上,充分利用国家对西部基础设施建设和老工业基地进行改造的政策倾斜等有利条件,适应新时期国民经济发展对重化学工业、机械电子工业产品需求持续增长的趋势和农村城市化、经济社会信息化发展的需要,坚持调整经济结构、扩张工业规模、扩大经济总量和全面提高经济效益相结合的原则,一方面立足已有基础,以高新技术和先进、适用技术改造、提升传统产业的技术水平,加大原材料的深加工和新材料的开发力度,在原材料产业的基础上发展壮大新材料产业,保持和增强资本和技术密集型的能源、原材料、机械等传统主导产业的竞争优势,稳步扩大这些产业的规模,同时要发挥劳动力资源优势,发展劳动密集型农副产品加工业和轻纺工业,把农副产品加工业发展为规模迅速扩大的工业主导产业;另一方面更快地发展知识密集型产业,增强技术引进和技术创新能力,大力发展高新技术产业和信息产业,集中力量培育技术密集、关联度强、有市场竞争力和增长速度快的新材料、生物医药、电子信息、光机电一体化等优势高新技术产业,使这些产业成为全省快速发展壮大的新型主导产业,同时要发展新兴产业和地方特色产业,淘汰落后生产能力,积极发展环境保护产业,推进工业清洁生产和国民经济的生态化建设。以总量扩张、结构调整、技术创新相结合的方式,提高工业发展速度和发展质量,加快各类产业的信息化,广泛建立新型产业与传统产业之间的技术性衔接、带动关系和战略性的结合、过渡关系,促进生产要素向效率和增长速度更高的行业转移,显著提高经济运行的效率和效益,稳步实现由以传统产业为主导向以知识密集产业为主导的结构转换。用10年左右的时间,形成以技术密集产业为主导、高新技术产业占相当大比重、资本密集产业次之、劳动密集产业获得巨大发展、信息化水平超过全国平均水平的复合型产业结构,将甘肃老工业基地建设成为全国先进的石油化工基地、有色金属基地、新材料和医药工业基地。

(二)工业结构调整中支柱产业培育的战略重点

(1)调整工业的微观基础构成。针对微观领域国有经济比重过大、大型企业和企业集团优势不强、产业集中度低、企业布局缺乏聚

集效益等问题,企业组织结构调整要以扩大开放、吸引外资、资产重组、发展非公有制经济为主要手段,缩小国有经济战线,扶持和壮大非国有企业,使非国有企业、外向型企业和外部投资的企业得到持续快速发展。对包括中央在甘企业在内的大中型国有企业进行改制、改组,建立规范的现代企业制度和科学的营销体系,引进国内外先进技术与增强企业自身技术创新能力相结合,发展与国内外实力强大的企业和科技开发单位的联合、协作关系,在主动参与国内外分工、主动参与市场竞争中全面提高国有和国有控股、参股企业的制度创新能力和综合素质。提高各类开发区和工业小区的建设水平,促进工业企业集群分布,增强企业的外部效应和聚集效益。促进工业主要行业形成以大型企业和企业集团为主导力量,各种经济形式的企业和大、中、小不同规模的企业合理匹配、公平竞争、各展优势的产业组织形式。

(2)保持和增强传统主导产业的优势。适应今后全国工业的重型化、高加工度化发展趋势以及经济建设对能源、原材料产品和劳动密集型产品的需求持续增长的趋势,以高新技术改造、提升传统产业,保持和增强石油天然气化工、有色和黑色冶金、建筑建材、机械等资本和技术密集型传统产业的规模和竞争优势,提高这些产业的效率和经济效益,充分发挥这些产业在全省经济发展中的支柱作用。加大地质矿产资源的勘探力度,充分利用国内外两种资源、两个市场,为原材料工业的持续发展提供可靠的原料基地。适应国内外市场变化,瞄准国民经济重要行业的发展需求,采用新技术、新工艺发展原材料深加工,研究开发新材料技术和新材料产品,在原材料产业的基础上发展壮大新材料产业,形成"原材料—新材料"产业延伸链,把兰州、白银等老工业基地城市建设成全国重要的原材料—新材料生产基地。

（3）发展高新技术产业群,为全省工业持续快速发展提供战略支撑条件。利用生物高新技术,充分发挥中药材资源优势,以兰州生物制品所、奇正集团、兰州佛慈制药厂、兰州制药厂、定西制药厂等企业为骨干,发展高科技医药工业,带动医药行业向高科技化发展。以兰新集团、兰光集团、长风集团等企业为骨干,发展电子信息设备制造业,带动电子行业较快增长。以现代先进的信息技术改造、提高机械工业,把机械产业建设成全省的高新技术型主导产业。充分利用大中型能源、原材料企业的技术和资源优势,研究开发有色金属、精细化工、碳素等新材料,建设新材料产品产业化基地,持续增强技术创新和新产品研发能力,促进高科技材料工业发展。在农副产品加工、纺织等传统行业中选择高新技术产业的生长点,把引进技术与科技攻关相结合,开发高新技术产品,发展高新技术分支产业,带动这些行业的技术升级。到2010年,初步形成具有一定竞争优势和相当规模的高新技术产业群,兰州、白银等五城市高新技术产品产值占工业增加值的比重达到15%—20%,带动全省的这一比重达到10%以上。

（4）增强轻纺工业发展能力,带动市县工业和农业产业化发展。利用入世后劳动密集产品出口量扩大的机遇,扩大开发利用甘肃和邻近省区的劳动力资源、原材料资源和农副产品资源,发展以农副产品加工业为主的轻纺工业,增强轻纺工业占领国内外市场的能力,带动农村种植养殖业发展,带动扶贫开发、农村剩余劳动力转移、城镇建设,提高轻工业在工业总量中的比重,使轻重工业比例趋于合理。

（5）发展商业贸易、金融、旅游和科技、教育、信息等第三产业,推动资源产业主导型结构较快向知识化、轻型化、服务化、高度化的结构转变。

（6）加快发展外向型经济。提高对外开放程度、参与国际市场竞争、外向型经济占较大比重,是现代工业快速发展的普遍经验。老工业基地在保持和增强内向发展优势的同时,必须优先、快速发展以出口为主的外向经济,把重要的出口企业、优势行业、工业园区等集约化水平较高的产业聚集区建设成符合国际化标准和具有外向型经济运行机制的出口生产基地,组建并逐步壮大开拓、占领国内外市场特别是国际市场的特大型企业集团,形成精锐产业集群,努力提高出口创汇能力。要把各级中心城市条件最优越的开发区建设成以吸引外资为重要目标的产业园区,扩大利用外资,引进先进技术,增大外向型产业规模。

(7)实现可持续发展的目标。坚持资源的永续利用原则,珍惜和保护自然资源,依靠科学技术进步不断改进资源的开发利用方式,提高矿产、水、土地、自然风景等资源的利用率。增加地质勘探投入,提高矿产资源储备,保证资源指向产业的较快增长。逐步扩大利用其他省区和国外资源比重,减少对省内资源的消耗,主要依靠科技进步和提高资源利用率来提高工业规模和保持较快的工业发展速度,降低对不可再生资源的相对消耗量。增加环境保护设施和生态经济建设投资,积极进行产业生态工程和区域生态工程的设计、实施试点,推进工业清洁生产和国民经济各行业的生态化建设,有效减轻"三废"排放,扩大对生产和生活废料的循环利用规模。

(三)建设重点工业基地

城市是工业的载体,加快城市现代化是培育工业支柱产业的基础条件。要分别以兰州—白银、天水、金昌—嘉峪关为核心,提高各类城市的基础设施水平和信息化、知识化、生态化水平,提高城市居民的收入水平,建立布局合理、优势突出、特色鲜明、互补性强的省域城市体系,增强全省城市对新型工业化发展的承载力。

兰州—白银地区要建设成全省最大、综合性最强的工业中心区。中心区要继续增强有色金属、石油天然气化工、黑色冶金、建材、机械、电子、轻纺等产业优势,扩大产业规模,提高产品的技术含量和附加值,推动传统产业内外的新材料、电子、软件、机电一体化等高新技术产业分支更快发展,同时加快发展信息、商贸、金融、旅游等服务业,增强全省核心区域产业结构的综合性优势,在全省新型工业化发展中发挥辐射、带动作用。

金昌—嘉峪关要建设成河西地区的"双星"式工业中心。要继续增强有色金属、化工和黑色冶金等主导产业优势,积极发展高新技术产业分支和农副产品加工、旅游、商贸等接续产业,逐步增强产业结构的软化程度,形成以冶金、化工、新材料、轻工、三产为特色的地域产业结构体系,带动河西地区工业发展。

天水要建设成全省现代化的机械电子工业基地。通过实施产业信息化示范工程,提高企业信息化水平,增强机械电子工业的国际竞争力,带动天水和陇南地区工业发展。

加快建设陇东平庆地区工业基地,增强能源、化工、农副产品加工业优势。

二、产业组织调整

(一)产业组织合理化的基本目标

产业组织合理化的基本目标是:重点建设一批在国内外市场有强大竞争力的大型企业和企业集团,使主导产业的集中度保持在50%—70%;主要产业内部大、中、小企业之间形成合理的匹配关系,保持动态优化的企业数量比例和经济实力比例;同类和不同类企业之间实现充分竞争;淘汰"五小"等落后生产力;增强产业特别是主导产业的整体竞争力。

全省"十五""十一五"期间,计划要培育 10 户年营业收入达到或超过 50 亿元、具有国际竞争力的特大型企业集团和 50 户年营业收入超过 5 亿元的大型优秀企业或高新技术企业,培育、建设 150 户左右年营业收入超过 1 亿元的中型企业,建设 4000 户左右年营业收入超过 500 万元的规模以上企业和 10 万户规模以下的小型企业。依靠这些企业的发展及其骨干作用的充分发挥,到 2007 年实现全省工业增加值在 2000 年的基础上翻一番,达到 680 亿元左右,年均增长 10% 以上,占全省 GDP 的比重达到 38% 左右。

(二)发展大型、特大型企业和企业集团

石化、冶金、能源、建材等规模经济要求较高的行业,必须以提高企业的规模效益和产业的集中度为目标,发展大型、特大型的企业和企业集团。从 20 世纪 80 年代中期以来全国大企业发展势头强劲,其经济总量的增长及其所占工业总量的比重基本上是呈直线上升的态势,而中小企业则是呈直线下降态势。按照集团化、规模化、市场化的要求,利用现有基础和资产存量,通过破产兼并、强强联合、境内外上市、资本运营、国有资产划拨等多种途径进行资产重组和低成本扩张,增强主业技术改造和技术创新的投入能力,培育核心竞争力,提高盈利水平,使大型企业、企业集团成为具有国际竞争力的工业航母群,使其中的部分企业集团如金川公司等向大型控股公司发展,工业主导行业中大型企业的增加值和利税总量应占到 60%—70%。

实行大企业、大集团战略要获得成功,必须重视运用以下战略措施:加快改革,解除体制束缚,建立科学的母子公司体制,提高制度创新和管理创新水平,实施有效的战略管理;增加科技创新和技术引进投入,增强技术优势,降低研发成本;充分估计到未来竞争特别是国际竞争的激烈程度,对内对外主动寻求与其他企业之间的优势互补,建立大企业之间的战略联盟;企业扩大规模和进行生产经营要以形成技术优势和成本优势为主、差异化优势为辅,把追求规模效益与追求高水平管理结合起来,培育核心竞争力。

（三）发展有特殊竞争优势的中小型企业

中小企业的发展与人们的收入水平和全社会的科技文化水平、消费水平提高有正相关关系，它往往是受生产和生活消费的多样化变化的推动而发展的。要促进中小企业要在以下领域中发挥优势，实现更快发展：

（1）通过承包、租赁、股份制、股份合作制等多种形式放开搞活国有中小企业，支持国有企业转化为非公有制中小企业。

（2）配合大中型企业集团的组建和扩大，鼓励、支持各种所有制的中小企业进入企业集团的松散层，在技术和产品扩散、统一销售、开拓市场特别是国际市场等方面与集团成员企业建立稳定的协作联合关系，发挥专业化协作配套优势，依托集团的发展而发展，在经营管理、产品成本、产品特色、灵活适应市场变化等方面与集团成员企业展开平等、适度竞争，增强中小企业的生存和发展能力。

（3）适应农业产业化需要，发展农副产品加工型中小企业。

（4）拓展科技型中小企业的发展空间。随着科技、教育事业的快速发展和各类科技园区的建设，科技型中小企业成为我国经济发展的新的增长点。发挥科技孵化器的作用，利用科技项目特别是高新技术产业化项目带动中小企业发展。"十五"期间全省培育 100 户高新技术产品销售占 50%以上的科技型中小企业的发展目标，主要应当在老工业基地落实。

（5）适应外贸、旅游产业发展的需要，发展出口产品和旅游产品中小加工企业。

（6）配合各类工业园区、开发区建设和发展，促进中小企业向条件相对优越的地区集中，发挥产业集群的外部性效益优势，增强中小企业的群体生存和竞争能力。

中小企业对社会服务体系的依赖性比大企业更强。要配合城市

改造和城市现代化建设,提高基础设施服务水平,增强科技、信息、人才、职业培训、投融资、社会保障和政策服务能力,在政府的统一组织和协调下,发挥中介组织的积极性,帮助中小企业较快形成和增强在技术、产品、销售、服务等方面的竞争优势,选准目标市场和市场份额目标,依靠"专、精、高、特、新"的产品开发和扩大市场。帮助中小企业在区域范围、全国范围和全球范围寻求分工位置,注重在技术和产品的专门化分工领域、高科技领域、特色产品和特色经营方面、快捷适应市场需求方面、与大企业配套方面形成、保持、扩大优势。

(原载《发展》2003 年第 11 期)

甘肃装备制造业的技术升级途径

未来5—10年是我国装备制造业发展的黄金时期，同时也是甘肃振兴区域装备制造工业并带动相关产业发展、实现产业结构升级和经济集约化增长的重要战略机遇期。甘肃振兴装备制造业的战略关键在于选择好装备工业技术进步的途径，立足现有的基础条件，用15年左右的时间基本实现装备制造业由传统技术占主导地位向高技术化和高度信息化升级、发展的目标，在重点优势产品的成套设备研制、系列性高科技装备产品的自主研制、参与国内外大型装备工程承包和成倍扩大装备工业经济规模上取得突破性进展，使装备制造业整体水平达到国内先进并接近世界先进水平，装备制造业成为全省工业的主导行业之一。

一、甘肃装备制造业技术进步现状

甘肃作为我国重要的老工业基地和国防科研生产基地，经过几十年的建设和发展，形成了较强的机械、电子产品制造能力和零部件加工配套能力。目前，装备制造业已形成了以骨干企业为龙头，大、中、小型企业相结合，能够为石油钻采、化工、轻工、机械加工、建材、交通运输、军工等领域提供装备，具有一定特色的产业体系。

（一）主要的技术优势

装备制造业是全省技术密集程度较高的产业，具有比较齐全的产业技术体系，技术结构呈现"高新技术—较先进技术—落后技术"

这样的层次特点;在技术、人才、大中型企业的技术研发机构等方面具有一定的基础,一些大学、专业研究机构的技术研发能力已经达到较高的水平,形成了赶超国内外先进技术水平和进行自主创新的一定实力。装备制造业的技术优势具体体现为以下几方面:

(1)在长期发展中形成了一批技术力量雄厚的骨干企业。以兰石集团公司、兰州石油机械研究所、兰州电机有限责任公司、天水星火机床有限公司、天水华天电子集团公司、兰州真空设备公司、甘肃长风信息科技有限公司、兰州飞行控制有限责任公司、天华化工机械及自动化研究设计院等为代表的骨干企业,以及金川有色金属集团公司、酒泉钢铁集团公司、中石油兰州石化公司等大型冶金、石化企业下属的机械制造企业,在装备制造的人才、技术、信息等方面有一定的储备,这些企业在核心技术、名优产品、科研设施和综合技术经济实力方面已形成较稳定的优势,在全国装备制造业中占有一席之地,是全省振兴装备制造业的现实基础和重要的技术载体。

(2)依托企业技术实力形成了一批系列性的优势产品。装备制造业产品品种有 3000 多个,涵盖了主机、辅机、成套设备、关键部件、维修配件和技术服务等诸多领域。主要的优势产品有:石油钻机、成套石油化工和炼油设备、抽油机;兆瓦级风力发电机及风电成套设备,交直流电机、节能电机、中小水电设备,智能型中高压开关设备、智能化低压电器,高压、超高压输变电关键设备,电缆、特种电缆;大型、精密、高速数控机床,系列锻压机床;黑色冶金成套设备及备件,有色金属矿山设备和冶炼、加工设备,系列气动凿岩机及气动工具;集成电路、DC/DC 电源模块、新型电子器件;大型真空成套设备与低温储运设备;新型小排量轿车、大中型客车;中药自动制丸(粒)成套设备等。

(3)拥有"产学研"联合的较好条件和巨大潜力。甘肃装备制造业的大中型企业和专业科研设计机构、大专院校等,都已形成具有相当规模和一定分工特点的群体, 建立了广泛协作和优势互补的合作关系,具有进一步建立和发展"产学研"联合组织的良好基础。以兰州石油机械研究所、中国科学院兰州化学物理研究所、中国航天科技集团公司五院五一〇研究所、兰州电源车辆设计研究所等为代表的研究机构和以兰州大学、兰州理工大学、兰州交通大学等为代表的高等院校,特别是依托这些科研单位和高校建成的一批重点实验室、技术研发中心和检测中心等, 构成了推进装备制造业自主创新的重要载体和技术梯队,对振兴全省装备制造业形成不断增强的技术支持能力。

(4)以企业为主体的产学研结合的技术创新组织有了初步的发展。一些装备制造企业与科研机构建立的各类产学研技术创新组织,围绕企业的发展目标,在研发投入、管理决策、风险承担、利益分配、知识产权归属等方面正在探索和建立、完善新的机制,在寻求企业核心技术、关键技术的突破和发展,联合培养人才,提高自主创新和引进、消化吸收能力方面发挥着越来越大的作用,成为装备制造业技术进步的主要形式和区域科技创新体系的重要组成部分。

(二)技术进步面临的主要问题

(1)甘肃装备制造业虽然有一定的技术优势,但是与国内外同行业先进水平相比,总体上技术基础薄弱,传统技术占主导地位,高新技术比例较低,技术水平在国内处于较落后的状态。大量的装备产品属于传统的资金密集型和劳动密集型产品, 设计和工艺技术水平不高,产品性能低下、改进和完善时间过长、经济性和可靠性不适应用户和行业发展需要的状况相当普遍。

(2)研究与开发投入偏低,自主创新能力普遍较弱。大多数装备制造企业还处于传统技术占主导地位的阶段,科研力量不足,核心技术主要靠引进。受企业技术水平和技术队伍知识结构的限制,企业没

有能力进行重大项目特别是竞争性项目的储备研发，缺少拥有自主知识产权的产品和技术，尤其是系统性、原创性技术创新成果很少，新产品开发缓慢，产品附加值不高，产品制造的成套能力差。多数企业技术创新体系处在从仿制到研制的过渡阶段，新产品开发处在仿制性的阶段，广泛运用数控技术等先进制造技术的产品比重低，整体上产品优势不明显。科研机构、高校、企业虽具备相当的技术人才和知识储备，但由于体制、观念的影响，各种要素缺乏联系和整合机制，技术力量不能有效集成，组合优势得不到有效发挥。

（3）人力资源结构不合理，造成人力资源的巨大浪费和技术支撑能力薄弱。人才总量不足，工程技术、科研骨干、高新技术人才、熟练工人等各种人才十分短缺，使劳动生产率提高受到关键性制约。机械、电气等行业大专以上专业人才和中高级技工人才都难以满足生产发展的需要。专业人才培养不能适应市场需求，如机械动力人才需求量很大，而设置相关专业的普通高校和中等职业技术学校却很少。专业技术人才多集中于高校和科研单位，而装备制造企业却得不到所需要的高级专业技术人才和大量的中高级技工人才。

（4）企业设备老化严重。重大关键设备更新缓慢，多数企业的装备技术水平仍处于发达国家20世纪60—70年代的水平。

二、实行自主创新与技术引进相结合的技术进步模式

我国装备制造业普遍落后于世界先进水平，缺乏参与世界市场竞争的能力，其中主要的原因是企业缺乏先进的、独占性和系统性的技术产品，企业的竞争优势在很大程度上依赖于劳动力的低廉，即使通过引进或自主研发使某一项单元技术有重要的突破，也不能解决企业竞争力和企业发展的整体问题。制造技术的落后直接造成利润率低下，使总体经济效益受到根本性影响。甘肃在这方面与全国的平

均水平又有很大差距，多数装备制造企业还不具备自主研发先进的核心技术、关键技术、储备技术的能力。这些企业必须针对产品设计、制造技术与工艺和信息化管理中的突出问题，通过较长一段时期的技术引进、消化吸收和再创新，较快跨越技术循序提高的某些阶段，缩短与国内外先进技术水平的差距，并使技术进步与经营管理模式更新达到良好结合。

根据甘肃装备制造业的实际情况和现代装备制造业的技术特点及技术进步的重要规律，甘肃装备制造业技术进步的基本模式应当是：立足自主创新，同时加强对先进制造技术的引进、消化吸收和再创新，实现引进与自主创新的良好结合，加大装备制造业研究与开发领域的投入，建立机制和功能健全的产学研技术创新组织，积极、合理、高起点地引进先进制造技术，缩短掌握先进技术、关键技术、核心技术的时间，建立与全省装备制造业发展需要相适应的产业技术体系，以适度跨越的方式提高装备制造业的技术密集程度和信息化、高科技化水平，逐步实现由技术引进型向自主开发型的历史性转变，实现传统装备制造业向现代先进装备制造业过渡。

实行引进与自主创新相结合的技术进步模式，核心的任务是加快装备制造企业的技术创新体系建设。具体措施有：

（1）鼓励、支持企业与高校、科研院所合作，建立机制和功能健全的产学研联盟，形成以企业为主体的技术创新体系。产学研联盟的主要功能是增强具有自主知识产权的技术研发能力，依靠技术实力增强品牌优势。在"十一五""十二五"期间实现装备制造业企业技术创新体系从生产仿制型向引进消化后的研制（再创新）型转变。产学研联盟的运转和管理要以项目为依托，以人才培养、人才交流为纽带，实行"生产一代、研制一代、储备一代"的技术开发模式，加强重大项目特别是竞争性项目的储备研发。以应用基础研究形成有原创性的技术成果为核心,以高科技产品研发技术、系统成套技术、自动化控制技术以及关键共性制造技术、关键原材料及零部件制造技术、基础性技术和原创性技术的研究开发为重点,逐步提高装备的自主制造比例。瞄准国际国内先进水平,掌握关键技术、核心技术,注重将有重要应用前景的科技成果进行系统化、配套化、工程化开发,为产业化生产提供成熟配套的工艺、技术及装备。

(2)建立一批产学研相结合的行业共性技术中心和工程技术中心。"十一五"期间,在现有的国家级企业技术中心的基础上,积极争取申报一批新的国家级工程技术研究中心,培育和新建一批国家级企业技术中心和工程技术研究中心,从产品研发、信息咨询、技术培训、检测设备、模具等方面为企业技术创新提供服务,在共性技术、关键技术上实现重大突破。支持企业建立跨地区、跨行业的技术创新联盟,支持重大装备和关键技术项目的联合攻关。鼓励企业通过自主开发、引进技术消化吸收以及国际合作、并购、参股国外先进的研发、制造企业,通过引进省内外先进的研发、制造项目等各种方式掌握核心技术。企业要不断探索、采取与大专院校联合开发、协议开发、购买成果、聘请国内外专家对企业产品开发进行指导等多种技术合作方式,提高自主研发能力,培养技术骨干和产品开发队伍。持续增强技术创新的投入能力,完善技术开发设施、设备的配置,在研究开发、检测分析、中间实验室等方面配备技术先进、品种齐全的各类设备。全省装备制造企业研发经费占销售收入的比重,由目前的 0.7%逐步提高到 1%—3%。

(3)企业技术创新体系要按照建设先进制造系统的思路和规划,主动适应并加快追赶现代装备制造业高技术化和全面信息化的技术升级步伐,加快装备制造业的技术升级。重点支持发展装备制造业中具有自主知识产权的系统成套技术、自动化控制技术、关键性和共性制造技术、基础性技术、原创性技术和与工程化有关的设计技术的研究开发,鼓励开发和推广应用数控技术、工业机器人技术、柔性制造系统、自动检测及信号识别技术、工程设备工况监测与控制技术等,加强电子信息技术与装备制造技术的相互融合,鼓励装备制造企业用先进信息技术提升设计、研发、生产、采购、营销、服务和管理水平,建设先进的计算机辅助设计系统和齐备的测试、中试手段,引进计算机辅助设计的硬件和软件,加强对技术人员进行 CAD 等基础培训工作,实现研发、设计、生产、经营管理的数字化、智能化、自动化、网络化。

(4)加强对先进制造技术的引进、消化吸收和再创新。要把技术引进作为促进装备制造业技术升级的重要战略举措,提高引进水平,扩大引进规模,同时加强对引进技术的消化、吸收和再创新,把技术引进和自主开发有机结合起来。行业骨干企业力求用 10—15 年的时间,通过技术引进和消化、吸收、再创新和自主制造,在技术水平和经济实力方面赶上或超过国外同行业先进企业,实现重大装备的国产化和大量出口。发展与国外具有先进技术水平的企业间的合作,开展联合设计、联合制造,努力掌握核心技术和关键技术。借鉴、吸收国内外研制开发重大成套技术装备的经验和有效措施,采用工程承包与交钥匙工程、成套设备和关键设备进口、国际合作生产等方式引进国外先进技术,提高重大技术装备的系统设计、制造和成套能力。

(5)发挥大学、科研单位在产业技术进步中的关键作用。支持、帮助兰州大学、兰州理工大学、兰州交通大学等院校和研究开发机构加强与装备制造技术密切相关的重点学科建设,增加装备制造业发展所急需的新专业,改善科研开发的基础条件,加强诸如"甘肃省风力机工程技术研究中心"等重要科研机构建设,研究开发有色金属冶炼的自动化生产线、特种机床、仪器、特种泵、石油化工机械、发电设备、

农用机械、材料加工设备等 10 多个行业上百种产品的先进技术。发展与国内外大学、科研机构的交流、协作关系,解决装备制造业发展的前沿技术难题,填补产业链中的技术空白。

三、促进劳动密集行业和资金密集行业的技术升级

甘肃装备制造业中还有相当数量的企业包括一些经营管理较先进的企业,以及大量企业中的重要工序等,还处于劳动密集的状态,其中一部分劳动密集型企业和工序是由于一定时期的分工关系所决定的,而更多的则是由于技术进步和企业发展过于缓慢导致企业和工序处于落后性的劳动密集状态。这两类企业都普遍存在着设备陈旧、落后,技术人才缺乏,技术创新能力薄弱,产品质量与档次不高、附加值太低,以及环境污染、劳动条件太差和劳动保护措施严重不足等问题。这些企业中经营好的企业,主要依靠价格低的优势占领一定的市场份额,利润微薄,后续发展能力有日渐匮乏之忧。

用先进、适用的技术改造劳动密集型行业和企业的措施主要有:

(1)加强企业技术改造。设备的更新改造是提高企业生产能力和市场竞争力的基本条件。对于劳动密集型企业来说,必须根据市场竞争的要求,加大投入,改造陈旧、落后的生产、测试、管理、基础设施等设备,使生产条件和劳动手段适应快速技术进步的需要。设备更新改造欠账过多的企业,必须实施若干大的技术改造项目,同时持续不断地进行小规模的技术改造,使企业的硬件技术能够保证生产能力、产品质量、产销规模、盈利水平得到实质性的提高。政府应当对技术改造欠账多、投入能力严重不足但产品市场前景看好的企业给予政策上的扶持和帮助,使之渡过难关,实现投入产出的良性运行。

(2)劳动密集企业工序技术改造和技术革新的基本方向是用高新技术改造、提升传统制造工艺,实现制造工艺的高效化、敏捷化、清

洁化。机械加工、铸造、锻压、焊接、热处理、表面保护等传统工艺在相当长一段时间内仍将是量大面广、经济实用的技术,但这些技术的优化和革新步伐很快。对这些技术进行改造、革新途径,就是在保持原有工艺原理基本不变的情况下,通过引入高新技术来改善工艺条件,优化工艺参数,改良工艺装备,完善工艺过程,使之向高效化、强韧化、精密化、定量化、敏捷化、清洁化方向发展。如以高速切削、超高速切削、高速磨削、强力磨削、砂带磨削、涂层刀具、超硬材料刀具与模具等先进加工技术取代冷加工领域的传统技术,对旧式设备进行数控化改造,以毛坯精密成形、少无氧化热处理、扩散焊接、等离子焊接、树脂砂造型、冷冲造型、热模锻造、冷温挤压、粉浆浇注、快速原型制造、模具 CAD/CAM 和设备微机控制技术取代热加工领域的传统技术等。

(3)加强先进技术的引进、消化吸收和推广。处于劳动密集阶段,在产品和技术开发能力方面远远落后于国外竞争对手和国内同行的装备制造企业,首要的措施是通过引进和消化吸收,掌握国内外先进的设计和制造技术,对引进技术开展改进和创新,进行关键技术的研究攻关,实现优化设计,使产品的主要性能超过原引进方的指标,同时培养、锻炼出一支研究开发和设计、生产的技术队伍。在此基础上,开发、生产拥有自主知识产权的新产品。

(4)提倡、支持技术先进的企业兼并、重组技术落后的企业,有效整合资源,较快实现落后企业的技术进步。鼓励、引导骨干企业在加强关键技术开发和技术集成的同时,通过市场化的外包分工和社会化协作,向中小企业扩散配套及零部件生产技术,形成各有特色、技术关联性强的产业链和产业集群。

(5)发挥大企业和企业集团集中科研力量攻关的优势,加强新产品、高档产品、换代产品和先进技术的研究开发,实现资金密集型的

产品结构向技术密集型的产品结构转化，逐步形成高新技术占主导地位的技术结构和利润源泉，促进资金密集行业和企业向技术密集阶段过渡。

四、加快装备制造业的高新技术化步伐

振兴甘肃装备制造业的实质性目标是实现装备制造业的高技术化和高度信息化，依靠高技术优势和高端产品的生产能力，更快地增强装备制造业的经济实力，进而扩散、带动其他行业具备高端产品的生产能力，加快产业结构升级步伐，跨越式地提高甘肃在国内外地区分工和行业分工中的地位，为区域经济的科学化和高质量发展奠定基础。主要措施包括：

（1）制定和实行装备制造业高技术化和高度信息化发展规划。规划的基本目标是："十一五"期间在石油化工设备、数控机床、发电及电器、电子及通信设备等行业形成高新技术制造和高档装备产品的初步优势；2015年前后基本实现传统制造企业向现代先进制造系统转变，建立起石油化工设备、数控机床、发电设备及电器、电子及通信设备、矿山及冶金设备、军工设备、汽车等有区域分工优势和市场竞争力的高技术装备制造产业群；2020年前后主要的装备制造行业及其骨干企业具备国内领先并接近世界先进水平的制造能力，装备制造业成为全省的高技术型支柱产业，基本实现全省装备制造业的高技术化和高度信息化。

（2）强力扶持发展高新技术装备制造项目，加快电子装备、数控机床、发电设备、军工等重点行业的高科技化步伐。支持兰石集团公司、兰州电机厂、天水星火机床有限公司、天水华天电子集团公司、天水长城开关厂、长风信息科技（集团）公司等一批引进、研发和推广先进装备制造技术的龙头企业进一步加强自主创新体系建设，同时引

进先进的硬件设备和软件技术,重点对大型数控机床、电机、电工电器、石油化工机械、各类光学镜头、圆锥滚子轴承、矿山机械、真空获得与真空应用设备等产品的生产技术进行高技术改造,推广采用先进、适用的数控技术、工业机器人技术、柔性制造系统、自动检测及信号识别技术、工程设备工况监测与控制技术、超精密超高速加工技术、企业信息化技术等高技术,优化、革新传统机械制造技术。加强与国外知名公司合作、联合,获得与世界同行业先进技术同步发展的能力,逐步实现先进制造技术由自主开发与技术引进相结合向自主开发主导型转变。

(3)积极研究、开发和试行"网络化制造系统",为先进制造技术的大规模、大范围推广采用开拓道路。"网络化制造"是我国的制造工程专家在吸收国际先进制造系统模式的科学思想的同时,根据我国正处于向市场经济的过渡期间,需要政府行为对市场行为进行规范和引导的具体国情特点,创造性地提出的先进集成制造系统的一种战略模式,并在"十五"期间选择西南、西北、华东、东北等地区进行了较大范围的试点和示范。甘肃要适应装备制造业发展的新趋势,密切关注和吸收、借鉴国家进行网络化制造示范工程中的经验,积极创造条件,以全省、某一城市为单位或以石油化工设备、机床工具、风力发电等行业为单位,采用政府调控、产学研相结合的组织模式,在计算机网络和数据库的支撑下,实施网络化制造的开发和示范工程,动态集成省内的企业、高校、研究院所及其制造资源和科技资源,形成一个包括网络化的制造信息系统、网络化的制造资源系统、虚拟仓库、网络化的销售系统、网络化的产品协同开发系统、虚拟供应链及其网络化的供应系统等在内的现代集成制造系统,在采用先进制造业技术和实行信息化管理等方面加快与国际市场接轨,取得成熟经验后在全省装备制造业和整个工业领域推广实施。通过开发和试行网络化制造系统,有效地支持企业的技术开发和经营活动,带动全省装备制造企业根据各自的实际建设各具特色的企业先进制造系统, 综合应用计算机网络、数据库技术和先进制造技术,普遍应用工程设计信息化技术,生产制造信息化技术,经营管理信息化技术,以及商务活动信息化、支撑环境信息化技术等,从整体上提高全省装备制造业和其他制造业的技术水平,增强企业走向国际市场的能力,加快传统企业和传统制造模式向现代化、高技术化的制造系统和制造模式过渡。

主要参考资料

1. 上海市经济委员会、上海科学技术情报研究所编著:《2006 年版世界制造业重点行业发展动态》,上海科学技术文献出版社,2006 年 3 月。

2. 张世琪、李迎、孙宇等编著:《现代制造引论》,科学出版社,2003 年 9 月,第 549 页。

3. 戴庆辉主编:《先进制造系统》,机械工业出版社,2006 年 1 月。

4. 国家自然科学基金委员会、工程与材料学部:《机械与制造科学》,科学出版社,2006 年 2 月。

5. 蒋志强等编著:《先进制造系统导论》,科学出版社,2006 年 5 月。

6. 王彪、张兰主编:《数控加工技术》,中国林业出版社、北京大学出版社,2006 年 8 月。

7. 齐从谦编著:《制造业信息化导论》,中国宇航出版社,2003 年 2 月。

(原载《开发研究》2007 年第 6 期)

附录

安江林主要著作

理论专著

1.《经济结构与经济成长》,甘肃人民出版社,1993 年 8 月。

2.《工业成长与区域发展》,甘肃人民出版社,1996 年 9 月。

3.《中国发展之魂·经济篇》,甘肃文化出版社,2004 年 9 月。

4.《甘肃省"十一五"规划重大课题研究报告》,甘肃人民出版社,2005 年 11 月。

5.《西部大开发重大问题与重点项目研究》,中国计划出版社,2006 年 2 月。

6.《2006 甘肃经济社会蓝皮书》,甘肃人民出版社,2006 年 12 月。

7.《2007 甘肃经济社会蓝皮书》,甘肃人民出版社,2007 年 12 月。

8.《2008 甘肃经济社会蓝皮书》,甘肃人民出版社,2008 年 12 月。

9.《甘肃省发展战略研究》,科学出版社,2009 年 11 月。

10.《增长极体系与跨国经济带建设》,中国财政经济出版社,2020 年 7 月。

11.《矛盾与结构》,知识产权出版社,2023 年 4 月。

论　文

1.《论自然资源考察》,《兰州大学学报》(数学、自然科学交叉版),1988 年专辑。

2.《黄河上游多民族经济开发区在各级区域分工体系中的地位和作用》,《开发研究》,1988 年第 5 期。

3.《社会开发活动及其结构特点和分类》,《甘肃社会科学》,1988 年第 2 期。

4.《甘肃经济发展的多级产业优势战略》,《发展·挑战·对策》,甘肃人民出版社,1988 年。

5.《开发思想的历史发展和现代开发理论研究》,兰州大学学报(社科版),1989 年第 3 期。

6.《坚持马克思主义对我国经济开发事业的指导作用》,《坚持·实践·发展》,甘肃人民出版社,1989 年。

7.《甘肃产业开发的基本对策》,《社科纵横》,1990 年第 1 期。

8.《甘肃经济的一级优势和一级循环圈》,《甘肃社会科学》,1990 年第 2 期。

9.《论我国经济发展的动力机制问题》,《兰州大学学报》(社科版),1991 年第 1 期。

10.《再论我国经济发展的动力机制问题》,《兰州大学学报》(社科版),1991 年第 4 期。

11.《论自然资源开发与资源保护和环境保护的相互结合》,《发展》,1991 年第 4 期。

12.《三论我国经济发展的动力机制问题》,《兰州大学学报》(社科版),1992 年第 2 期。

13.《社会主义市场经济关系与国民经济综合发展机制》,《兰州大学学报》(社科版)(市场经济专辑),1993 年 3 月。

14.《新时期全国"三六大网格"布局格式的形成和西部包兰成昆经济增长带的建设》,《跨世纪的战略抉择》,甘肃教育出版社,1996 年。

15.《名牌战略——甘肃工业结构调整和工业发展总体思路的先

导》,《标准化报道》,1998 年第 1 期。

16.《国有企业集团化改组必须建立规范的国有资产营运体系》,《发展》,1998 年第 3 期。

17.《实施创造力开发工程推动区域经济由传统型向知识型转变》,《社科纵横》,1998 年第 5 期。

18.《大力扶持发展高起点的咨询产业》,《发展》,1999 年第 3 期。

19.《西部开发的基本战略模式——工业化与知识化混合发展》,《甘肃社会科学》,2000 年第 4 期。

20.《加入世贸组织后西北开发的战略模式和战略重点》,《社科纵横》,2000 年第 6 期。

21.《西部开发的基本战略模式——工业化与知识化混合发展》,《北京日报》,2000 年 10 月 16 日。

22.《加入世贸组织后西部省区经济发展战略的调整》,《甘肃社会科学》,2001 年第 6 期。

23.《现代社会科学发展的特点和西部省区社会科学知识创新的战略思路》,《甘肃社会科学》,2002 年第 5 期。

24.《西部大开发与现代增长极理论的创新》,《甘肃社会科学》,2003 年第 4 期。

25.《甘肃工业结构调整的战略重点与支柱产业培育》,《发展》,2003 年第 11 期。

26.《统筹区域发展的重要战略形式——建设增长极体系》,《开发研究》,2004 年第 5 期。

27.《股份制企业集团的体制规范和资产经营管理》,《开发研究》,2005 年第 1 期。

28.《体制创新》,《甘肃新型工业化道路》,兰州大学出版社,2005 年 11 月。

29.《甘肃城市产业集群发展对策》,《开发研究》,2006 年第 3 期。

30.《甘肃装备制造业的技术升级途径》,《开发研究》,2007 年第 6 期。

31.《甘肃经济的复兴之路——以创新为主旋律的科学发展》,《环球市场信息导报》,2008 年第 3 期。

32.《灾害启示录——谈汶川地震对今后经济和社会发展的影响》,《环球市场信息导报》,2008 年第 4 期。

33.《甘肃如何较快发展中小企业》,《环球市场信息导报》,2008 年第 6 期。

34.《黄河上游地区城市群建设的战略思路》,《环球市场信息导报》,2009 年第 3 期。

35.《甘肃发展核工业的战略对策》,《开发研究》,2009 年第 6 期。

36.《新时期建设西部区域增长极的战略思考》,《中国经济时报》,2010 年 4 月 26 日。

37.《建设和优化西部交通经济带》,《环球市场信息导报》,2010 年第 2 期。

38.《甘肃核工业发展》,《环球市场信息导报》,2010 年第 3 期。

39.《新时期建设西部区域增长极的战略思考》,《环球市场信息导报》,2010 年第 4 期。

40.《企业如何成为区域经济发展的增长极》,《环球市场信息导报》,2010 年第 6 期。

41.《建设增长极体系:西部开发和发展的新思路》,国务院发展研究中心《经济要参》,2011 年第 1 期。

42.《甘肃"十二五"经济发展的亮点》,《环球市场信息导报》,2011 年第 1 期。

43.《甘肃经济发展的战略方向》,《环球市场信息导报》,2011 年第 3 期。

44.《中国能源体系转型的紧迫性及其基本道路》,《环球市场信息导报》,2012 年第 1 期。

45.《陕甘宁地区一体化发展的重要战略思路——建设几种区域增长极》,《环球市场信息导报》,2012 年第 4 期。

46.《兰州——战略地位极为重要的国家级增长极》,《环球市场信息导报》,2013 年第 2 期。

47.《充分认识和利用经济结构的重要规律(上)》,《企业家日报》,2013 年 3 月 16 日。

48.《充分认识和利用经济结构的重要规律(下)》,《企业家日报》,2013 年 3 月 23 日。

49.《创新创业——推动经济持续、健康发展的生命活力》,《企业家日报》,2013 年 10 月 12 日。

50.《推动创业是实现经济持续健康发展的重要途径》,《环球市场信息导报》,2013 年第 5 期。

51.《丝绸之路经济带的大致走向和布局结构特点》,《企业家日报》,2014 年 2 月 15 日。

52.《丝绸之路经济带的布局结构特点》,国务院发展研究中心《经济要参》,2014 年第 18 期。

53.《"新丝路"路线图》,《财经》,2014 年第 11 期。

54.《丝绸之路经济带——中国的开放式能源生命线》,《开发研究》,2014 年第 5 期。

55.《中国的多板块区域开发战略》,《企业家日报》,2015 年 8 月 9 日。

56.《"一带一路"轴带体系的空间结构和功能特点》,《甘肃社会科学》,2016 年第 2 期。

57.《我国核能开发的基本阶段、战略重点和安全保障》,国务院发展研究中心《经济要参》,2016 年第 32 期。

58.《建设"一带一路"轴带网络》,《企业家日报》,2016 年 3 月 25 日。

59.《经济运行发展的基本规律与"一带一路"战略》,《甘肃社会科学》,2017 年第 1 期。

60.《应对"未富先老"挑战的三个重点》,国务院发展研究中心《经济要参》,2018 年第 42 期。

61.《我国西部地区南北通道——"一带"与"一路"融合发展的桥梁》,《开发研究》,2019 年第 6 期。

62.《我国西部地区南北通道建设的思路与对策》,国务院发展研究中心《经济要参》,2020 年第 23 期。

63.《建设现代化增长极体系:高质量发展的重要战略途径》,《甘肃社会科学》,2021 年第 4 期。

64.《建设西部地区的轴带枢纽城市群》,《企业家日报》,2021 年 4 月 28 日。

65.《建立健全"带群结合"的区域协调发展机制》,国务院发展研究中心《经济要参》,2022 年第 3 期。

66.《认识和把握经济信息化和社会知识化的发展趋势》,《企业家日报》,2023 年 12 月 7 日。

《陇上学人文存》已出版书目

第一辑

《马　通卷》马亚萍编选　　《支克坚卷》刘春生编选
《王沂暖卷》张广裕编选　　《刘文英卷》孔　敏编选
《吴文翰卷》杨文德编选　　《段文杰卷》杜琪　赵声良编选
《赵俪生卷》王玉祥编选　　《赵逵夫卷》韩高年编选
《洪毅然卷》李　骅编选　　《颜廷亮卷》巨　虹编选

第二辑

《史苇湘卷》马　德编选　　《齐陈骏卷》买小英编选
《李秉德卷》李瑾瑜编选　　《杨建新卷》杨文炯编选
《金宝祥卷》杨秀清编选　　《郑　文卷》尹占华编选
《黄伯荣卷》马小萍编选　　《郭晋稀卷》赵逵夫编选
《喻博文卷》颜华东编选　　《穆纪光卷》孔　敏编选

第三辑

《刘让言卷》王尚寿编选　　《刘家声卷》何　苑编选
《刘瑞明卷》马步升编选　　《匡　扶卷》张　堡编选
《李鼎文卷》伏俊琏编选　　《林径一卷》颜华东编选
《胡德海卷》张永祥编选　　《彭　铎卷》韩高年编选
《樊锦诗卷》赵声良编选　　《郝苏民卷》马东平编选

● 第四辑 ●

《刘天怡卷》赵　伟编选　　　《韩学本卷》孔　敏编选

《吴小美卷》魏韶华编选　　　《初世宾卷》李勇锋编选

《张鸿勋卷》伏俊琏编选　　　《陈　涌卷》郭国昌编选

《柯　杨卷》马步升编选　　　《赵荫棠卷》周玉秀编选

《多识·洛桑图丹琼排卷》杨士宏编选

《才旦夏茸卷》杨士宏编选

● 第五辑 ●

《丁汉儒卷》虎有泽编选　　　《王步贵卷》孔　敏编选

《杨子明卷》史玉成编选　　　《尤炳圻卷》李晓卫编选

《张文熊卷》李敬国编选　　　《李　恭卷》莫　超编选

《郑汝中卷》马　德编选　　　《陶景侃卷》颜华东　闫晓勇编选

《张学军卷》李朝东编选　　　《刘光华卷》郝树声　侯宗辉编选

● 第六辑 ●

《胡大浚卷》王志鹏编选　　　《李国香卷》艾买提编选

《孙克恒卷》孙　强编选　　　《范汉森卷》李君才　刘银军编选

《唐　祈卷》郭国昌编选　　　《林家英卷》杨许波　庆振轩编选

《霍旭东卷》丁宏武编选　　　《张孟伦卷》汪受宽　赵梅春编选

《李定仁卷》李瑾瑜编选　　　《赛仓·罗桑华丹卷》丹　曲编选

第七辑

《常书鸿卷》杜　琪编选　　　　《李焰平卷》杨光祖编选
《华　侃卷》看本加编选　　　　《刘延寿卷》郝　军编选
《南国农卷》俞树煜编选　　　　《王尚寿卷》杨小兰编选
《叶　萌卷》李敬国编选　　　　《侯丕勋卷》黄正林　周　松编选
《周述实卷》常红军编选　　　　《毕可生卷》沈冯娟　易　林编选

第八辑

《李正宇卷》张先堂编选　　　　《武文军卷》韩晓东编选
《汪受宽卷》屈直敏编选　　　　《吴福熙卷》周玉秀编选
《蹇长春卷》李天保编选　　　　《张崇琛卷》王俊莲编选
《林　立卷》曹陇华编选　　　　《刘　敏卷》焦若水编选
《白玉岱卷》王光辉编选　　　　《李清凌卷》何玉红编选

第九辑

《李　蔚卷》姚兆余编选　　　　《郗慧民卷》戚晓萍编选
《任先行卷》胡　凯编选　　　　《何士骥卷》刘再聪编选
《王希隆卷》杨代成编选　　　　《李并成卷》巨　虹编选
《范　鹏卷》成兆文编选　　　　《包国宪卷》何文盛　王学军编选
《郑炳林卷》赵青山编选　　　　《马　德卷》买小英编选

第十辑

《王福生卷》孔　敏编选　　《刘进军卷》孙文鹏编选
《辛安亭卷》卫春回编选　　《邵国秀卷》肖学智　岳庆艳编选
《李含琳卷》邓生菊编选　　《李仲立卷》董积生　刘治立编选
《李黑虎卷》郝希亮编选　　《郭厚安卷》田　澍编选
《高新才卷》何　苑编选　　《蔡文浩卷》王思文编选

第十一辑

《伏耀祖卷》王晓芳编选　　《宁希元卷》戚晓萍编选
《施萍婷卷》王惠民编选　　《马曼丽卷》冯　瑞编选
《祝中熹卷》刘光华编选　　《安江林卷》陈润羊编选
《刘建丽卷》强文学编选　　《孙晓文卷》张　帆　马大晋编选
《潘　锋卷》马继民编选　　《陈泽奎卷》韩惠言编选